路基稳定性监测技术

沈宇鹏　田亚护　冯瑞玲　编
刘建坤　主　审

机 械 工 业 出 版 社

路基稳定性监测工作是铁（公）路保质完工和安全运营的保障。监测技术是陆路交通运输行业从事设计、施工和养护的人员必须掌握的基础知识；不仅要求技术人员掌握监测设备和元器件的工作原理，同时要求他们熟练掌握监测数据的处理和分析方法，并能及时反馈到施工一线。本书主要内容包括：概述、路基的监测方案设计、常用安全监测仪器与方法、监测资料的整理分析和反馈路基稳定性监测实例分析。案例分析包括软土复合地基、黄土粉喷桩复合地基、多年冻土斜坡路基及路涵过渡段等工程监测实例。

本书可作为道路与铁道工程、岩土工程、工程地质等专业的本科生和研究生教材，也可供相关专业技术人员在从事设计、施工及运营等工作时参考。

图书在版编目（CIP）数据

路基稳定性监测技术/沈宇鹏，田亚护，冯瑞玲编．—北京：机械工业出版社，2016.1

ISBN 978-7-111-52542-4

Ⅰ.①路…　Ⅱ.①沈…②田…③冯…　Ⅲ.①路基工程—结构稳定性—监测　Ⅳ.①U416.1

中国版本图书馆 CIP 数据核字（2015）第 318488 号

机械工业出版社（北京市百万庄大街 22 号　邮政编码 100037）

策划编辑：林　辉　责任编辑：林　辉

版式设计：霍永明　责任校对：刘志文

封面设计：路恩中　责任印制：李　洋

北京机工印刷厂印刷（三河市南杨庄国丰装订厂装订）

2016 年 3 月第 1 版第 1 次印刷

169mm×239mm · 11.75 印张 · 226 千字

标准书号：ISBN 978-7-111-52542-4

定价：39.80 元

凡购本书，如有缺页、倒页、脱页，由本社发行部调换

电话服务　　网络服务

服务咨询热线：010-88379833　机 工 官 网：www.cmpbook.com

读者购书热线：010-88379649　机 工 官 博：weibo.com/cmp1952

教育服务网：www.cmpedu.com

封面无防伪标均为盗版　金 书 网：www.golden-book.com

前　言

2014 年年底我国高速铁路运营里程达到了 1.6 万 km，铁路总里程 11.2 万 km；公路运输达到了 446.39 万 km。同时，习近平总书记提出了具有国际化战略的“一带一路”战略构想，交通运输行业不仅要优化完善国内已有路网，而且要努力完善世界上的路网。因此，在“十三五”规划中还将开展大量的铁路、公路建设项目。

路基与桥梁、隧道相比，有着价格低、设计施工简捷、维修方便等优点，是线路工程师首选的结构形式，但由于路基在修筑后运营条件不如桥隧工程，而经常被设计和业主单位所摒弃。这是由于路基在运营过程中，长期暴露在大气中，在列车（车辆）长期作用下可能会出现水、热、力等方面的不稳定。

特殊土具有特殊的工程性质，在上面修筑路基将出现不同的工程问题，如在软土地区填筑高路堤就需要注意填筑的速率及运营后产生的工后沉降。所以在特殊地段应采取合理措施对线路进行处理，否则会导致线路在运营过程中出现行车不平稳现象甚至行车事故。例如，在路桥过渡段需要消除刚度和沉降差异引起的线路不平顺；在滑坡地段修筑路堤，为避免行车事故就需要考虑线路与滑坡主轴的相互关系。为了克服以上工程问题，通常在设计和施工中采用相应工程措施；与此同时，在一些特殊的工点会引进新材料和新方法，以及通过现场试验来获取优化设计参数。路基稳定性监测是评估和监控路基设计、施工和运营最直接的手段。为了评估路基的稳定性，需要对现场进行相应的监测，监测内容包括变形量、应力量、温度及水位。路基工程设计和新材料、新方法是否合理，在很大程度上取决于路基修筑后能否为铁路（公路）提供一个安全、平稳、舒适的行车环境。

本书的编写参考了大量的相关文献资料，并结合编者多年来主持或参与的实际工程。第 1 ~4 章系统地介绍了路基稳定性监测工作所采用的设备、元器件的工作原理，路基稳定性监测的方法、监测等级要求，监测数据分析方法以及相应的现场施工组织情况；第 5 章采用实际工程案例来详细说明监测断面设置的目的、方法和监测手段以及现场注意事项，让读者更好地理解并掌握相关的监测内容。

本书共 5 章，第 1、3 章，以及第 5 章 5.1、5.2 节由北京交通大学沈宇鹏编写，第2、4章由北京交通大学田亚护编写，第5章第5.3、5.4节由北京交通大学冯瑞玲编写，全书由北京交通大学刘建坤教授审稿。本书编写过程中得到北京交通大学道路与铁道工程系许多同事的大力协助，在此一并表示感谢。

本书得到以下项目资助：国家重点基础研究发展计划（973）（2012CB-026104）、国家自然科学基金（41271072，51578053）、中央高校基本业务费专项资金（2015JBM064）。

限于作者水平，书中疏漏及不足之处，恳求读者批评指正。

编　者

目　　录

第1章 绪 论

【学习要点】

要求掌握路基稳定性的影响因素；了解路基稳定性监测技术的发展和趋势；理解监测过程中的原则和步骤。

1.1 路基稳定性概况

在我国“十二五规划”期间，加强了对中国铁路路网的完善和高速铁路的兴建力度，为确保铁路的安全建设和运营，路基作为铁路主要组成部分，其稳定性监测是重要工作内容之一。

在实际工程应用中，路基在恒载与活载共同作用下要有足够的强度和稳定性，要求路基强度不会因温度的变化或某种原因引起的沉降变形而显著降低，从而降低公路路面的使用质量或降低铁路的平顺性能。路基的稳定性取决于路基填料及地基的强度和变形性质。

当荷载或自然因素作用产生的应力或变形超过路基的允许强度或允许变形时，路基则有可能发生破坏，其破坏形式一般有：填方路堤的沉陷开裂、填方边坡的溜方或滑坡、挖方边坡的溜方或滑坍、挖方边坡的崩塌或碎落、挖方路基体的软弱或沉陷。其中，填方路堤的沉陷开裂、填方边坡的溜方或滑坡、挖方路基体的软弱或沉陷将直接导致路基的破坏。高速铁路无砟轨道下的路基，如果其工后沉降超过一定限值（超过轨道扣件调整量），将无法保证无砟轨道的高平顺性。路基破坏或路面破坏都会大大降低铁（公）路的使用性能。维修破坏的路基，不仅需要消耗大量的人力、物力和财力，而且还会严重阻碍交通，引起极不良的社会反响。因此，设计单位、施工单位和养护部门都高度重视，保证路基的强度和稳定性，应根据具体情况采取有效技术措施，切实保证路基设计的合理性、路基施工的高质量、路基养护的及时性。

影响路基稳定性的因素包括路基压实不够、路基基底处理不当、路基填料稳定性差、工后沉降过大等内容。

（1）路基压实不够　路基在填筑过程中，压实不够会带来以下两个直接导致路基稳定性差的问题：

1）压实不够的土体在自重荷载和行车荷载作用下的固结变形空间很大，在固结过程中将产生工后沉降。

2）压实不够的土体渗透系数依然较大，水稳性差，容易受水的浸泡，整个土体会趋于同一含水量和同一密实度，在这个“趋一”的过程中，土体将发生较大的变形，从而产生沉陷。

（2）路基基底处理不当　路基基底处置不当是影响路基稳定性的一个重要因素。在路基填筑前，对原地面清表或清淤不彻底，原地面填前碾压达不到要求，导致基底软弱、承载力不足，使路基下沉。

【案例1-1】　在某高速公路路基填筑结束后进行水稳基层施工时，有局部路段基层出现纵向裂缝，由于该段填土高度较小（约1.5~2.0m），便使用挖掘机将裂缝挖开几处。从现场挖开的情况看，路基基底有淤泥未清干净，路基底部填土含水量大、松散、密实性差，检查当时的施工记录及监理日志，发现该处有1m宽、0.5m深的小水沟在路基填筑范围内，施工时没有对水沟进行特别的处理，直接把水沟平了。由于基底在水沟处，淤泥未清干净，沟底地基土软弱，承载力不足，加上水沟回填时，由于压路机碾压宽度不足，没有分层碾压，回填质量差，使得该处填土沉降，将路基拉裂。后来对该段进行返工处理时，发现纵向裂缝走向基本和水沟走向一致。

（3）路基填料稳定性差　使用稳定性差的土质作为填料填筑路基时，如果不采取一些必要的措施加以处理，在正常年份内路基可能是稳定的，但遇到某个不利年份，路基仍将会产生不均匀沉陷或沉降变形。因此，稳定性差的路基填料将直接导致路基的稳定性差。

（4）工后沉降过大　对含有深厚软土的地基，其工后沉降过大，也常导致工程事故的发生。同时，工后沉降也常会引起路基的不均匀沉降，从而使结构物内产生有害内力，导致道路的不平整（轨道的不顺）及桥头跳车。

1.2　路基稳定性监测技术概况

1.2.1　路基稳定性监测技术的发展

工程监测技术是在工程建设和使用期间的工程事故给建设者提供教训之后，随着工程技术人员通过各种监测手段预测和防止工程事故的实践而逐步发展起来的。而路基稳定性监测工作开展较晚，因传统观点认为路基只属于挖填方，没有安全监测必要。所以，普通的低级别的公路或铁路路基建设均没有涉及路基稳定性监测。随着高级别的公路和铁路兴建，其沉降控制要求和稳定性要求，要求对线路重要部位和地段进行实时监测，从而指导设计和施工。同时，新技术的发展和新的设计理念，也需要适当的监测评估手段来提出相应的设计参数。重要的铁路工程，在试验段的建设过程中，也需要通过相应的现场测试，从而选择合理的设计和施工参数，为大面积的推广提供依据。

路基工程的失稳破坏是一个从渐变到突变的发展过程，要判断路基结构物处于哪个工程状态，必须依靠设置精密的监测仪器、分析监测得到的数据来确定。为实现这个过程，首先要做出符合工程实际的观测设计，其次明确观测目的、实施观测内容、确定观测仪器和频率和分析观测数据结果，最后明确提出相应的安全性控制标准。仪器的选择要考虑整个工程的地质条件，地形地貌特点和路基工程特点。仪器的埋设、布置和数量是根据已知条件和分析目的，以工程和工程周围环境的特性决定。

从20世纪80年代以来，我国土木行业蓬勃发展，对于监测项目的确定、仪器的选型、仪器的布置、仪器的埋设技术与观测方法、观测资料的整理分析等项目的研究工作也得到了逐步发展。虽然，工程监测要求在工程设计中也同时考虑监测仪器的布置，编写实施技术要求。但是，由于监测主观意识和硬件设施研制起步较晚，我国的工程监测技术还远不能适应工程建设发展的需要。对于路基安全监测设计，由于无规范性的实施方案可循（只有土木、水利方面的监测建立了一些行业规范），很难做到经济合理、安全可靠，当然也达不到时间和空间上连续性的要求，尤其是针对工程和地质结构特点进行布置，使其做到行之有效并经济合理尚缺乏经验。因此，对研究对象的情况了解不清，盲目布设传感器数量和位置等造成浪费的现象时有发生。同时，在实际监测设计选用仪器时，如何考虑仪器的技术性能、埋设和测读的简繁以及费用的合理性，还缺少可靠的依据。由于仪器种类很多，生产同类产品的厂家也鱼目混珠，技术性能和运用条件各不相同，要做好安全监测，就有仪器选型的问题。许多监测项目工程由于没有明确监测目的和落实监测仪器选型原则，盲目采用进口高精度仪器，或者主观地采用自己习惯的或自制的仪器，造成仪器失效或测得的资料不符合监测精度要求或苛于精度，从而导致数据无法分析或监测精度的浪费。仪器埋设技术和观测方法，由于缺少标准，问题也越加突出，有些新仪器虽然性能可靠，但由于实际应用较少，在环境恶劣的路基工程中，不敢使用；用得多的仪器，安装埋设技术要求得不到保证，观测方法又不当，大量的仪器因此而失效，或得不到满意的成果。

我国进行工程监测最早的行业为水利工程行业，工程技术人员在进行水库大坝施工中实现了实时监测。我国从20世纪80年代初开始，在科技攻关和工程实践方面对工程监测所存在的问题进行了广泛而深入地研究，监测设计和监测方法得到了不断的改进。例如：在一些大型工程中深入研究了安全监测布置；一些考虑地质地貌条件、岩土体工程技术性质、工程布置、监测空间和时间连续性的要求等因素的安全监测布置原则和方法相继提出；在充分研究了路基稳定性安全监测仪器的使用经验和效果、仪器种类和技术性能、质量评定标准的基础上，确认了一批供仪器选型用的仪器；对这些仪器的技术指标、适用条件、稳定性等也有了评定标准；安全监测仪器安装埋设与观测的标准化、程序化和质量控制措施也逐步的形成、完善。20 世纪 90 年代，岩土工程安全监测手段的硬件和软件迅速发展，监测范围不断扩大，监测自动化系统、数据处理和资料分析系统、安全预报系统也在不断的完善。土木工程设计采用新的可靠度设计理论与方法以来，安全监测成为必要的手段，成为提供设计依据、优化设计和可靠度评价不可缺少的手段，成为工程设计、控制施工质量的重要手段。二滩、三峡、小浪底等大型监测工程的设计、施工、观测、资料整理分析和质量控制基本实现标准化、自动化，监测技术水平有较大的提高。

【案例 1-2】 为确保青藏铁路施工安全，在施工建设中进行了温度和变形的监测，而在铁路通车运营阶段，采用了铁路 GSM-R 网络系统实现了地温监测的自动化。随着我国开通多条速度达 350km/h 的无砟轨道，为确保铁路工后沉降量小于 15mm 的原则上，每 50m 确定一个沉降观测断面，进行路基中心和路基剖面的沉降监测。

1.2.2 路基稳定性监测的原则

路基稳定性包括路基边坡的抗滑稳定性、寒区路基的热稳定性及软土路基的沉降稳定性、特殊土路基的处理适宜性等。由于不同地段的路基的评价标准的不同，因此，路基稳定性监测的原则和内容也不同。路基稳定性监测的目的必须根据工程条件明确地确定，一般情况下，路基稳定性监测均以工程安全施工和安全运行为主要目的。因此，监测项目的确定应考虑如下原则：

1）观测成果主要用于设计、施工的技术校核和修改时，选定起控制作用的项目。

2）观测成果用于及时预报施工和运行安全程度为目的时，应确定一项、多用、数据长期可靠的项目。

3）应针对危及构筑物稳定的关键问题和控制性观测来确定项目。

4）探查不稳定部位或影响稳定的因素时，应尽可能采用系统项目。

5）施工安全监测的项目要简单，不干扰施工，取得成果要快。

6）监测成果主要用于科研和发展新技术时，要按专项和全项两种方式选定。问题简单明确的用专项，问题模糊的尽可能用全项。

7）为了校正主要观测项目成果的观测，要针对影响因素的类型确定项目。

8）确定观测项目要考虑仪器设备的经济，使用方便及可能性等条件。

9）长期观测项目，应能较全面地反映路基工程的实际运行情况，力求少而精；且不能干扰线路运营，最好实现自动采集和无线传输。

10）工程安全监测系统中都应当有巡视检查项目。

1.2.3 路基稳定性监测的步骤

路基稳定性监测的步骤：确定工程条件→确定监测的目的→监测变量的选择→预测运行性状→监测仪器的选择→监测系统的布置和设计→监测系统自动化设计。

（1）确定工程条件 工程条件包括工程形式和几何尺寸、地质条件和工程技术特性、地下水情况、环境条件、对生命财产形成的威胁、临近建筑物或其他设施的状况、设计的施工方法和施工程序、使用年限等。监测系统的确定和建立取决于工程的条件，不同类型的建筑物只有几个观测物理量是相同的。工程类型、结构类型、所用材料、尺寸、使用年限等，这些使得与建筑物安全相关的参量，在各种情况下不尽相同。可根据地基条件、地基处理形式、路基结构和路基不同地段不同工程分类。例如：地基条件可分为软土路基、冻土路基和黄土路基等；路基不同地段可以分为路桥过渡段、滑坡地段等。

对每个观测参量都要明确其在建筑物寿命的各个阶段（施工期、运行期）的安全、事故率和科学发展方面的重要性，对所用的最普通的观测仪器也要有概略的说明。

总之，确定一个标准的监测系统不是一件容易的事，需要按每种不同工程条件分别确定。因此，在监测工程设计前，应对工程条件资料进行广泛地收集分析，必要时进行现场调查、勘测和试验。查清工程薄弱点和敏感区，确定路基和地基问题。

（2）确定监测的目的 监测的目的必须根据工程条件明确地确定。监测的主要目的是确定工程是否处于预计的状态，监测的目的也可能是施工控制、诊断不利事件的特性、检验设计的合理程度、证明施工技术的适应程度、检验长期运行性能、促进技术发展和确定其合法的依据等。一般情况下，监测的目的包括：

1）监测的主要目的是为控制和显示各种不利情况下工程性能的评价和在施工期、运行初期和正常运行期对工程安全进行连续评估所需要的资料。

2）修改工程设计。监测除表明工程的“健康状况”外，研究监测工程状况的累积记录有助于对工程设计进行优化设计，完成设计的修改，常出现在新方法和新技术的应用工程中。并可以通过观测数据与理论上和试验中预测的工程特性指标进行比较，以便了解设计的合理程度。

3）改进分析技术。工程设计一般需要根据岩土体、填筑材料特性和轨道车辆结构性能的保守假设来进行严密而复杂的力学分析。这些假设是用来规定设计中的“未知数”或不定值。监测提供的资料及各种因素对工程运行性能影响的评价，将有助于减少这些未知数，从而可以进一步完善和改进分析技术及工程试验。使未来的各种设计参数的选择更加趋于经济、合理。

4）提高人们关于各种参数对工程性能影响的认识。例如：青藏铁路建设过程中，温度是一个重要的影响因素，因为冻土人为上限的位置和形态，将影响冻土路基的沉降和裂缝的产生。

有了上述明确的监测目的，可以有的放矢地进行监测变量选择和监测系统的建立，为安全生产和运营提供保障。

（3）监测变量选择　路基工程在其施工期间，由于工程条件（路填高度或基底处理）会引起各种物理量的变化。在其服役期限内会经受周围环境变化的作用，并根据环境的变化做出不同性质的反应。在观测工程的性态时，各种物理量的取得取决于：

1）原因或环境参量，即成因量，由于它们的变化而引起构筑物性态的变化。

2）效应参量（结果参量）即效应量，构筑物对原因参量变化而产生的反应。

按照监测目的不同又可分为工程性态观测量和科研工作观测量。原因参量和效应参量随时间而不断地变化。为评估与建筑物的反应模式有关的相关关系，必须对这些变化进行测量。由于这种测量要在建筑物寿命期限内系统重复地进行很多次，唯一实用的解决办法是配备专用于监视的永久性监测系统。因此，建立一个有效的监测系统必须选好监测变量。

（4）预测运行性状　在监测系统建立前，需要判断自然环境、施工阶段等对监测系统和监测物理的影响，进而选择合适的监测传感器。例如，当采用沉降杯（液体沉降计）监测表面沉降过程时，若在北方寒冷季节，则需要采用防冻的液体来进行量测；在敷设传感器的导线时，需要避开边坡削坡的位置。

（5）监测仪器的选择　对于监测仪器的选择需要考虑以下两个部分：

1）考虑监测变量的变化幅度，在不超出量程的前提下尽量选择精度高的传感器实现精度要求。

2）最大可能地实现经济合理的要求，不要任意选择精度过高而造成监测成本过大。

（6）监测系统的布置和设计　结合监测的目的和监测内容，合理布置监测系统。如一些监测项目，要求验证新技术、新方法的使用效果，则需要选择对比的常规内容达到此目标。监测系统中的各个监测项目，最好能达到相互验证，从而更能验证其测试量。监测项目的设计包括以下内容：监测项目的土建设计，包括相应的成孔作业、电缆布设及相应的保护措施；断面设置及监测项目的布置；电缆走线；传感器率定、安装及初测；长期监测系统的维护及保养设计。

（7）监测系统自动化设计　自动监测可以按设定的要求进行无人工自动采集、传输以及分析，可以达到常规无法实现的内容。例如，在一些营业高速铁路上，无法用人工实现变形等物理的测试。自动化设计中需要注意，由于成本较高，其传感器必须选择能保证精度且长期稳定性较好的厂家，同时常需要有备用的传感器来实现。同时，在系统中应该设计人工观测接口，以便在系统建设完成之前或系统出现临时故障时进行人工实测，或在正常时进行校测。系统应够容易数据输出，且在现场还有一定的存储时间，以备传输设备出现故障时仍保留相当长时间的现场数据。数据格式应该兼容性强，能够实现多种形式功能的数据库。

对于开通运营的高速铁路，采用轨检车能完成轨道结构所提供的各类静、动参数，但对于路基内部的物理量是无法获取，运营铁路中是杜绝人员在线路上进行任何监测工作，因此，采用自动化监测是高速铁路在运营期间监测的有效方法。

1.2.4　路基工程监测的基本要求

路基工程监测的总体要求是监测内容全面，成本低且不影响施工和铁路运营，具体要求如下：

1）监测点应设在观测数据容易反馈、不与施工冲突的部位。在地基条件差、地形变化大的情况下，每个设计方案处理区域的部位均应设置监测点，尤其是每个涵洞、桥头路段必须设置；对于桥头纵向坡脚、填挖交界的填方段，沿河、临空面大等特殊部位应酌情设置。

2）监测点数的设置既要避免因点数过多导致费用过大，又要防止因点数太少难以反映全线路基的实际情况。因此，从满足监测需要和施工便利性的角度出发，一般路段沿路线纵向方向每隔 100 ~ 200 m 设置一个监测断面，桥头地段应设计 2 ~ 3 个监测断面。如地质变化、填土高度过渡变化大时，监测断面应适当增加。

3）沿河、临河等临空面大的地段和填土高度超过 4m 的地段，应进行深层水平位移观测。

4）测点的设置不仅要根据设计的要求，还要根据施工中掌握的地质、地形等资料进行增设。

5）观测频率视不同时期而定，其中填土期为每日观测 1 ~ 2 次；预压期第 1 ~ 4 周隔日观测 1 次；预压期第 4 周至第 3 个月每周 1 次；预压期第 3 个月之后至上路面完毕每半月观测 1 次；从营运开始至设计观测期每半年观测 1 次。对于孔隙水压力的观测，每填筑一层后，应每隔 1 h 观测一次，连续观测 2 ~ 3 d。设计观测期为施工开始至营运期的头 2 年。

6）当路堤稳定出现异常情况而可能失稳时，应立即停止加载并采取果断措施，待路基监测数据恢复稳定并确认无问题时，方可继续填筑。

1.2.5 监测仪器的设置原则及监测设计控制标准

1. 监测仪器的设置原则

监测仪器一般埋设在路中、路肩、路基坡脚及坡脚外的区域，设置的位置既不妨碍施工，又能进行有效的监测，同时在运营过程中易于保存。

对于需要无线传输的地段，其发射天线不得受路基及其附属设备阻挡与基站的联系。

2. 监测设计控制标准

1）路基加载时，填筑速率应由施工观测来控制。填筑速度根据以下标准进行双控：路基中心的表面沉降速率宜控制在5mm/d（管桩区、搅拌桩区）和10mm/d（排水板区以内，极限填土高度下可采用15～20mm/d），坡脚处的侧向位移宜控制在5mm/d以内；单级孔压系数（各级加载的孔隙水压力增量与荷载增量之比）小于0.8，综合孔压系数小于0.6。

2）路基中心的表面沉降速率在5mm/d以内时，可以进行下一层路堤的填筑。

3）填土至预定高程后，经过一定的预压期，在推算的工后沉降小于设计允许值或满足连续3个月不超过5mm/月的沉降速率时方可考虑卸载。

思 考 题

1-1 影响路基稳定性的因素包括哪些？

1-2 简述路基稳定性监测原则和步骤。

第 2 章 路基的监测方案设计

【学习要点】

掌握软土、黄土和冻土的特殊工程性质以及在以上地区的路基稳定性的监测方案；理解滑坡、泥石流具有地质灾害时路基稳定性监测方案；掌握路桥过渡段路基动态监测方案。

特殊路基设计包括特殊土路基和特殊地段路基。特殊土指与一般工程性质有显著差异的土类，具有特殊的物质组成和结构构造。我国主要区域性特殊土包括软土、冻土、黄土、红黏土、膨胀土等。它们的工程性质差异很大且对路基工程危害较大，不同类型土应采取不同的监测方案，及时把监测数据反馈给设计方、施工方或运营方，形成良好的监测程序和预警系统，避免造成较大的灾害。

而在线路不同部位（如路桥过渡段），由于存在刚度差异，常引起差异沉降，从而导致桥头跳车等不利的行车工况。因此，特殊地段需要监测沉降和压力的差异，为设计方提供设计理论依据。

2.1 特殊土路基的监测方案

2.1.1 软土路基

软土泛指天然含水量大、压缩性高、抗剪强度低、灵敏度高、承载力小的呈软塑到流塑状态的饱和黏土，是近代沉积的软弱土层。JGJ 83—2011《软土地区工程地质勘察规范》将含水量≥液限，天然孔隙比≥1.0，外观以灰色为主的细粒土定义为软土。TBJ 1408—2012《铁路工程特殊岩土勘察规程》将含水量 $W \geq 30\%$，孔隙比 $e \geq 0.8$，压缩系数≥0.5MPa，灵敏度 2 ~ 10，不排水抗剪强度 $C_U \leq 30$kPa 的各类细粒土定义为软土。在铁道工程行业中，还有一个松软土的概念，其实它不是一个严格意义上的地质学名词，是针对京沪高速铁路设计时路基沉降变形要求高而在勘察时提出需要特殊对待的一类土的特称。松软土场地判定条件见表 2-1。

表 2-1 松软土场地判定条件

岩土种类	地基土条件
粉砂、细砂	$P_s<5MPa$，或 $N<10$
粉土	$P_s<3MPa$，（不含软土）或 $\sigma_0<150kPa$
粉质黏土、黏土	$P_s<1.2MPa$，（不含软土）或 $\sigma_0<150kPa$
新黄土	$P_s<3MPa$，（不含软土）或 $\sigma_0<180kPa$

注：P_s为静力比贯入阻力；N为标准贯入试验锤击数；σ_0为基本承载力。

软土作为工程建筑物的地基，由于承载力低，往往会产生不同程度的坍滑或沉陷，危害工程的安全；同时，高压缩性、低渗透性使其在填筑过程中，便会产生严重的下沉，有的经若干年后还有下沉现象。因此，软土地层不宜作路堑。在软土地基上修建路堤时，应进行充分研究，必要时采取一定的地基处理方式，以防止大量沉降和失稳的出现。

软土路基填筑时，主要出现的工程问题为路基中心沉陷、坡脚处底鼓、横断面不均匀沉降及孔隙水压力过大。针对以上几种工程病害，可从以下几个方面进行测试：路基中心埋设沉降板（或分层沉降计、单多点沉降计），坡脚处埋设测斜管（或分层沉降计、单多点沉降计），在路基中心处不同位置埋设孔隙水压力计。软土路基监测项目见表 2-2（详见第 5 章）。

表 2-2 软土路基监测项目

监测内容		监测方法	监测目的
地表监测	水平位移监测	全站仪、光电测距仪	观测地表位移、变形发展情况
	垂直变形监测	水准仪	
地下位移监测		分层沉降仪、单多点沉降计、测斜仪	路基填筑过程中，量测软土地基某个位置或某些位置的沉降值；或者在路基坡脚的底鼓或侧向挤出的水平位移量；或者评价进行了地基处理后的效果评价
压力监测		孔隙水压力计、土压力计	监测路基填筑过程中，超孔隙水压力的消散过程及土压力的变化过程
地下水位监测		水位计	观测地下水位变化与降雨的关系，评判边坡排水措施的有效性

2.1.2 黄土路基

黄土是一种第四纪以来在干旱和半干旱地区，由不同的动力作用沉积的，以粉粒为主，呈棕黄、灰黄或黄褐色，富含钙质的黏性土。黄土的成因作用一般存在两种观点，即风成作用和水成作用。风成作用即为风的动力作用下的产物；水成作用则为水的搬运、沉积作用形成的。黄土在世界范围内的分布很广，在我国主要分布在松辽平原、黄河中下游平原、青海高原、甘肃的河西走廊、新疆的准噶尔盆地和达里木盆地等地区，即自北纬 33°~47°的气候干燥、降雨量小的大陆干旱及半干旱地区。我国黄土分布的总面积约占国土总面积的 6% 以上。

根据黄土沉积地质年代和成因的不同，将黄土分为老黄土和新黄土两大类。老黄土顾名思义是指形成年代比较老，它通常是上更新世 Q_3 及以前形成，老黄土可以看作常规土对待，本书中不作另行介绍。而新近黄土为全新世 Q_4 后堆积而成，它具有以下工程性质：

（1）湿陷性　黄土的湿陷是指当土体浸水后在土自重或外荷载作用下发生的下沉现象。黄土在天然含水量时往往具有较高的强度和较小的压缩性，但遇水浸湿后，有的即使在其自重作用下也会发生剧烈而大量的变形，强度也随之迅速降低，而有些黄土却并不发生湿陷。湿陷性黄土又分为自重湿陷性与非自重湿陷性两类。自重湿陷是指土层浸水后仅仅由于土的自重发生的湿陷，非自重湿陷是指土层浸水后，由于自重和附加应力的共同作用而发生的湿陷。

（2）压缩性　压缩性反映了土体在外荷作用下所产生的压缩变形量的大小。对黄土地基而言，压缩变形是指地基土在天然含水量条件下受外荷作用所产生的变形，不包括地基浸湿后的湿陷变形。

（3）透水性　透水性反映水在土中的通过能力。由于黄土具有大孔隙及垂直节理等特殊构造，其垂直方向的渗透性较水平方向为大，二者的比值在 3~30 范围内变动。当浸水湿陷后，由于土体压密，竖向渗透系数将急剧降低；黄土经压实后大孔构造被破坏，其透水性也大大降低。此外，黏粒的含量也会影响黄土的渗透性，黏粒含量较多的埋藏土及红色黄土经常成为透水不良或不透水的土层。

（4）抗剪强度　黄土的抗剪强度除与土的颗粒组成、矿物成分、黏粒含量等有关外，还与土的密实程度和含水量有很大关系。

当黄土作为路基填料，须用重锤夯实、土垫层、土桩挤密处理后，使其原状结构遭到破坏。压实前后黄土抗剪强度的变化如表 2-3 所示。试验表明，压实黄土的抗剪强度随着干重度的增加而增大。

表 2-3　压实前后黄土抗剪强度的变化

参数 / 时期	γ_d/(kN/m³)	c/kPa	φ(°)
压实前	16	26~35	23~36
压实后	17	60	29

含水量的变化对黄土的抗剪强度的影响如图2-1所示。当天然含水量低于塑限时，水分变化对强度的影响最大；当天然含水量超过塑限时，降幅减少；而饱和含水量时，则抗剪强度变化不大。

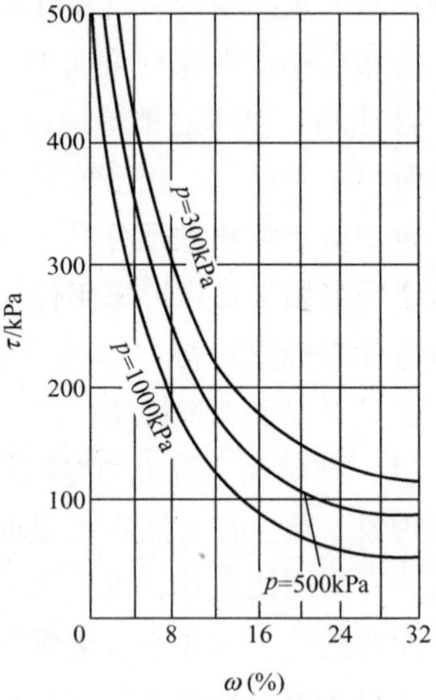

图2-1 黄土抗剪强度与含水量的关系曲线

黄土通常不能直接作为路基填料，在路基填料分类中属于D组填料，如果优质填料奇缺的情形下，需要进行填料改良，掺和料宜采用水泥、石灰等，掺入量应根据试验确定。

当路基基底处于湿陷性黄土地区，需要对基底进行相应的处理，处理深度应通过检算确定。铁路部门常用的处理措施如表2-4所示；公路部门常用的处理措施如表2-5所示。

表2-4 湿陷性黄土地基常用的处理措施（铁路行业）

处理措施	适用范围	可处理的湿陷性黄土层厚度/m
换填垫层法	地下水位以上	1~3
强夯法	地下水位以上，S_r≤60%的湿陷性黄土	3~7
挤密法	地下水位以上，S_r≤65%的湿陷性黄土	5~15

表2-5 湿陷性黄土地基处理措施（公路行业）

湿陷等级与特征	经常流水（可浸湿可能性大）				季节性流水（可浸湿可能性小）			
	Ⅰ	Ⅱ	Ⅲ	Ⅳ	Ⅰ	Ⅱ	Ⅲ	Ⅳ
高路堤（>4m）	2~3	3~5	4~6	6.0	0.8~1.0	1.0~2.0	2.0~3.0	5.0
低路堤（≤4m）	0.8~1.2	1.0~1.5	1.5~3.0	3.0	0.5~1.0	0.8~1.2	1.2~2.0	2.0

湿陷性黄土路基破坏的主要形式可归纳为：路基沉陷、路基陷穴、边坡滑坍及高填路堤的破坏等。针对以上几种工程病害，应从以下几个方面进行测试：路基中心埋设沉降板（或分层沉降计、单多点沉降计），坡脚处理设测斜管（或分层沉降计、单多点沉降计），在路基附近最好设置气象站。表2-6为黄土路基需要监测内容及监测目的，关于本章内容可以参考第5章工程实例。

表 2-6 黄土路基监测项目

监测内容		监测方法	监测目的
地表监测	水平位移监测	全站仪、光电测距仪	观测地表位移、变形发展情况；判断是否出现湿陷性
	垂直变形监测	水准仪	
地下位移监测		分层沉降仪、单多点沉降计、测斜仪	路基填筑过程中，量测黄土地基某个位置或某些位置的沉降值，评价地基处理是否适宜；或者在路基坡脚的底鼓或侧向挤出的水平位移量；或者评价进行了地基处理后的效果评价
气象资料的监测		小型气象站	主要收集雨量、雨强等气象资料
地下水位监测		水位计	观测地下水位变化与降雨的关系，评判边坡排水措施的有效性

2.1.3 多年冻土路基

多年冻土区的地基条件是处于冻结状态的地基土，在工程结构的施工、使用过程中，都要受到来自天然和工程的热侵蚀和干扰，有可能使冻结状态的地基土产生融化，丧失地基承载力，出现过大的地基变形和不对称沉降，导致线路的开裂和线路的不平顺。多年冻土路基设计常用原则：①保持冻结状态设计；②逐渐融化的状态的设计；③预先融化状态设计。对于采取保持冻结状态设计的路基，考虑到全球气候升高的条件，需要进行一定的工程补强措施。对于工程补强措施，通常采用主动保护冻土和被动保护冻土两种。主动保护：热棒、片石路基或片石护坡、通风管、遮阳棚（板）；被动保护：保温材料、土工格栅。

对于普通路基而言，需要知道填筑路基后，地基土人为上限的形态和地温变化特征，同时，需要确定路基填筑后路基表面的沉降和水平位移；同时，如果需要评价保护冻土路基的工程效果，就得针对不同工程补强措施进行不同位置的原位测试。如对于采用热棒补强的路基，就得在热棒处理后不同位置处埋设测温元件（热敏电阻或热电偶等），才能确定热棒的影响半径，同时需要在热棒附近埋设沉降板，监测热棒制冷后是否会出现较大的冻胀或融沉现象。表 2-7 为普通路基或不同补强措施后的路基监测项目。

表 2-7 普通路基或不同补强措施路基监测项目表

监测内容		监测方法	监测目的
地表监测	水平位移监测	全站仪、光电测距仪	观测地表位移、变形发展情况
	垂直变形监测	水准仪	
	裂缝监测	标桩、直尺或裂缝计	观测裂缝发展情况

（续）

监测内容	监测方法	监测目的
地下位移监测	测斜仪、水平位移计	探测冻土路基及地基土体内部变形，确定冻土的融沉和冻胀特征
地温测试	热敏电阻、热电偶、振弦式	测量天然地基地温及填筑路基后地基土及填料的地温变化，确定人为上限的形态和地温变化
水分监测	水分探头	确定冻土路基内水分迁移情况

2.2 路基特殊部位的监测设计

2.2.1 过渡段处路基监测设计

客运专线及高速铁路的发展必须以安全、可靠、舒适等为前提。它要求构成铁路系统的各个方面都具有高品质和高可靠性。其中，铁路线路的稳定与平顺是必不可少的条件之一。铁路线路是由不同特点、性质迥异的构筑物（桥、隧、路基等）和轨道构成的，它们相互作用、相互依存、相互补充，共同构成了一条平滑线路。由于组成线路的结构物强度、刚度、变形、材料等方面的差异巨大，因此必然会引起轨道的不平顺。在路基与桥梁的连接处，由于路基与桥梁刚度差别极大，将引起轨道刚度的变化；另一方面，路基与桥台的沉降也不一致，使运动车轮经历高程的突然变化，这些变化将会影响列车的高速运营。因此，目前对于客运专线和高速铁路的过渡段，均进行了特殊设计。

根据构筑物之间强度、刚度等方面的差异，过渡段主要设置在路堤与桥台、路堤与横向结构物、路堤与路堑等的连接部位。设置于不同部位的过渡段，相应的路基监测的内容也不同。

1. 过渡段监测

（1）路堤与桥台过渡段的监测设计　路桥过渡段处沉降观测点的布置应根据地基情况分别进行。

1）一般地基上的过渡段，其沉降观测应在过渡段范围内的路肩上布置3～4个沉降观测断面（含桥台和过渡段尾端），采用二等几何水准测量进行。沉降观测应从路基施工达到设计标高时开始。

2）软土地基地段的过渡段除在路肩范围内布置观测断面外，还应按设计要求进行软土地基表面沉降观测。测点布置应与相邻路堤软土地基表面的沉降观测位置相协调，观测频率及沉降控制标准参照软土地基上路基沉降观测的相关内容执行。

（2）其他过渡段的路基监测设计　其他过渡段处路基工程施工过程中也需要

进行地基沉降、侧向位移的动态观测，观测内容根据地基情况，参照软土地基上路基监测的相关内容执行。

2. 监测精度及频率

沉降观测采用二等水准测量，观测精度不低于±1mm。边桩及沉降在施工期间每天应进行一次观测，在沉降量突变的情况下，每天应观测2~3次。当两次填筑间隔时间较长时，每3d至少观测一次。路堤经过分层填筑达到预压高程后，在预压期的前二三个月，每5d观测一次；三个月后7~15d观测一次；半年后一个月观测一次，一直观测到预压期末。预压期后每三个月观测一次直至移交，当沉降速率变化大时，增加观测频率。

3. 监测内容

在填土过程中，根据观测结果整理绘制“填土高-时间-沉降量”关系曲线图，分析土体的侧向位移值及其发展趋势，判断地基的稳定性。当路堤中心线地面沉降速率每昼夜大于10mm，或坡脚水平位移速率每昼夜大于5mm时，应立即停止填筑，待观测值恢复到限值以内再进行填筑。

路基填筑至设计高程后，在路肩处设观测桩，与边桩和沉降同步进行观测，通过测量路肩观测桩的高程变化，确定路基面的沉降量。表2-8为过渡段常用的监测项目。

表2-8　过渡段常用的监测项目

监测内容		监测方法	监测目的
地表监测	水平位移监测	全站仪、光电测距仪	观测地表位移、变形发展情况
	垂直变形监测	水准仪	
地下位移监测		测斜仪	探测相对于稳定地层的地下岩体位移，证实和确定正在发生位移的构造特征，确定潜在滑动面深度，定量评价边（滑）坡的稳定状况，评判边（滑）坡加固的工程效果
动态监测（加速度、频率）		加速度计或速度计或位移计	评价由于刚度差异引起的动力响应差异性

2.2.2　滑坡地段路基监测设计

滑坡是山区常见的一种不良物理地质现象，在一定的地形地质条件下，由于各种自然的或人为的因素的影响，破坏了岩（土）体的力学平衡，使山体上的不稳定岩（土）体在重力作用下，沿着山坡内部某一软弱面（带）做整体、缓慢、间歇性的滑动现象称为滑坡。

在滑坡地区进行铁路选线时，线路尽可能避绕滑坡段，特别是应避绕巨型滑坡地段。当线路避绕有困难时，应根据滑坡规模大小，以不恶化滑坡并增加稳定为原则，选择线路通过滑坡体的位置及采取的工程措施。同样地，路基在越岭地段也会出现相应的路堑工程，存在的主要问题也和斜坡段路基相同，主要是路堑稳定性为主。

滑坡段防治监测包括施工安全监测、防治效果监测和营运期监测，以施工期安全监测和防治效果监测为主。在施工期间，监测效果应作为判断滑坡稳定状态、指导施工、反馈设计和防治效果检验的重要依据。而对长期运营的路基而言，需要时刻关注滑坡体的动向，及时给运营部门预警预报。

监测点布置在滑坡体稳定性差或工程扰动大的部位，力求形成完整剖面，采用多种手段互相验证和补充。

防治效果监测应结合施工安全和营运期监测进行，防治效果监测时间应在整治工程完工且公路营运后不少于一年，施工期监测数据采集时间宜为每天一次，营运期监测数据采集时间间隔宜为7～15d，在外界扰动较大时，如暴雨期间，应加密观测次数。对于长期监测系统，在雨季应保证每小时有监测数据，并设定相匹配的预警值。

应及时分析滑坡监测资料，预测滑坡位移、变形的发展趋势和整治工程的效果，适时调整滑坡整治工程和施工方案，保证工程施工安全和路基稳定。

路堑边坡或滑坡监测和高路堤稳定和沉降观测分别见表2-9和表2-10。

表2-9 路堑边坡或滑坡监测

监测内容		监测方法	监测目的
地表监测	水平位移监测	全站仪、光电测距仪	观测地表位移、变形发展情况
	垂直变形监测	水准仪	
	裂缝监测	标桩、直尺或裂缝计	观测裂缝发展情况
地下位移监测		测斜仪	探测相对于稳定地层的地下岩体位移，证实和确定正在发生位移的构造特征，确定潜在滑动面深度，定量评价边（滑）坡的稳定状况，评判边（滑）坡加固的工程效果
地下水位监测		水位计	观测地下水位变化与降雨的关系，评判边坡排水措施的有效性
孔隙水压力监测		水压力计	监测滑坡体水平变形产生的孔隙水压力的变化
支挡结构变形、内力		测斜仪、分层沉降仪、压力盒、钢筋应力计	支挡构造物岩土体的变形观测，支挡构造物与岩土体间接触压力观测

表 2-10 高路堤稳定和沉降观测

观测项目	仪器名称	观测项目
地表水平位移量及隆起量	地表水平位移桩（边桩）	用于稳定监控，确保路堤施工安全和稳定
地下土体分层水平位移量	地下水平位移计（测斜管）	用于稳定监控与研究，掌握分层位移量，推定土体剪切破坏位置，必要时采用
路堤顶沉降量	地表型沉降计（沉降板或桩）	用于工后沉降监控，预测工后沉降趋势，确定辅轨时间

2.2.3 潜在泥石流地段路基监测设计

泥石流是由大量砂、石等固体物质与水体混合组成的一种山区特殊洪流，具有突发性强、破坏性强、运动快、浓度大等特点。泥石流常以其突发性强、隐蔽性高、冲击力强、破坏性大给铁路设备和行车安全造成极大威胁，其危害特征及破坏性主要有：

1）冲毁或淤埋桥涵、路基，破坏线路、电力、通信等生产生活设施，危及人身和财产安全，对防御不及的列车可能诱发重大行车事故的次生灾害。

2）致灾性强，一般简便措施难以抗御。发生淤埋桥涵、隧道、路基、站场的中断行车严重灾害，在泥石流活动区域屡见不鲜。

3）沟槽摆动、流向不定，使桥涵失去排泄能力。磨蚀力强，破坏排导设施。

4）堵河阻水，造成水漫线路或河岸冲刷。严重堵塞可能而造成堵塞体上游淹没、淤埋，堵塞体下游因堵塞体溃决而突发的冲毁或淤埋的灾害。

【案例 2-1】 1981 年 7 月 9 日利子依达泥石流冲毁成昆铁路大桥（K282 + 966），使猝防不及的 442 次旅客列车坠桥颠覆，百多位旅客与乘务人员遇难，造成我国铁路运营线上最大泥石流行车事故（见图 2-2）。

对于泥石流区段的运营铁路地段，应建立汛期看守制度和雨量警戒制度，重点泥石流沟应实行远程监测预警。

图 2-2 1981 年泥石流冲毁成昆铁路利子依达大桥

（1）泥石流区段应建立汛期看守制度和雨量警戒制度 泥石流区段应实行汛期看守与雨中、雨后巡查相结合的防范措施；对山坡型泥石流沟实行雨中、雨后设置临时看守，并安设警示标志、防护信号；重点泥石流沟应设置汛期固定看守点，并安设警示标志、防护信号。

【案例2-2】 成昆山区铁路雨量警戒制采用了风险型多目标决策技术，经探索发展确立以防止恶性水害行车事故为立足点，兼顾铁路运输秩序及现场接受程度的警戒理念，完善了以降雨强度变化为防御等级控制信号、确保客车安全的可操作警戒模式。该警戒制以较小的投入获得明显的减灾效益，30多年来成昆北段泥石流活动仍然严重，但多起可能导致恶性行车事故的灾害均及时发现、有效防止。成昆山区铁路雨量警戒制流程如图2-3所示。成昆泥石流综合监测预警系统现场配置如图2-4所示。

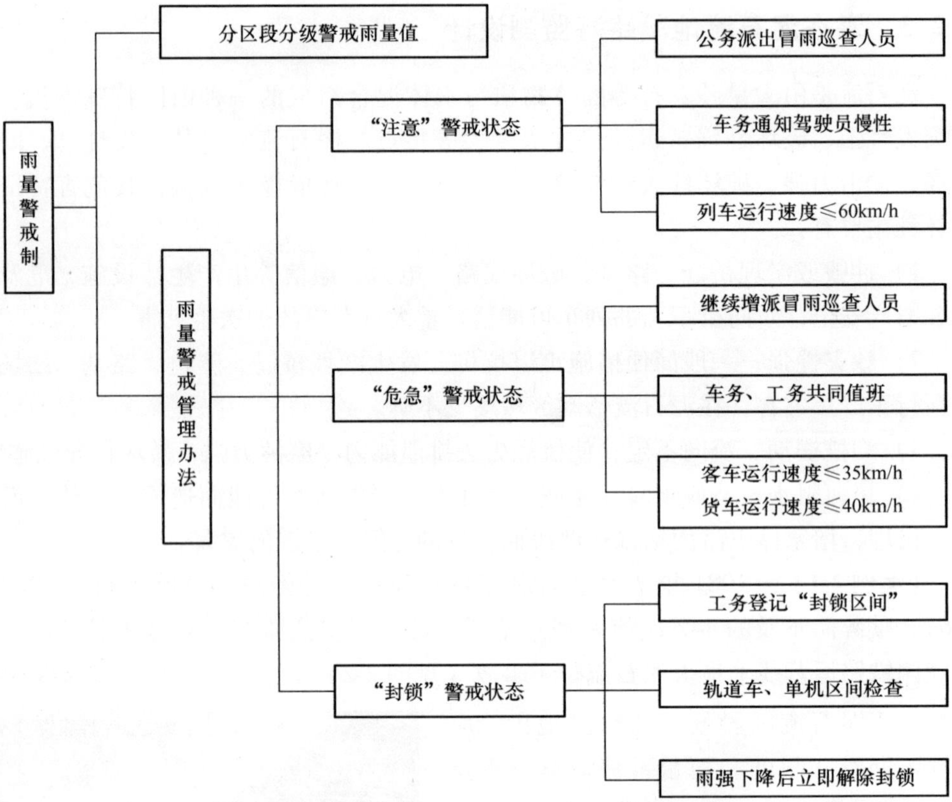

图2-3 成昆山区铁路雨量警戒制流程图

（2）重点泥石流沟应实行远程监测预警 鉴于“7·9利子依达”与“8·7舟曲”泥石流巨大损失的惨痛教训，对该类暴发频率低而规模大的泥石流沟应建立长期有效的远程监测预警系统。目前，泥石流监测主要为形成条件（固体物质、气象水文等）监测、运动特征、流体特征监测，并实行预测、预报、预警三个等级管理。

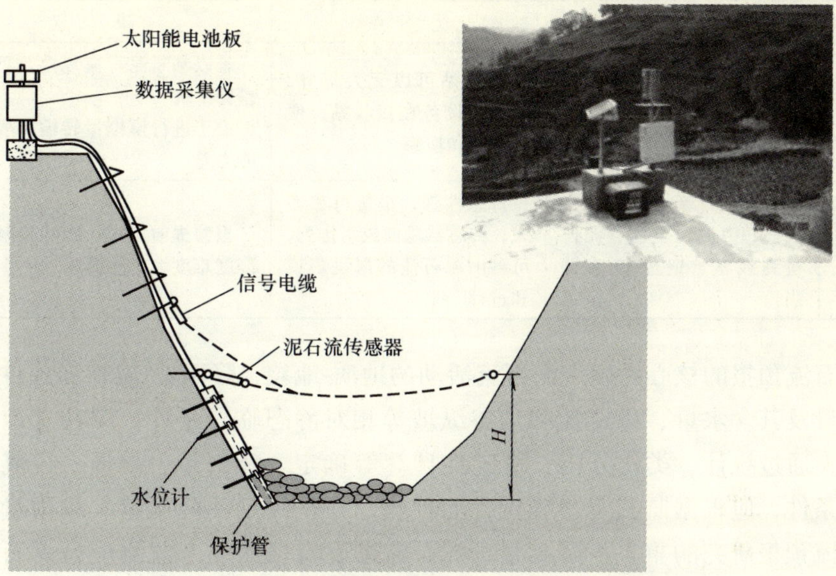

图 2-4　成昆泥石流综合监测预警系统现场配置图

1）预测。对泥石流勘查、监测资料进行综合分析，确定泥石流形成和活动的主要因素，对泥石流进行危险度进行评判。

2）预报。泥石流活动预报应在预测的基础上，有效接收泥石流活动相关动态信息，分析监测数据并判断是否达到预先设定防御标准（临界值），并及时分级传递到保护对象。

3）预警。在泥石流临近爆发或已爆发，根据捕获的泥石流振动、次声波、泥位等特征信息，在泥石流未到达下游保护对象前，迅速向其发出警报信息，以便采取紧急预防措施。

暴雨型的泥石流预报预警信息源摄取于雨量（包含前期降雨量及激发雨强）、震动、泥位三方面的信息源，通过判断处理系统，做出预防措施。泥石流监测预警信息源类型及优缺点见表 2-11。

表 2-11　泥石流监测预警信息源类型及优缺点

类　型	原　理	优　点	缺　点
雨量预报	通过雨量远程检测，系统分析，做出泥石流预报、预警风险决策	在泥石流爆发前，根据获得充分的雨量信息，有充分的时间按预案提前做好防灾避难措施	各地区形成泥石流的前期降雨量与雨强临界量差异大，需要长时间的观察及资料积累 要准确获得局地暴雨信息，雨量计必须投入较多并立体监测

（续）

类　型	原　理	优　点	缺　点
震动预警	利用泥石流在运动与沟岸的冲撞震动波作为信息源，通过传感器转换为电信号	监测站可以无人值守，而主要设备在接收站，便于管理和检修	难以判断泥石流规模，只能用于预警系统 由于进行模拟量转输，故抗干扰能力差
泥位预警	利用泥石流接触传感方法（超声波泥位法、泥位检测线法，壁型传感器法）	直感性强，报警可靠率大；传感器垂向成组排列，可测出泥石流的爆发规模和过程	报警提前量短，现场接触点设置高度难度大，易损坏

泥石流预报的核心是确定泥石流活动的地质-地貌、降雨-径流临界条件。固体物质储量及其含水量、稳定性和沟谷纵坡等相对静态临界条件，应在实地调查等基础上，通过统计、类比分析、稳定性计算等确定。降雨量、雨强、径流量等动态临界条件，应根据监测资料确定，而径流量往往决定于降雨量，故雨量临界值是泥石流预报研究的重点，降雨量、泥石流爆发特征的动态监测应是泥石流预报预警的关键。

思考题

2-1　软土地区路基稳定性监测的重点是什么?

2-2　黄土地区路基稳定性监测的重点是什么?

2-3　冻土地区路基和软土地区路基的稳定性监测有什么区别?

2-4　泥石流地区路基的监测重点是什么?

2-5　滑坡地区为什么需要重点监测水平位移和水压力?

第3章　常用安全监测仪器与方法

【学习要点】

了解测试国内外元器件及设备的发展历程；理解常用差动电阻式传感器、钢弦式传感器、电感式传感器、电阻应变片式传感器、光纤传感器、振动传感器的工作原理；理解常用的位移计、沉降仪、测斜仪、压力仪及温度仪的测试原理及注意事项。

3.1　概述

安全监测工作始于水坝工程建设。1891 年，德国埃施巴赫混凝土重力坝第一次进行外部变形观测。1903 年，美国新泽西州的布恩顿（Boonton）重力坝所做的温度观测是最早利用专门仪器进行观测的工程。1920 年，瑞士第一次用大地测量法测量大坝变形，测量系统包括基准点和观测点标架，大坝下游面的觇标和沿坝顶一系列的水准标点，该系统延用至今。在欧洲的许多国家使用着另一种类型的观测仪器——钢弦式仪器。最早的钢弦式应变计始于 1919 年，是谢弗设计并由德国麦哈克公司生产的。同一时期原苏联学者达维金可夫也制造了一种弦式仪器，广泛用于苏联兴建的闸坝工程中，对扬压力和土压力进行观测。

20 世纪 60 ~ 70 年代，意大利科南昂达（Conaonda）公司的产品把钢弦改为杆件，用 1 ~ 6 根长度不等的铟钢棒固定在岩孔内不同深度，最深可达 70m，在孔口用百分表或传感器测量各点的变形。法国泰勒马克（Telemac）的多点位移计是利用电感原理制成的。同一钻孔可测 12 点，深度可达 200m。美国基康（Geokon）的产品最多可测 8 点，深度 70m。Sinco 公司可测 6 点，最深可达 183m。其他如加拿大的阿尔爱司特（RST）公司和洛克泰司特（Roctest）公司也都有同类产品。另一种应用广泛的变形仪器是测斜仪，用探头在两个互相垂直的方向上测量偏离铅垂的倾角，以测定岩层和土层的水平位移。美国测斜仪器公司生产伺服加速度式测斜仪，分垂直测斜仪和水平测斜仪，又有活动式与固定式两种。美国基康公司，加拿大洛克泰司特公司和阿尔爱司特公司都有同类产品，都是数字显示的。法国泰勒马克公司的测斜仪是钢弦式的。瑞士荷根堡公司则是差动电容式。另外液体静力水准也能有效长期监测基础的倾斜，还可测量廊道内的垂直位移。葡萄牙国立土木工程研究院（LNEC）已研制成静力水准系统，该系统应用静力水准测量原理，在储水容器中放置浮体，浮体上固定有指针并可直接在卷筒上随液面升降画出垂直位移。测斜仪器公司还发明一种 EL 电解液平衡仪，可监测建筑物的位移和转动，有水平式和垂直式两种，前者用于测量沉降和隆起，后者测量侧向位移和收敛。这种新产品分辨率高（0.005mm/m）、测量可靠、安装方便、坚固耐用、费用低、能实现遥测自动化。

20 世纪 80 年代中期，随着微电子技术和计算机的发展，各国又发展了分布式监控数据采集系统，即在观测现场设置多台小型化测量控制装置，分别对监控区域内的仪器进行自动监测，测量数据转换为数字量通过数据总线直接传送到监控中心的计算机进行处理。美国 Geomation 公司的 2300 系统就是其中的代表。它是将标准化设计的硬件、软件和微处理控制器组成由用户进行参数设置的遥测智能化的分布式监测控制系统。将测量、数据分析、控制和通信等职能通过称作 MCU 的遥控单元来完成。每个 MCU 都有微处理器、时钟和标准的操作系统，都可同时操作通信设备、测量仪表来控制、测量和通信。MCU 功能的变化是通过配置转换器（直流或振弦等），输入模块、编程固态模块及输出模块，并经菜单驱动软件编程来完成。加拿大 Roctest 公司的 SENS—LOG 安全监测自动化数据采集系统是一个集成化、系统总成式交钥匙系统。即可用于各种钢弦式传感器的测量，也提供了各种电容式、电感式、线性位移等多种内外观监测传感器通用接口。该系统可从每一测控模块（MCM）的 12 个基本通道扩展至 384 个通道，还可进一步扩充。系统配置一套适用于用户编程操作、数据采集、处理、存储、传输与资料分析用的系统软件包。系统程序可在现场由手提式便携机 Rs—232 电缆直接进入，也可经由现代化通信线路，由监控中心计算机远程连网进入。MCM 由微处理机、时钟、多功能表、校验、扫描、频率计数和控制器组成，安装在完全密封的不锈钢壳体内，并配置在模拟口和 I/O 串形口。该系统应用于水坝、水泵站、隧道、桥梁、边坡和地下工程的压力、水位、位移、倾转、温度、流量、变形和倾斜等物理量的远程自动化监测。自动化监测系统能胜任多测点密测次的观测，提供在时间和空间上的连续信息，实现数据采集、记录、自检、打印、传输及分析报警等适时安全监控。因此，监测自动化在国外受到高度重视，并继续向前发展。从意大利、法国、美国、西班牙、葡萄牙、日本和瑞士等国家实现自动化的情况来看，有的起始于资料管理自动化，有的则首先实现采集自动化。意大利发展较快，它的微机辅助监测系统（MAMS），可实现数据采集、校验、存储和传输，并具有快速在线判断和报警功能。尽管各国所走的自动化道路不同，但总是随着技术进步，监测仪器有一个渐次提高自动化水平的过程。早期的做法是采用规模集成电路及微处理器组成的便携式测读装置，对监测仪器进行检测，检测结果数字显示也可存储打印。

第二阶段研制出有集控和选数功能的装置，对仪器进行集中式数据采集，且测读的数据可输入到计算机中或上一级计算中心进行处理。

我国的岩土体监测工作也是从坝上建设起步。除表面变形观测开展较早外，20世纪50年代初开始在官厅、大伙房土坝埋设了横梁式固结管沉降计以观测坝体的沉降，用测压管测坝体的浸润线。同一时期在丰满和淮河上游的佛子岭、梅山等几座混凝土坝也做了位移、沉降等简单的观测工作。1958年，为满足大规模坝工建设的需要，水利水电科学研究院组织有关单位研制内部观测用的差动电阻式（卡尔逊式）系列观测仪器。1964年研制双管式水压孔隙压力计埋设在礼河毛家村土坝，观测心墙孔隙压力。与此同时在南京水利科学研究院、铁道科学研究院和中国建筑科学研究院率先研制钢弦式传感器。这些研制工作为我国观测仪器国产化和专业化生产奠定了基础。1968年，南京电力自动化设备厂开始生产差动电阻式应变计、测缝计、钢筋计、孔隙压力计、温度计以及比例电桥等系列化观测仪表提供工程使用，告别了依靠进口的年代。同样品种的钢弦式仪器如土压力计、钢筋计、孔隙压力计、表面应变计、反力计以及钢弦频率测定仪表等，也在国内几十个研究院所开始进行研制和逐步走向小规模生产。

20世纪70年代初期，南京电力自动化设备厂研制了以差动电感式为原理的隧洞变形仪，它可量测高压管道或隧洞在高压充水下的径向变形。随后该厂又陆续研制了差动电感式垂线坐标仪、引张线遥测仪以及数字式通用指示仪，为大坝外部观测的遥测自动化创造了条件。钢弦式传感器的测定仪表在这期间已由电子管示波法的第二代产品向晶体管化数字式钢弦周期测定仪的第三代产品过渡，并开始研制采用PMOS集成电路的数字钢弦频率测定仪。外部观测技术在普及推广引张线、倒垂线及测斜仪的基础上，开始对引张线、正垂线、倒垂线及觇标的遥测，垂直位移及测压管水位的自动观测。

20世纪80年代，国外的安全监测技术发展突飞猛进。国内工程建建设速度加快，而观测技术与国外相比，差距很大。86000多座大坝，加上无法用数字表示的桥梁、道路、码头、机场、高边坡、深基础、高层建筑、地下工程等，都关系着建设的成败和人民生命财产的安危。

此外，国内从事仪器生产的厂家、科研单位和高等院校，在工程变形、渗流、渗压、应力、应变和基岩观测等方面开发出很多具有较高精度、性能优良、结构牢固、长期稳定性好的仪器设备，使我国安全监测手段进一步得到改善。比较有代表性的仪器有伺服加速度式测斜仪，双线圈连续振荡的钢弦式传感器等。

我国的安全监测自动化研制工作起步于20世纪70年代末，首先实施的是差动电阻式内观仪器的自动化。从研制自动化测读仪表着手，用了十多年的时间，也和国外一样经历了由初级到高级的发展过程。由于采用五芯电缆连接整动电阻式传感器和研制出用五芯测法的电阻比电桥，从理论上解决了该传感器长距离测量的难题，消除长导线电阻对测量精度的影响，从而使自动化测量技术有了长足的进步。接着有存储功能的数字化电桥，电阻比巡检仪等多种新型自动化测试仪表应市。20世纪70年代中期，中国科学院成都分院与龚咀水电厂共同研制了我国第一台应变计自动化检测装置，使163支仪器的监删数据于1980年首次实现自动采集。1983年南京自动化研究所研制的RNZ—1自动化检测装置安装在葛洲坝二江电厂，1984年投运实现二江泄水闸184支仪器的自动检测。南京自动化研究所、清华大学、中国水利水电科学研究院和松辽委勘测设计院等科研院校共同努力，通过攻关研制了工程急需的变形和渗流的监测仪器。南京自动化研究院大坝监测研究所研制的DAMS大坝安全自动检测装置和DSIMS大坝安全信息管理系统软件于1985年10月首次在梅山水库试运行。该所先后开发了DAMS—Ⅱ型混合式数据采集系统、DAMS—Ⅲ型分市式数据采集系统、DAMS—4智能型分布式数据采集系统和DSMS大坝安全监控管理系统，并在工程中得到应用和推广。通过国家倡导和工程技术界的通力合作，近几年我国安全监测自动化技术取得了较大的发展，一批具有相当水平的大坝安全监控自动化系统在国内近百座大中型工程中实施和运行，取得了显著的经济效益和社会效益。除了上述的DAMS系统外，南京水利水文自动化研究所大坝监测分所研制的DG型分布式大坝安全监测自动化系统及监测仪器1996年通过部级鉴定，先后在葛洲坝和碧口水电站等工程中投入运行。广东省水利水电科学研究所开发的大坝安全监控自动化系统，在该省几座电站的混凝土大坝的安全监测中取得了实施效果。

2012年9月，中国航天科工集团公司第三研究院研制成功的西安骊山滑坡自动化监测系统开始投入运行，为保护骊山风景区、华清池、兵谏亭等文物遗迹，以及附近20多个单位、两个居民区2400多民众的生命财产安全提供强有力的保障。

上海华测导航技术有限公司采用GPS边坡位移监测系统，该系统有参考站、监测站和自动监控中心（数据处理中心）三部分组成，如图3-1所示。

1）GPS参考站。它是整个监测区域的地表位移监测的基准框架。它长期连续跟踪观测卫星信号，通过数据通信网络实时传输GPS观测数据到控制中心，几个参考站可以联合组网，并实时为各监测站提供高精度的载波相位差分数据及起算坐标。

2）GPS监测站。GPS监测站是实时掌握表面变化量的依据，各监测点长期连续跟踪观测卫星信号，通过数据通信网络实时传输GPS观测数据到控制中心，并结合各参考站的观测数据与起算坐标通过控制中心软件准实时解算处理，最终得到各监测点的三维坐标。

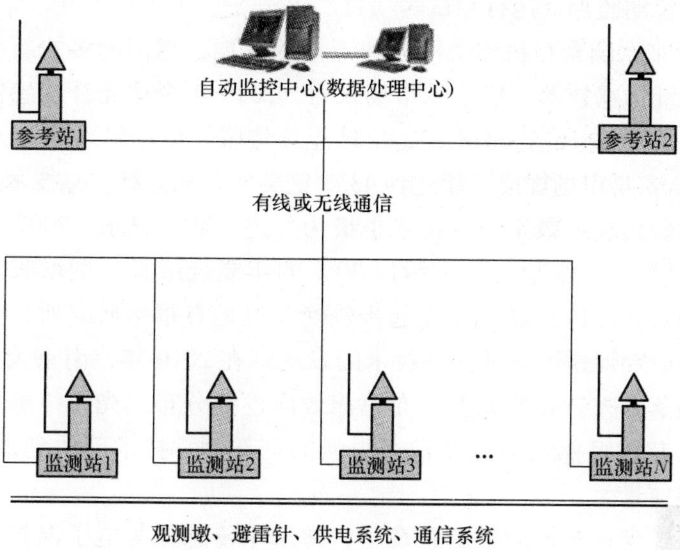

图 3-1　GPS 边坡位移监测系统

3）数据处理中心。实现数据的自动化采集、解算、管理、分析、预警、WEB 发布。系统可以根据测环境，灵活选用有线和无线（GPRS \ CDMA \ 无线网桥）两种通信方式。该系统能实现以下几种报警：手机短信（领导和监管人员），网络消息（企业到各相关部门），各监控中心声光报警。

为了尽可能降低地灾对广大人民群众的生命财产威胁，国土资源部和相关部门相继采取了多项措施，健全群防群测体系。到目前为止，全国共安装了 10 万余套裂缝报警器和滑坡预警伸缩仪，监测效率和预警水平明显提高；全国共有 30 个省区市，260 个地级气象局联合当地国土资源部门开展业务，各地国土资源和气象部门通过电视、广播、手机短信等多种渠道发布地质灾害预报预警信息。据国土资源部统计，2009 年，全国共成功避让地质灾害 209 起，避免人员伤亡 14330 人，避免直接经济损失 1.6 亿元。

在多项新技术应用下，基于网络的高精度无线新型地灾预警预测分析系统可以有效彻底的解决现有的地质灾害的弊端，获得更高的预报可靠性，大量降低监测成本。运用新一代技术的灾害预测预警系统应运而生。该系统是一款利用无线通信网络，基于高精度数据采集平台，集危岩体重点监测数据的实时测量、回传及报警的远程监测系统。该系统解决了在传统监测方式中，人力占用严重，读数一致性和可靠度不够高，实时性较差等缺点，可有效减少监测费用，保证数据的实时可靠，提高危岩体治理效率和安全性，具有良好的经济性和实用性，可广泛应用在危岩体隧道及地下工程岩土松弛、地基沉降、矿山、废矿库、天然及人工危岩体稳定的长期监测及运行测试等项目。

21 世纪以来，随着材料和微机械加工技的发展，越来越多的新型传感器的采用，尤其是光纤传感技术。从全球市场来看，2013 年全球光纤传感器市场规模为 18.9 亿美元。预计 2016 至 2018 年，全球光纤传感器市场将以年均 18% 的增长幅度增长，到 2018 年市场规模可能达到 43.3 亿美元。从光纤传感技术研究上看，美国对该技术的研究起步最早，且技术也最为先进。数据显示：2007 年，美国光纤传感器市场规模为 2.35 亿美元，后以 30% 的年复合增长速度增长。国内市场方面，虽然我国对光纤传感器的研究起步较晚，但是有很多研究所、企业等对光纤传感器的深入研究促进了光纤传感技术的发展。在 2010 年，南京大学光通信工程研究中心张旭苹等人研究的关于“布里渊效应连续分布式光纤传感技术”通过了专家的鉴定，专家组都认为此技术有很强的创新性，技术已达到世界先进水平，有广阔的发展前景。

在城市轨道交通车辆的空调系统中，常采用传感器与电子温控器相配合进行温度控制。温控器多使用电子调节器，传感器用作温度检测，一般采用热电偶或热敏电阻作传感器。而在客室内，由于人的呼吸，二氧化碳（CO_2）的含量会增加，当增加到一定浓度后就会影响人的健康，车内乘客携带的物品中产生的有害气体等也会使车内空气变得污浊，这时就需要外界产生新鲜空气，对车内的空气进行一定的更换，因此传感器对气体的精确检测就显得尤为重要。在高速动车组领域，对与封闭车厢内的氧气量监测与补给、地震、速度监测、轴温检测、连接部位松动监测、异物监测等相关传感器的需求非常高，这些技术仍在不断发展和完善中。而防盗抢类传感器，如高压室玻璃破碎、误进入，以及电缆盗抢传感器等都很重要。这些传感器与系统设备与人身的安全息息相关。

自 2005 年 1 月美国华盛顿市的两个地铁站启用一种能检测到化学毒气的传感器开始，越来越多的地铁站开始运用传感检测技术保证轨道交通的安全运行。2008 北京奥运会后，国内的许多城市都规定了轨道交通各个站点应强制安置对爆炸物和有毒有害化学危险品检测的传感器。而由于无线传感网络包括了可探测包括地震、电磁、温度、湿度、噪声、光强度、压力、土壤成分、移动物体的大小、速度和方向等众多类型的传感器，因此成为轨道交通安全保证系统中的主要传感器技术。无线传感网络是当代科学技术的热点也是难点之一，无线传感器网络由随机布设的大量多种类传感器节点组成，能够迅速组成自适应的网络拓扑结构，对分布式动态信息进行协同感知与处理，形成残缺、受限的自治综合信息系统，是人类的远程神经末梢。在传感网的盲源分离、多目标协同识别、跟踪定位等领域的部分要害技术居世界先进水平，并针对国家重大需求，得到一定规模的重要应用。

传感器在保证轨道交通安全上的另一个重要应用是屏蔽门，过去曾多次出现过将乘客夹在屏蔽门和列车门之间的事故，现在越来越多的轨道交通车站正在安装或计划安装红外传感器或光传感器，以防乘客变成“夹心饼干”。国家对轨道交通建设的大力投入将进一步带动传感器市场的发展，除了上述传感器以外，还包括了机器视觉传感器，作为轨道建设中地下施工最高设备的盾构机用传感器等。

3.2　测试技术基础

测试是以确定量值为目的的一系列操作，也就是将被测试值与同种性质的标准量进行比较，确定被测值对标准量的倍数。

由测试所获得的被测的量值称为测试结果，测试结果可以用数值表示，也可以用一条曲线或某种图形表示。测试结果应表示为两部分：比值和测试单位，确切地讲，测试结果还应包括误差部分。

被测试值和比值等都是测试过程的信息，这些信息依托于物质才能在空间和时间上进行传递。测试过程就是传感器从被测对象获取被测试的信息，建立起测试信号，经过变换、传输、处理，从而获得被测试的量值。

测试系统是传感器与测试仪表、变换装置等的有机组合，如图3-2所示。

图3-2　测试系统原理结构框图

3.3　常用传感器的类型和工作原理

GB/T 7665—2005《传感器通用术语》对传感器的定义：“能感受被测量并按照一定的规律转换成可用输出信号的器件或装置，通常由敏感元件和转换元件组成”。传感器是一种检测装置，能感受到被测量的信息，并能将检测感受到的信息，按一定规律变换成为电信号或其他所需形式的信息输出，以满足信息的传输、处理、存储、显示、记录和控制等要求。它是实现自动检测和自动控制的首要环节。目前对传感器尚无一个统一的分类方法，但比较常用的有如下三种：

1）按传感器的物理量分类，可分为位移、力、速度、温度、流量、气体成分等传感器。

2）按传感器工作原理分类，可分为电阻、电容、电感、电压、霍尔、光电、光栅、热电偶、光纤等传感器。

3）按传感器输出信号的性质分类，可分为：输出为开关量（“1”和" 0”或“开”和“关”）的开关型传感器；输出为模拟型传感器；输出为脉冲或代码的数字型传感器。

传感器的性能可以用传感器的静态特性和动态特性来表征。传感器的静态特性是指当被测量的各个值处于稳定状态时，传感器的输出值与输入值之间关系的数学表达式、曲线和数表。动态特性是指被测量随时间变化时，传感器的输出值与输入值之间关系的数学表达式、曲线或数表。本章主要针对路基工程常用的几种传感器进行介绍。

3.3.1 差动电阻式传感器

差动电阻式传感器是美国人卡尔逊研制成功的。因此，习惯上又被称为卡尔逊式仪器。这种仪器利用张紧在仪器内部的弹性钢丝作为传感元件将仪器受到的物理量转变为模拟量，所以国外也称这种传感器为弹性钢丝式（Elastic Wire）仪器。

由物理学知识，当钢丝受到拉力作用而产生弹性变形，其变形与电阻变化之间有如下关系式

$$\frac{\Delta R}{R}=\frac{\lambda\Delta L}{L} \tag{3-1}$$

式中 ΔR——钢丝电阻变化量；

R——钢丝电阻；

λ——钢丝电阻应变灵敏系数；

ΔL——钢丝变形增量；

L——钢丝长度。

由图3-3可见仪器的钢丝长度的变化和钢丝的电阻变化是线性关系，利用式（3-1）可求得仪器承受的变形进而测定电阻变化。钢丝还有一个特性，当钢丝感受不太大的温度改变时，钢丝电阻随其温度变化之间有如下近似的线性关系

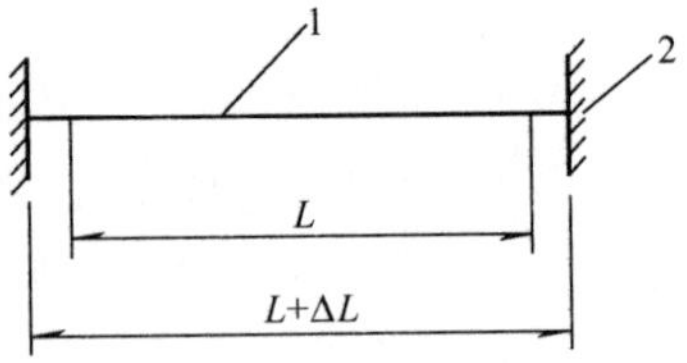

图3-3 钢丝变形

1—钢丝 2—钢丝固定点

$$R_T=R_0(1+\alpha T) \tag{3-2}$$

式中 R_T——温度为T℃的钢丝电阻；

R_0——温度为0℃的钢丝电阻；

α——电阻温度系数，一定范围内为常数；

T——钢丝温度。

只要测定了仪器内部钢丝的电阻值，用式（3-2）就可以计算出仪器所在环境

的温度。

差动电阻式传感器基于上述两个原理，利用弹性钢丝在力的作用和温度变化下的特性设计而成，把经过预拉长度相等的两根钢丝用特定方式固定在两根方形断面的铁杆上，钢丝电阻分别为 R_1 和 R_2，因为钢丝设计长度相等，R_1 和 R_2 近似相等。差动电阻式传感器原理如图 3-4 所示。

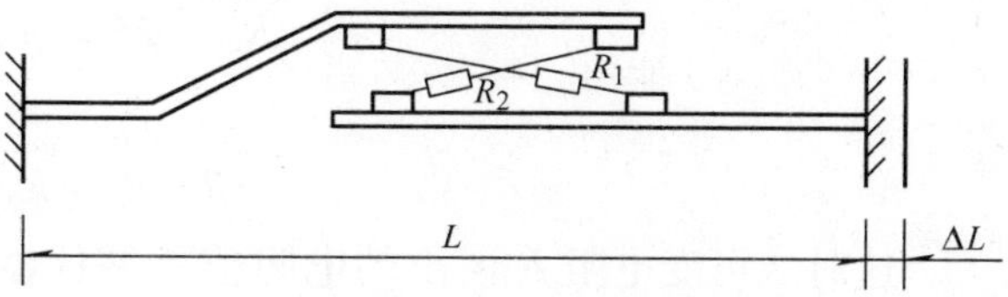

图 3-4　差动电阻式传感器原理

当仪器受到外界的拉压而变形时，两根钢丝的电阻产生差动的变化。一根钢丝受拉，其电阻增加，另一根钢丝受压，其电阻减少，两根钢丝的串联电阻不变而电阻比 R_1/R_2 发生变化，测量两根钢丝电阻的比值，就可以求得仪器的变形或应力。当温度改变时，引起两根钢丝的电阻变化是同方向的，温度升高时，两根钢丝的电阻则都减少。测定两根钢丝的串联电阻，就可求得仪器测点位置的温度。

差动电阻式传感器的读数装置是电阻比电桥（惠斯顿型），电桥内有一可以调节的可变电阻片，还有两个串联在一起的 50Ω 固定电阻 $M/2$。电桥测量原理如图 3-5 所示。将仪器接入电桥，仪器钢丝电阻 R_1 和 R_2 就和电桥中可变电阻片 R 以及固定电阻 M 构成电桥电路。

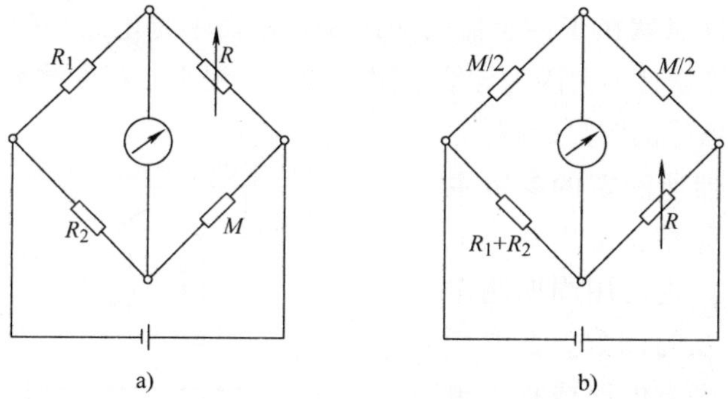

图 3-5　电桥测量原理

图 3-5a 是测量仪器电阻比的线路，调节可变电阻片 R 使电桥平衡，则

$$\frac{R}{M}=\frac{R_1}{R_2} \tag{3-3}$$

因为 $M=100\Omega$，故由电桥测出的 R 值是 R_1 和 R_2 之比的 100 倍，$R/100$ 即为电阻比，电桥上电阻比最小读数为 0.01%。

图 3-5b 是测量串联电阻时，利用上述电桥接成的另一电路，调节 R 达到平衡

时，则

$$\frac{\left(\frac{M}{2}\right)}{R}=\frac{M}{2(R_1+R_2)} \tag{3-4}$$

即

$$R=R_1+R_2 \tag{3-5}$$

这时从可变电阻 R 读出的电阻值就是仪器的钢丝总电阻，从而求得仪器所在测点的温度。

综上所述，差动电阻式仪器以一组差动的电阻 R_1 和 R_2，与电阻比电桥形成桥路从而测出电阻比和电阻值两个参数，来计算出仪器所承受的应力和测点的温度。

3.3.2 钢弦式传感器

钢弦式传感器的敏感元件是一根金属丝弦（一般称为钢弦），常用高弹性弹簧钢、马氏不锈钢或钨钢制成，它与传感器受力部件连接固定。钢弦振动的谐振频率与钢弦的应变或者张力成正比，这种基本关系可以用来测量多种物理量如应变、荷载、力、压力、温度和倾斜等。由于它结构简单可靠，传感器的设计、制造、安装和调试都非常方便。而且在钢弦经过热处理之后其蠕变极小，零点稳定。近年来在国内外发展较快，欧美已经基本替代了其他类型的传感器。钢弦式传感器较一般传感器的优点就在于传感器的输出是频率而不是电压。频率可以通过长电缆（>2000m）传输，不会因为导线电阻的变化、浸水、温度波动、接触电阻或绝缘改变等而引起信号的明显衰减。

钢弦式传感器所测定的参数主要是钢弦的自振频率，常用专用的钢弦频率计测定，也可用周期测定仪测周期，二者互为倒数。在专用频率计中加一个平方电路或程序也可直接显示频率平方。钢弦式位移传感器的工作原理如图 3-6 所示。

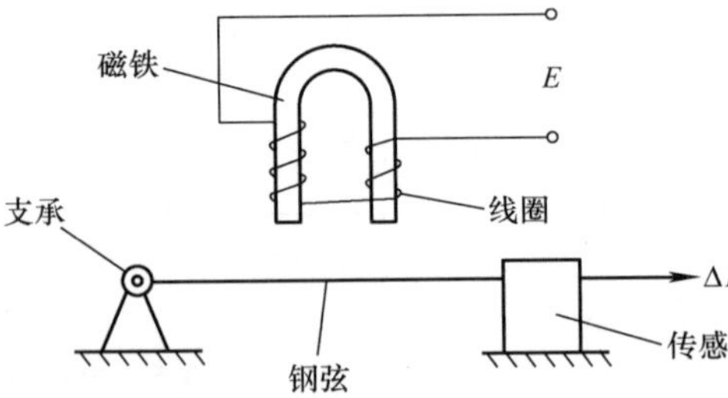

图 3-6 钢弦式位移传感器的工作原理

钢弦式仪器是根据钢弦张紧力与谐振频率成单值函数关系设计而成的。钢弦的自振频率取决于它的长度、钢弦材料的密度和钢弦所受的内应力，其关系式为

$$f=\left(\frac{1}{2}L\right)\cdot\sqrt{\frac{\sigma}{\rho}} \tag{3-6}$$

式中 f——钢弦自振频率；

L——钢弦有效长度；

σ——钢弦的应力；

ρ——钢弦材料密度。

由式（3-6）可以看出，当传感器制造成功之后所用的钢弦材料和钢弦的直径有效长度均为不变量。钢弦的自振频率仅与钢弦所受的张力有关。因此，张力可用频率的关系式来表示

$$F = K(f_x^2 - f_0^2) + A \tag{3-7}$$

式中　F——钢弦张力；

K——传感器灵敏系数；

f_x——张力变化后的钢弦自振频率；

f_0——传感器钢弦初始频率；

A——修正常数（在实际应用中可设为“0”）。

从式（3-7）中可以看出，钢弦式传感器的张力与频率的关系为二次函数（见图3-7a），频率平方与张力为一次函数（见图3-7b），通过最小二乘法变换后的式（3-7）为线性方程。仪器的结构不同，张力“F”可以变换为位移、压力、压强、应力、应变等各种物理量。从式（3-7）中可以看出钢弦的张力与自振频率的平方差呈直线关系。但不同的传感器中钢弦的长度、材料的线性度很难加工得完全一样。因此，修正常数（f轴的截距）相对于每支传感器也都不尽相同，为以后资料整理时的起始值造成不一致。通常根据资料的要求人为设“A”值等于“0”，使一个工程中的多只传感器起点一致，以方便计算中的数据处理。

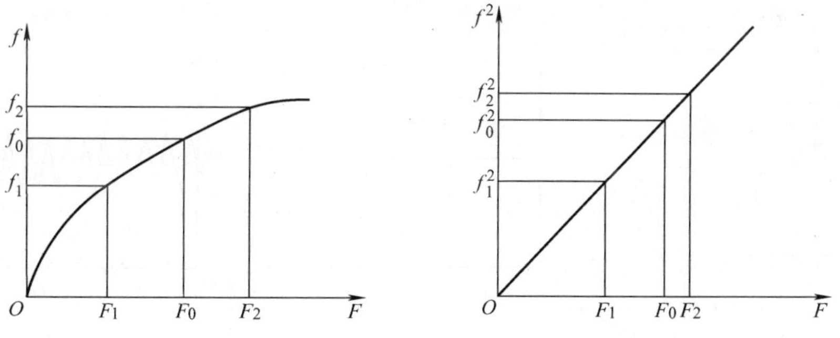

图3-7　钢弦传感器输出特性

钢弦式传感器的激振一般由一个电磁线圈（通常称磁芯）来完成。经过把各类物理量转换为拉（或压）力作用在钢弦上，改变钢弦所受的张力，在磁芯的激发下，使钢弦的自振频率随张力变化而变化。通过频率的变化可以换算出被测物理量的变化值。由于钢弦被置于电测原件“磁芯”的磁场中，当钢弦振动时就在

接收线圈中产生感应电动势 V。测出它的频率就确定了被测钢弦的自振频率，代入式（3-7）中即可换算成相应的物理量。

钢弦传感器的激振方式不同，所需电缆的芯数也不同。图 3-8 中的三种激振方式代表了钢弦式传感器的发展过程。图 3-8a_1 是单线圈间歇式激振型传感器。它激振和接收共用一组线圈，结构简单，但由于线圈内阻不可能很大，一般是几十欧姆到几百欧姆。因此，传输距离受到一定限制，抗干扰能力比较差，传输电缆要求截面较大的屏蔽电缆为好。激振方式为单脉冲输入，如图 3-8a_2。当激发脉冲输到磁芯线圈上，磁芯产生一个脉动磁场拨动钢弦，所以国外也有叫“拨弦式”，钢弦被拨动后产生一个衰减振荡，切割磁芯的磁力线在磁芯的输出端也产生如图 3-8a_3 的衰减正弦波。接收仪表测出此波的频率即为钢弦此刻的自振频率。

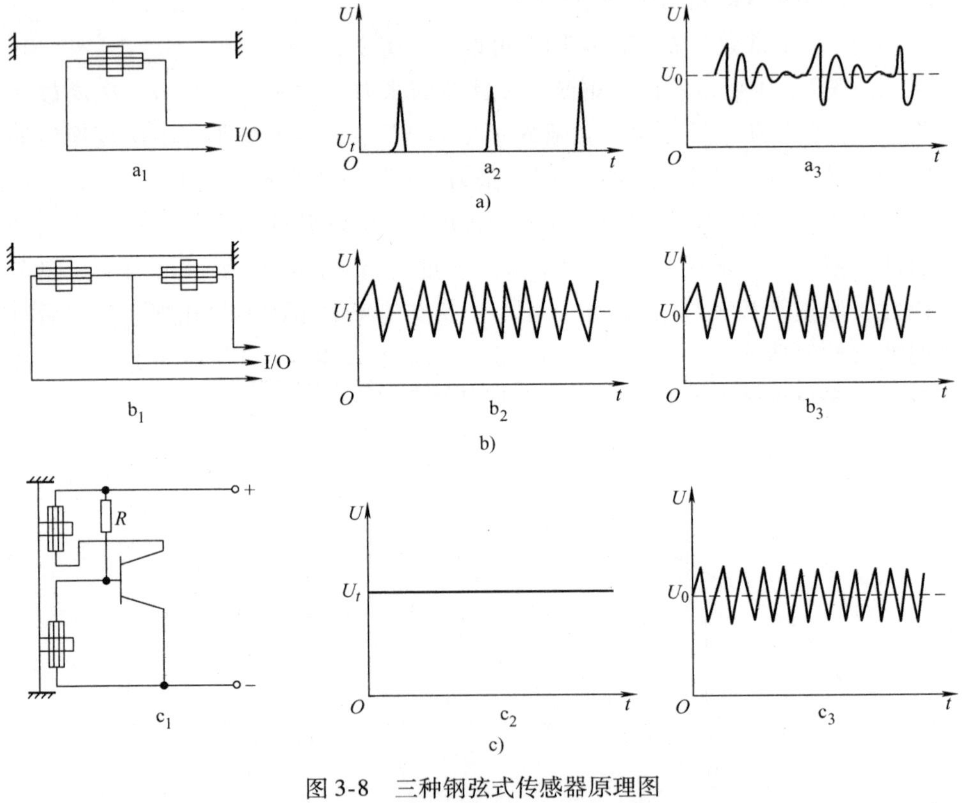

图 3-8　三种钢弦式传感器原理图

a）单线圈间歇式激振（拨弦式）型输入输出波形　b）三线制双线圈激振型输入输出波形

c）二线制双线圈连续激振型输入输出波形

图 3-8b_1 是一组三线制双线圈钢弦式传感器示意图，它有两个线圈组成，一个线圈为激振线圈，一个为接收线圈。激振线圈由二次仪表送来一个 1000Hz 左右的激发脉冲，一般为正弦波或锯齿波。当钢弦激振后由接收线圈传送到二次仪表中，

经放大反馈一部分到激发线圈上，使激发频率与接收频率相等，让钢弦处于谐振状态，一部分送到整形、计数、显示电路测出频率。图3-8b_2、b_3为激发和输出的波形。这种结构比单线圈的性能有了很大的改善，但同样存在线圈内阻小，对电缆要求较高的不足。常用三芯或双芯屏蔽电缆，屏蔽层或其中一芯为公用线。一芯为激发线，一芯为接收线。

图3-8c为一组二线制双线圈的钢弦传感器示意图。这种结构比较新颖，磁芯中有一组反馈放大电路，对二次仪表来说，由二芯传输线直流输入，经内部电路激发，正弦波输出。此方式采用了现代电子技术。把磁芯内阻做到3500Ω左右。内阻提高，传输损耗小，传输距离较远，抗干扰增强。因此，对电缆要求较低。一般用二芯不屏蔽电缆即可。若一组有几个传感器的，每增加一只传感器只需增加一芯电缆。例组四点位移计只需一根5芯不屏蔽电缆，但设计要求在雷电地区必须屏蔽的例外。

钢弦式传感器利用电磁线圈铜导线的电阻值随温度变化的特性可以进行温度测量，也可在传感器内设置可兼测温度的元件，同样可以达到目的。钢弦式传感器的优点是钢弦频率信号的传输不受导线电阻的影响，测量距离比较远，仪器灵敏度高，稳定性好，自动检测容易实现。

3.3.3　电感式传感器

电感式传感器是一种变磁阻式传感器，利用线圈的电感的变化来实现非电量电测。它可以把输入的各种机械物理量如位移、振动、压力、应变、流量、比重等参数转换成电量输出，可以实现信息的远距离传输、记录、显示和控制。电感式传感器种类很多，常用的有Ⅱ形、E形和螺管形三种。虽然结构形式多种多样，但基本包括线圈、铁芯和活动衔铁3个部分。电感式传感器原理图如图3-9所示。

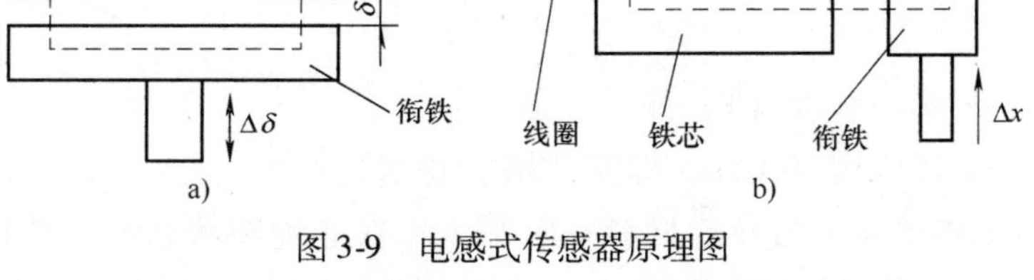

图3-9　电感式传感器原理图

a）变间隙的电感式传感器　b）变面积的电感式传感器

铁芯和活动衔铁均由导磁材料如硅钢片或铍镍台金制成，可以足整体的或者是迭片的，衔铁和铁芯之间有空气隙 δ，当衔铁移动时，磁路中气隙的磁阻发生变化，从而引起线圈电感的变化，这种电感的变化与衔铁位置即气隙大小相对应。因此，只要能测出这种电感量的变化，就能判定衔铁位移量的大小。电感式传感器就是基于这个原理设计制作的。

根据电感的定义，设电感传感器的线圈匝数为 W，则线圈的电感量 L 为

$$L = \frac{W\Phi}{I} \tag{3-8}$$

式中 Φ——磁通（Wb）；

I——线圈中的电流（A）。

磁通可由下式计算

$$\Phi = \frac{IW}{R_{\mathrm{M}}} = \frac{I \cdot W}{(R_{\mathrm{F}} + R_{\delta})} \tag{3-9}$$

$$R_{\mathrm{F}} = \left(\frac{l_1}{\mu_1 S_1}\right) + \left(\frac{l_2}{\mu_2 S_2}\right) \tag{3-10}$$

$$R_{\delta} = \frac{2\delta}{\mu_0 S} \tag{3-11}$$

式中 R_{F}——铁芯磁阻；

R_{δ}——空气隙磁阻；

l_1——磁通通过铁芯的长度（m）；

S_1——铁芯横截面积（m^2）；

μ_1——铁芯在磁感应值为 B_1 时的磁导率（H/m，即亨每米）；

l_2——磁通通过衔铁的长度（m）；

S_2——衔铁横截面积（m^2）；

μ_2——衔铁在磁感应值为 B_2 时的磁导率（H/m）；

δ——气隙长度（m）；

S——气隙截面积（m^2）；

μ_0——真空磁导率，为 $4\pi \times 10^{-7}$H/m = 1. 256637 $\times 10^{-6}$H/m。

μ_1，μ_2 可按下式计算

$$\mu = \frac{B}{H} \tag{3-12}$$

式中 B——磁感应强度（T，即特［斯拉］）；

H——磁场强度（A/m，即安［培］每米）。

由于电感传感器用的导磁材料一般都工作在非饱和状态下，其磁导率 μ 要大于真空磁导率 μ_0 数千倍甚至数万倍，因此，铁芯磁阻 R_{F} 和空气隙磁阻 R_{δ} 相比是

非常小的，常常可以忽略不计。把式（3-9）和式（3-11）代入式（3-8）得

$$L=\frac{W^2}{R_\delta}=\frac{W^2\mu_0 S}{2\delta} \tag{3-13}$$

式（3-13）就是电感传感器的基本特性公式。当线圈匝数 W 确定时，只要气隙长度 δ 和气隙截面积 S 二者之一发生变化，电感传感器的电感量就会随之变化。把电感传感器设计为变气隙长度的，就可用来测量位移；设计为改变气隙截面积，就可用来测量角位移。

把两只完全对称的简单电感传感器合用一个活动衔铁便构成了差动式电感传感器。图3-10a、c分别为E形和螺管形差动电感传感器的结构原理图。图中上下两个磁导体设计成几何尺寸完全相同，材料也一样，上下两只线圈的电气参数、线圈铜电阻、电感和匝数也完全一致。图3-9b、d为差动式电感传感器的接线图。传感器的两只电感线圈接成交流电桥的相邻两臂，另外两个桥臂由电阻组成，构成了四臂交流电桥，由交流电源供电，电桥的另一角端即为输出的交流电压。

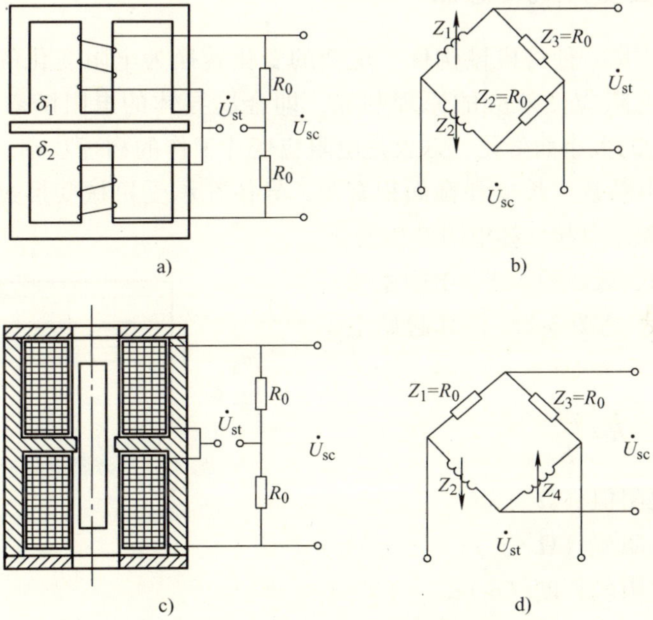

图3-10　差动式电感传感器的原理和接线图

在起始位置时，衔铁处于中间位置，两边气隙相等。因此，两只电感线圈的电感量在理论上相等，电桥的输出电压 $U_{sc}=0$，电桥处于平衡状态。当衔铁偏离中间位置向上或向下移动时，使两边气隙不一样，导致两只电感线圈的电感量一增一减，电桥就不平衡。电桥输出电压的幅值大小与衔铁移动量大小成正比，输出电压相位则与衔铁移动的方向有关。因此，测量出输出电压 $U_{sc}=0$ 的大小和相位，

就能决定衔铁位移量的大小和方向。

在工程中也会采用差动变压器式传感器，习惯称为差动变压器，其结构与差动电感传感器完全一样，也是由铁芯、衔铁和线圈三部分组成。所不同之处仅在于差动变压器上下两只铁芯均绕有初级线圈（激励线圈）和次级线圈（输出线圈）。上下初级线圈串联连接交流激磁电压，次级线圈则接电势反相串联。当衔铁处于中间初始位置时，两边气隙相等，磁阻相等，磁通相等，次级线圈中感应电势相等，结果输出电压为零。当衔铁偏离中间位置时，两边气隙不等，两线圈间互感发生变化，次级线圈感应电势不再相等，使有电压输出，其大小和相位决定于衔铁移动量的大小和方向。差动变压器就是基于这种原理制成。

电感式传感器结构简单，没有活动电接触点、工作可靠、灵敏度高、分辨率大、能测出 0.1μm 的机械位移和 0.1″（0.1 角秒）的微小角度变化。重复性好，高精度的可以做到非线性度误差达 0.1%。

3.3.4　电阻应变片式传感器

电阻应变片是一种将机械构件上应变的变化转换为电阻变化的传感元件。它是基于金属的电阻应变效应的原理制成，即金属导体的电阻随着所受机械变形（拉伸或压缩）的大小而变化，这就是电阻应变片工作的物理基础。因为导体的电阻与材料的电阻系数、长度和截面积有关，导体在承受机械变形过程中，这三者都要变化。因此，引起导体电阻产生变化。

一根长为 l、截面积为 S、电阻系数为 ρ 的金属丝（见图 3-11），其起始电阻为 R，则

$$R=\frac{\rho l}{S} \tag{3-14}$$

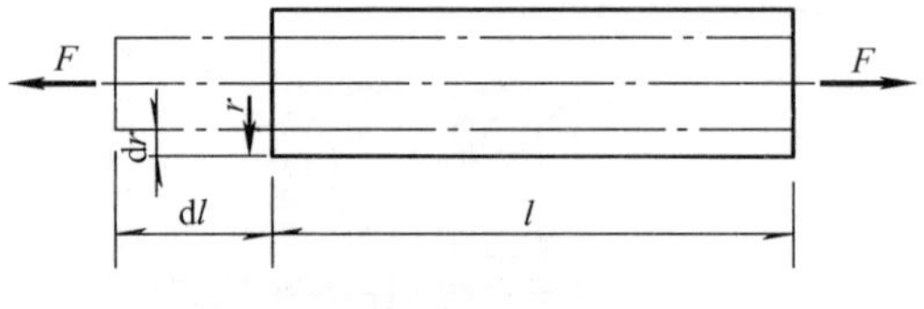

图 3-11　金属电阻应变效应

式中　R——电阻值（Ω）；

ρ——电阻率（Ω·m）；

l——电阻丝长度（m）；

S——电阻丝截面积（m^2）。

设导线在力 F 作用下，其长度变化 dl，截面积 S 变化 dS，半径 r 变化 dr，电阻系数 ρ 变化 dρ，因而将引起 R 变化 dR，将式（3-14）微分可得

$$\mathrm{d}R=\left(\frac{\rho}{S}\right)\mathrm{d}l-\left(\frac{\rho l}{S^2}\right)\mathrm{d}S+\left(\frac{l}{S}\right)\mathrm{d}\rho=R\left[\left(\frac{\mathrm{d}l}{l}\right)-\left(\frac{\mathrm{d}S}{S}\right)+\left(\frac{\mathrm{d}\rho}{\rho}\right)\right] \tag{3-15}$$

因　$S=\pi r^2$，$\mathrm{d}S=2\pi r\mathrm{d}r$

故

$$\frac{\mathrm{d}S}{S}=2\left(\frac{\mathrm{d}r}{r}\right) \tag{3-16}$$

令 $\mathrm{d}l/l=\varepsilon$ 为电阻丝轴向相对伸长即轴向应变，而 $\mathrm{d}r/r$ 为电阻丝径向相对伸长即径向应变，两者的比例系数即为泊松比 μ，负号表示方向相反。

$$\frac{\mathrm{d}r}{r}=-\frac{\mu\mathrm{d}l}{l}=-\mu\varepsilon \tag{3-17}$$

将式（3-17）代入式（3-16），得

$$\frac{\mathrm{d}S}{S}=-2\mu\varepsilon \tag{3-18}$$

将式（3-18）代入式（3-15）并经整理，得

$$\frac{\mathrm{d}R}{R}=\left[1+2\mu+\left(\frac{\mathrm{d}\rho}{\rho}\right)\varepsilon\right]\varepsilon \tag{3-19}$$

$$K_0=\frac{\frac{\mathrm{d}R}{R}}{\varepsilon}=1+2\mu+\left(\frac{d\rho}{\rho}\right)\varepsilon \tag{3-20}$$

式中　K_0——金属材料的灵敏系数，它的物理意义为单位应变所引起的电阻相对变化。

金属材料的灵敏系数受两个因素的影响：一个是受力后材料的几何尺寸的变化，即 $1+2\mu$；另一个是受力后材料的电阻率的变化，即（$\mathrm{d}\rho/\rho$）ε。后者是由于材料变形时，其自由电子的活动能力和数量均发生变化所致。根据大量试验证明，在电阻丝拉伸的比例极限内，电阻的相对变化与应变是成正比的，因而 K_0 为一常数，因此式（3-20）可用下式表示

$$\frac{\mathrm{d}R}{R}=K_0\varepsilon \tag{3-21}$$

K_0 是依靠试验求得，常用的铜镍合金（康铜）其灵敏系数为1.9～2.1。

金属丝、金属箔电阻应变片的基本结构如图3-12和图3-13所示。它由保护片、敏感栅、基底及引线四部分组成。敏感栅可由金属丝、金属箔制成，它被黏贴在绝缘基底上，在其上面再黏贴上层绝缘保护片，然后在敏感栅的两个引出端焊上引出线。金属丝电阻应变片的规格一般以使用面积（$L\times b$）和敏感栅的电阻值来表示。

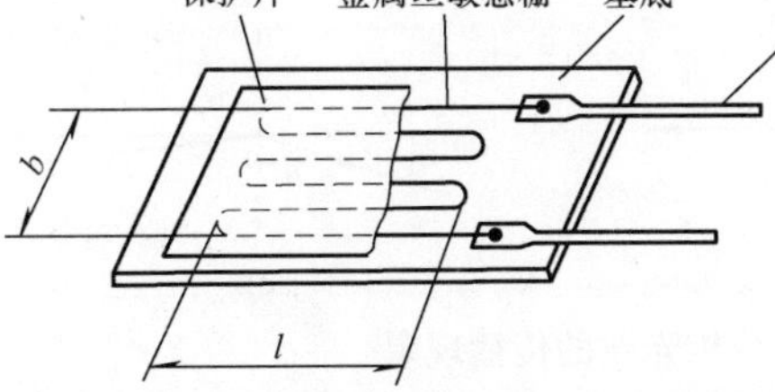

图3-12　金属丝电阻应变片的基本结构

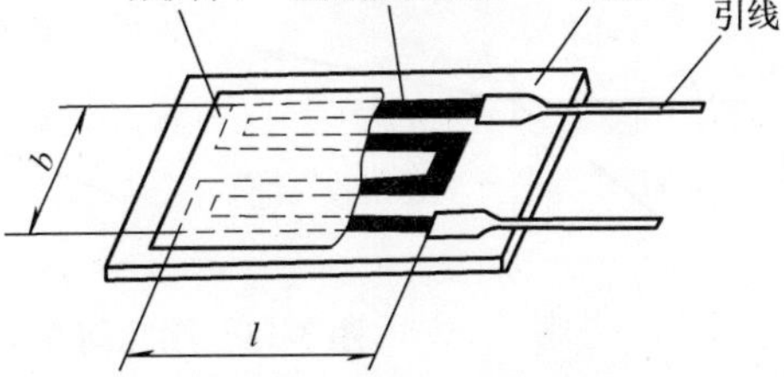

图3-13　金属箔电阻应变片的基本结构

将应变片用胶黏剂牢固地粘贴在被测试件的表面上，随着试件受力变形，应变片的敏感栅也获得同样的变形，从而使其电阻随着发生变化，且与试件应变成比例。用专用电阻应变仪将这种电阻变化转换为电压或电流变化，再用显示记录仪表将其显示记录下来，就可以测出被测试件应变量的大小。电阻应变片测量框图如图 3-14 所示。

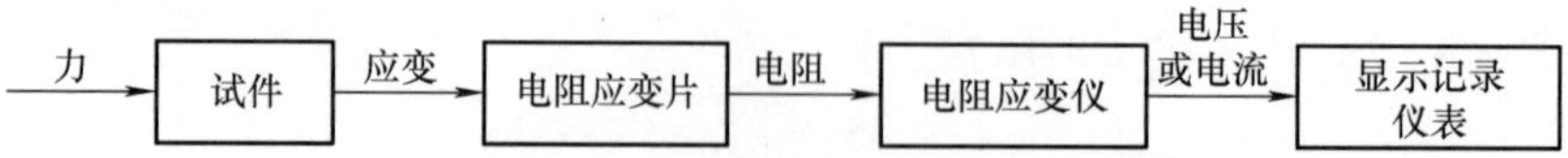

图 3-14 电阻应变片测量框图

电阻应变片的品种繁多，按敏感栅不同分为丝式电阻应变片、箔式应变片和半导体应变片三种。常用的是箔式应变片，它的敏感栅由 0.03 ~ 0.01mm 金属箔片制成。箔片电阻应变片用光刻法代替丝式应变片的绕线工艺，可以制成尺寸精确形状各异的敏感栅，允许电流大，疲劳寿命长，蠕变小，特别是实现了工艺自动化，生产效率高。

电阻应变片是美国在二次大战期间研制并首先应用于航空工业。由于这种传感器尺寸小、重量轻、分辨率高、能测出 1 ~ 2 个微应变（1×10^{-6}mm/mm），误差在 1% 以内，适用于远距离测量和巡检自动化。日本共和电业首先引进制成以电阻片为传感元件的观测仪器，称为“贴片式仪器”。在日本已代替卡尔逊式仪器，普遍用于工程建设。

3.3.5 光纤传感器

光纤传感器用光作为敏感信息的载体，用光纤作为传递敏感信息的媒质。因此，它同时具有光纤及光学测量的特点。

光是一种电磁波，一般采用波动理论来分析导光的基本原理。然而根据光学理论指出：在尺寸远大于波长而折射率变化缓慢的空间，可以用“光线”，即几何光学的方法来分析光波的传播现象，这对于光纤中的多模光纤是完全适用的，如图 3-15 所示。

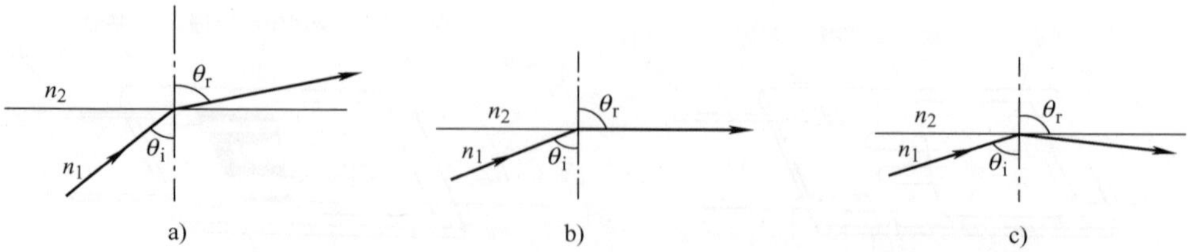

图 3-15 用几何光学的方法来分析光波的传播现象

a）光的折射过程（一般情形） b）光的折射过程（临界状态） c）光的折射过程（光全反射）

1. 斯乃尔定理（Snell's Law）

当光由光密物质（折射率大）入射至光疏物质时发生折射，如图 3-15a 所示，其折射角大于入射角，即 $n_1 > n_2$时，$\theta_r > \theta_i$。n_1、n_2、θ_r、θ_i之间的数学关系为

$$n_1 \sin\theta_i = n_2 \sin\theta_r \tag{3-22}$$

可见，入射角 θ_i增大时，折射角 θ_r也随之增大，且始终 $\theta_r > \theta_i$。

当 $\theta_r = 90°$时，θ_i仍 $< 90°$，此时，出射光线沿界面传播如图 3-15b 所示，称为临界状态。这时有

$$\sin\theta_r = \sin 90° = 1 \tag{3-23}$$

$$\sin\theta_{i0} = \frac{n_2}{n_1} \tag{3-24}$$

$$\theta_{i0} = \arcsin\left(\frac{n_2}{n_1}\right) \tag{3-25}$$

式中　θ_{i0}——临界角。

当 $\theta_i > \theta_{i0}$并继续增大时，$\theta_r > 90°$，这时便发生全反射现象，如图 3-15c 所示，其出射光不再折射而全部反射回来。

2. 光纤结构

分析光纤导光原理，除了应用斯乃尔定理外还须结合光纤结构来说明。光纤呈圆柱形，它由玻璃纤维芯（纤芯）和玻璃包皮（包层）两个同心圆柱的双层结构组成。光纤结构如图 3-16 所示。纤芯位于光纤的中心部位，光主要在这里传输。纤芯折射率 n_1 比包层折射率 n_2 稍大些。两层之间形成良好的光学界面，光线在这个界面上反射传播。

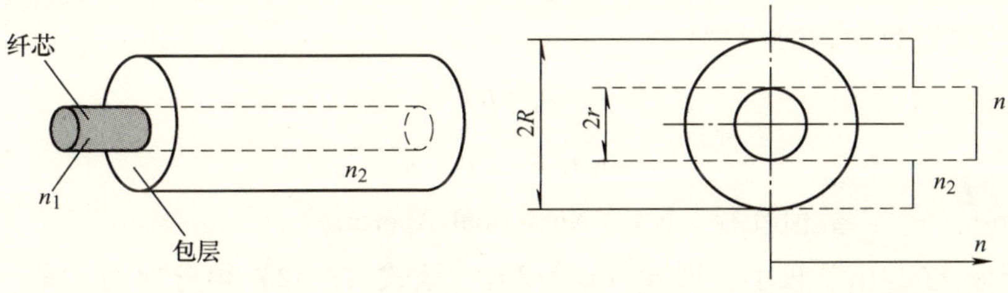

图 3-16　光纤结构

3. 光纤导光原理及数值孔径 NA

如图 3-17 所示，入射光线 *AB* 与纤维轴线 *OO* 相交角为 θ_i，入射后折射（折射角为 θ_j）至纤芯与包层界面 *C* 点，与 *C* 点界面法线 *DE* 成 θ_k角，并由界面折射至包层，*CK* 与 *DE* 夹角为 θ_r。

$$n_0 \sin\theta_i = n_1 \sin\theta_j \quad n_1 \sin\theta_k = n_2 \sin\theta_r \tag{3-26}$$

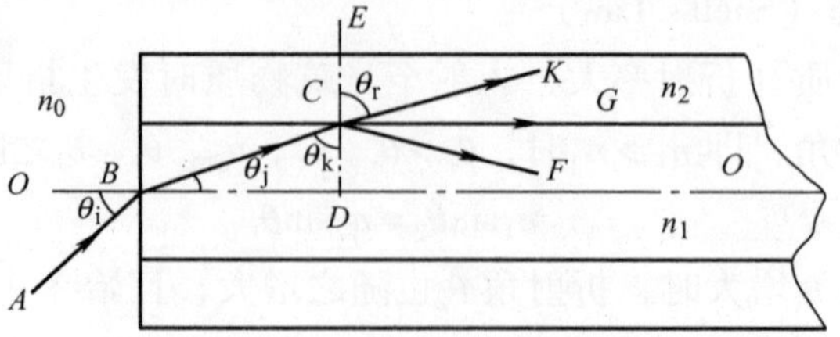

图 3-17 光纤导光示意图

$$\sin\theta_i = \left(\frac{n_1}{n_0}\right)\sin\theta_j \tag{3-27}$$

$$\sin\theta_k = \left(\frac{n_2}{n_1}\right)\sin\theta_r \tag{3-28}$$

因 $\theta_j = 90° - \theta_k$，故

$$\sin\theta_i = \frac{n_1}{n_0}\sin(90° - \theta_k) = \frac{n_1}{n_0}\cos\theta_k = \frac{n_1}{n_0}\sqrt{1 - \sin^2\theta_k} \tag{3-29}$$

$$\sin\theta_i = \frac{n_1}{n_0}\sqrt{1 - \left(\frac{n_2}{n_1}\sin\theta_r\right)^2} = \frac{1}{n_0}\sqrt{n_1^2 - n_2^2\sin^2\theta_r} \tag{3-30}$$

式中 n_0——入射光线 AB 所在空间的折射率，一般为空气，故 $n_0 \approx 1$；

n_1——纤芯折射率；

n_2——包层折射率。

当 $n_0 = 1$ 时

$$\sin\theta_i = \sqrt{n_1^2 - n_2^2\sin^2\theta_r} \tag{3-31}$$

当 $\theta_r = 90°$的临界状态时

$$\theta_i = \theta_{i0}$$

$$\sin\theta_{i0} = \sqrt{n_1^2 - n_2^2} \tag{3-32}$$

式中 $\sin\theta_{i0}$—— "数值孔径" NA（Numerical Aperture）。

由于 n_1 与 n_2 相差较小，即 $n_1 + n_2 \approx 2n_1$，故式（3-32）可分解为

$$\sin\theta_{i0} \approx n_1\sqrt{2\Delta}$$

$$\Delta = \frac{(n_1 - n_2)}{n_1} \tag{3-34}$$

式中 Δ——相对折射率差。

当 $\theta_r = 90°$时

$$\sin\theta_{i0} = \mathrm{NA}$$

$$\theta_{i0} = \arcsin \mathrm{NA} \tag{3-35}$$

当 $\theta_r > 90°$ 时，光线发生全反射，则

$$\theta_i < \theta_{i0} = \arcsin \text{NA} \tag{3-36}$$

当 $\theta_r < 90°$ 时，$\sin\theta_i > \text{NA}$，$\theta_i > \arcsin \text{NA}$，光线消失。

这说明 arcsinNA 是一临界角，凡入射角 $\theta_i > \arcsin\text{NA}$ 的那些光线进入光纤都不能传播而在包层消失；相反，只有入射角 $\theta_i < \arcsin\text{NA}$ 的光线才可进入光纤被全反射传播。

4. 光纤传感器的结构原理

以电为基础的传统传感器是一种把测量的状态转变为可测的电信号的装置。它的电源、敏感元件、信号接收和处理系统以及信息传输均用金属导线连接，如图 3-18a 所示。光纤传感器则是一种把被测量的状态转变为可测的光信号的装置，它由光发送器、敏感元件（光纤或非光纤的）、光接收器、信号处理系统以及光纤构成，如图 3-18b 所示。由光发送器发出的光源经光纤引导至敏感元件。这时，光的某一性质受到被测量的调制，已调光经接收光纤耦合到光接收器，使光信号变为电信号，最后经信号处理得到所期待的被测量。可见，光纤传感器与以电为基础的传统传感器相比较，在测量原理上有本质的差别。传统传感器是以机－电测量为基础，而光纤传感器则以光学测量为基础。

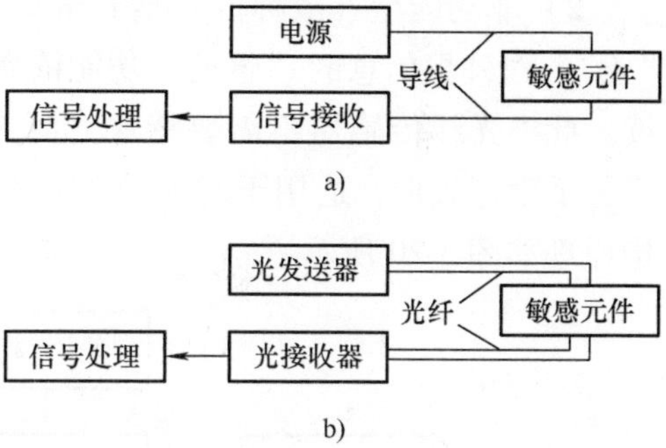

图 3-18　光纤传感器与传统传感器的结构原理

a）传统传感器　b）光纤传感器

光是一种电磁波，其波长从极远红外的 1mm 到极远紫外线的 10nm。它的物理作用和生物化学作用主要因其中的电场而引起。因此，讨论光的敏感测量必须考虑光的电矢量 E 的振动，即

$$E = A\sin(\omega t + \varphi) \tag{3-37}$$

式中　A——电场 E 的振幅矢量；

ω——光波的振动频率；

φ——光相位；

t——光的传播时间。

可见，只要使光的强度、偏振态（矢量 A 的方向）、频率和相位等参量之一随被测量状态的变化而变化，或受被测量调制，那么，通过对光的强度调制、偏振调制、频率调制或相位调制等进行解调，获得所需要的被测量的信息。

（1）根据光纤在传感器中的作用　光纤传感器根据光纤在传感器中的作用分

为功能型光纤传感器、非功能型光纤传感器和拾光型光纤传感器三大类。

1）功能型（全光纤型）光纤传感器。利用对外界信息具有敏感能力和检测能力的光纤（或特殊光纤）做传感元件，将“传”和“感”合为一体的传感器。光纤不仅起传光作用，而且还利用光纤在外界因素（弯曲、相变）的作用下，其光学特性（光强、相位、偏振态等）的变化来实现“传”和“感”的功能。因此，传感器中光纤是连续的。由于光纤连续，增加其长度，可提高灵敏度。功能型光纤传感器的结构原理如图3-19所示。

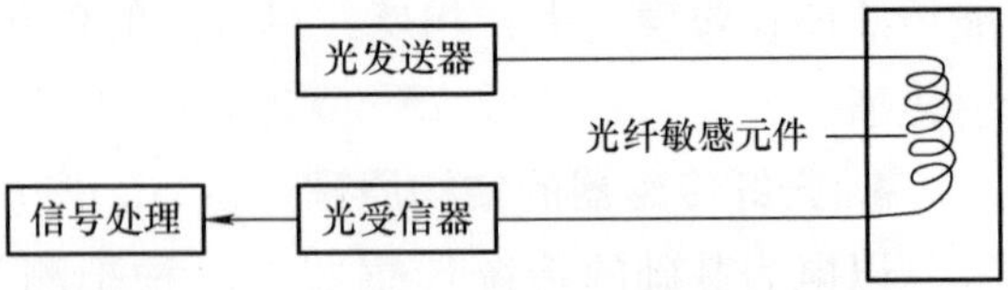

图3-19 功能型光纤传感器的结构原理

2）非功能型（或称传光型）光纤传感器。光纤仅起导光作用，只“传”不“感”，对外界信息的“感觉”功能依靠其他物理性质的功能元件完成，光纤不连续。此类光纤传感器不需要特殊光纤及其他特殊技术，比较容易实现，成本低。但灵敏度也较低，适用于对灵敏度要求不太高的场合。非功能型光纤传感器的结构原理如图3-20所示。

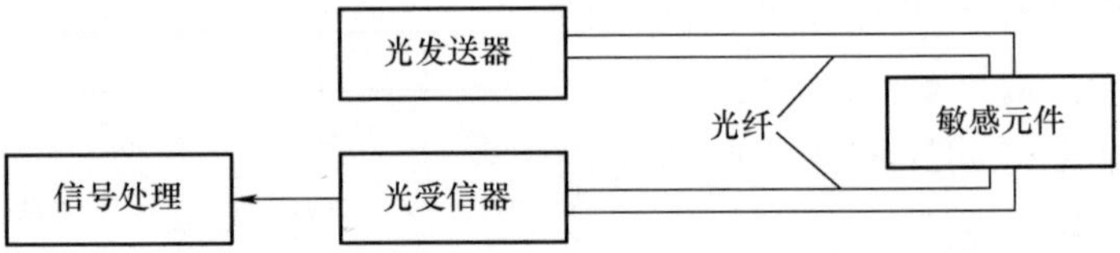

图3-20 非功能型光纤传感器的结构原理

3）拾光型光纤传感器。用光纤作为探头，接收由被测对象辐射的光或被其反射、散射的光。典型的拾光型光纤传感器有光纤激光多普勒速度计、辐射式光纤温度传感器等。拾光型光纤传感器的结构原理如图3-21所示。

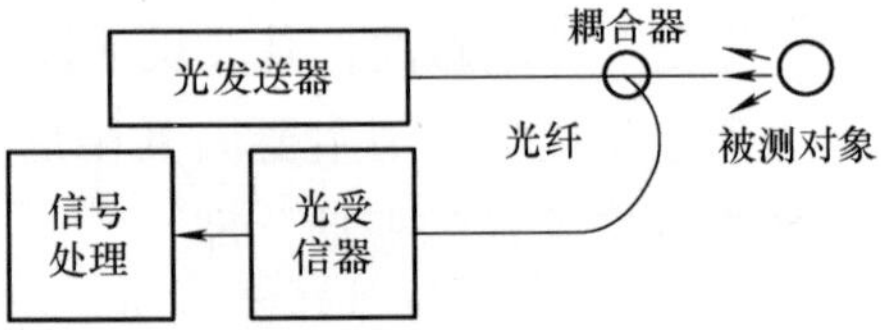

图3-21 拾光型光纤传感器的结构原理

（2）根据光受被测对象的调制形式 光纤传感器根据光受被测对象的调制形式分为强度调制型光纤传感器、偏振调制型光纤传感器、频率调制型光纤传感器、相位调制型光纤传感器等。

1）强度调制型光纤传感器。该类传感器是一种利用被测对象的变化引起敏感元件的折射率、吸收或反射等参数的变化，而导致光强度变化来实现敏感测量的传感器。它包括：利用光纤的微弯损耗，各物质的吸收特性，振动膜或液晶的反射光强度的变化，物质因各种粒子射线或化学、机械的激励而发光的现象，以及物质的荧光辐射或光路的遮断等来构成压力、振动、温度、位移、气体等各种强度调制型光纤传感器。优点：结构简单、容易实现，成本低。缺点：受光源强度波动和连接器损耗变化等影响较大 。

2）偏振调制型光纤传感器。该类传感器是一种利用光偏振态变化来传递被测对象信息的传感器。它包括：利用光在磁场中媒质内传播的**法拉第效应**做成的电流、磁场传感器，利用光在电场中的压电晶体内传播的**泡克尔效应**做成的电场、电压传感器，利用物质的**光弹效应**构成的压力、振动或声传感器，以及利用光纤的双折射性构成温度、压力、振动等传感器。这类传感器可以避免光源强度变化的影响，因此灵敏度高。

3）频率调制型光纤传感器。该类传感器是一种利用单色光射到被测物体上反射回来的光的频率发生变化来进行监测的传感器。它包括：利用运动物体反射光和散射光的**多普勒效应**的光纤速度、流速、振动、压力、加速度传感器，利用物质受强光照射时的拉曼散射构成的测量气体浓度或监测大气污染的气体传感器，以及利用光致发光的温度传感器等。

4）相位调制型传感器 该类传感器的基本原理是利用被测对象对敏感元件的作用，使敏感元件的折射率或传播常数发生变化，而导致光的相位变化，使两束单色光所产生的干涉条纹发生变化，通过检测干涉条纹的变化量来确定光的相位变化量，从而得到被测对象的信息。它包括：利用光弹效应的声、压力或振动传感器；利用**磁致伸缩效应**的电流、磁场传感器；利用电致伸缩的电场、电压传感器以及利用**光纤赛格纳克效应**的旋转角速度传感器（光纤陀螺）等。这类传感器的灵敏度很高，但由于需用特殊光纤及高精度检测系统，因此成本高。

5. 光纤传感器的测量原理

马赫—曾德尔干涉型光纤温度传感器原理如图 3-22 所示。激光器发射出光线，经 2×2 耦合器分束后分别进入参考臂和传感臂中，其中进入传感臂的束经平面镜反射后又进入耦合器分束后到达探测器中。进入参考臂的光束经过扩束后，通过测量区域，并由平面镜反射，也进入耦合器，最终到达探测器中。当这两部分光的光程差小于光源相干长度时，就会产生干涉条纹。光纤干涉传感器利用了**马赫—曾德尔干涉原理**，当 2 束单色相干光干涉就能得到干涉条纹，若改变其中 1 条光纤的温度或压力，使光纤的折射率和长度发生变化，将会使原有的干涉条

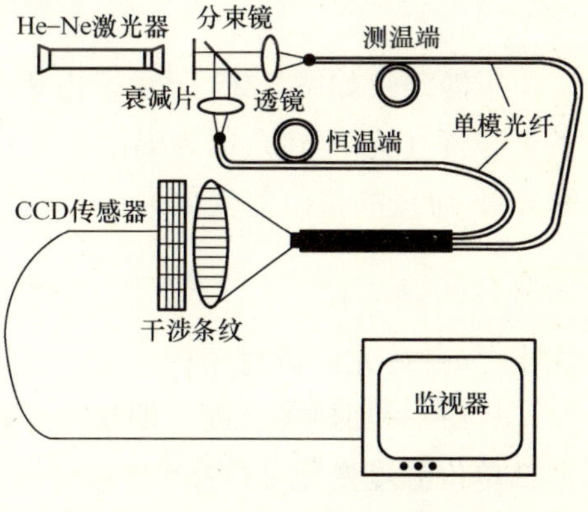

图 3-22　马赫—曾德尔干涉型光纤温度传感器原理图

纹产生移动。干涉条纹可以利用 CCD 装置观察（CCD 为电荷耦合器件图像传感器）。

【案例 3-1】 以西安某公司生产的 0FKM—Ⅳ 型激光干涉综合试验仪为例，试验仪器内部装置示意如图 3-23 所示，控制面板如图 3-24 所示。

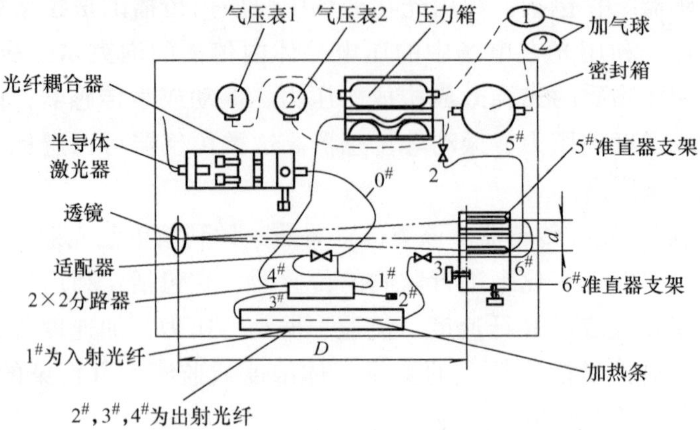

图 3-23　试验仪器内部装置示意

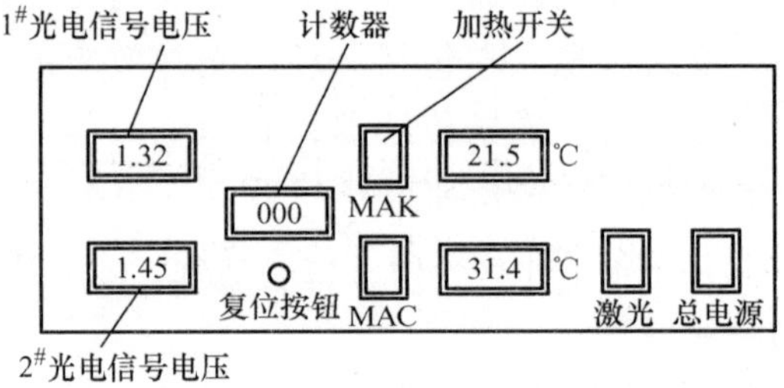

图 3-24　控制面板

干涉条纹如图 3-25 所示，由干涉原理可知，当其中 1 条干涉臂（光纤 3#）因为温度的变化会使 2 个臂（光纤 3# 和光纤 4#）的相位差变化为

$$\Delta\varphi = \frac{2\pi}{\lambda} n \Delta L \tag{3-38}$$

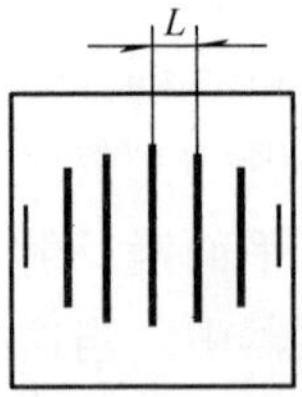

图 3-25　干涉条纹

式中　n——光纤折射率；

L——加热条长度，即接受温度场作用的光纤长度。

那么单位温度变化 ΔT 引起单位长度光纤的相位变化为

$$\frac{\Delta\varphi}{L\Delta T} = \frac{2\pi}{\lambda}\left(\frac{n}{L}\frac{\Delta L}{\Delta T} + \frac{\Delta n}{\Delta T}\right) \tag{3-39}$$

如果感温的光纤长度为 L，温度变化 ΔT，干涉条纹移动了 N 条，则将$\frac{n}{\Delta T}$称为温度分辨率，将$\frac{n}{L\Delta T}$称为温度灵敏度。

3.3.6 光纤光栅传感器

1. Bragg 光纤光栅传感器的工作原理

在光纤传感领域，光纤光栅传感技术是近十年来发展最为迅速的技术之一。迅速发展的功能型光纤传感器具有其他种类的光纤传感器无可比拟的优点，在地球动力学、航天器及船舶航运、民用工程结构、电力工业、医学和化学传感中得到了广泛的应用。自从 1978 年 Hill K. O. 首先发现在掺锗光纤中的光致光栅现象并制造出世界上第一只光纤光栅以来，由于和传统的光纤传感器相比，它具有许多独特优点，因此在光纤通信和光纤传感等领域具有广阔的应用前景。

传统的光纤传感器绝大部分都是“光强型”和“干涉型”的。前者的信息读取是测量光强大小，因此光源起伏、光纤弯曲损耗、连接损耗和探测器老化等因素会影响测量精度。后者的信息读取是观察干涉条纹的变化，这就要求干涉条纹清晰，而干涉条纹清晰就要求两路干涉光的光强相等。而以光纤布拉格光栅（Fiber Bragg Grating，FBG）为主的光纤光栅传感器则有一些特别的优势，最主要的是传感信号为波长调制以及复用能力强，其好处在于：

1）测量信号不受光纤弯曲损耗、连接损耗、光源起伏和探测器老化等因素的影响。

2）避免了干涉型光纤传感器相位测量模糊不清等问题。

3）在一根光纤上串接多个布拉格光栅，把光纤嵌入或粘贴在被测结构，可同时得到几个测量目标的信息，并可实现准分布式测量。

可以说，光纤光栅传感器是最理想的灵敏元件。基于上述原因，光纤光栅传感器已成为当前光纤传感器的研究热点。随着光纤光栅制造技术的进步和性能的改善以及应用开发研究成果的不断涌现，光纤光栅传感器在传感器领域中会处于越来越重要的地位。光纤光栅传感器的典型结构如图 3-26 所示。

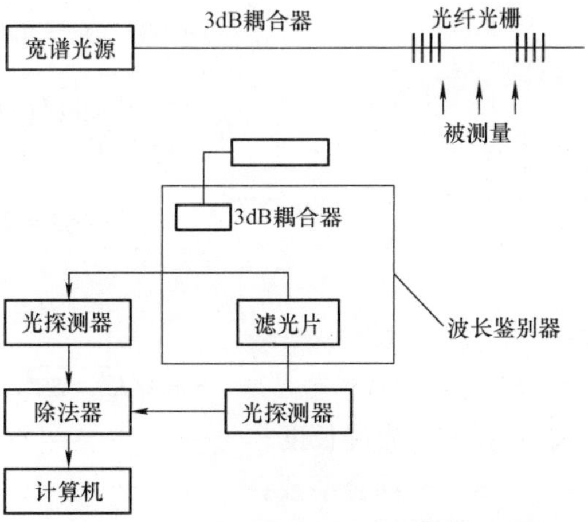

图 3-26 光纤光栅传感器的典型结构

图 3-26 中的光源应为宽谱光源，

且有足够大的功率，以保证光栅反射信号具有良好的信噪比，一般可选用侧面发光二极管 ELED。ELED 耦合进单模光纤的光功率至少为 50 ~ 100μW，此功率电平为光纤光栅解调系统所要求的下限值。光源的波长可选用 850nm、1300nm、1550nm。被测温度或压力施加于光纤光栅上，由光纤光栅反射回的光信号通过 3dB 光纤定向耦合器送到波长鉴别器或波长分析器，然后通过光探测器进行光电转换，最后由计算机做分析、储存，按用户规定的格式在计算机上显示出被测量大小。

2. Bragg 光纤光栅的光学特性

光纤光栅是具有波长选择滤波器性能的全光纤器件。各种波长的光通过光纤光栅时无插入损耗，即透射率极大；只有那些满足 Bragg 条件波长的光被强烈地反射，即透射率极小。光纤光栅的 Bragg 透射谱如图 3-27 所示。利用耦合理论对周期性光栅进行分析，可以推导出光纤光栅的反射率 R 的表达式为

$$R=\frac{K^2\sinh^2(SL)}{\delta\beta^2\sinh^2(SL)+S^2\cosh^2(SL)}\quad K^2>\delta\beta^2 \tag{3-40}$$

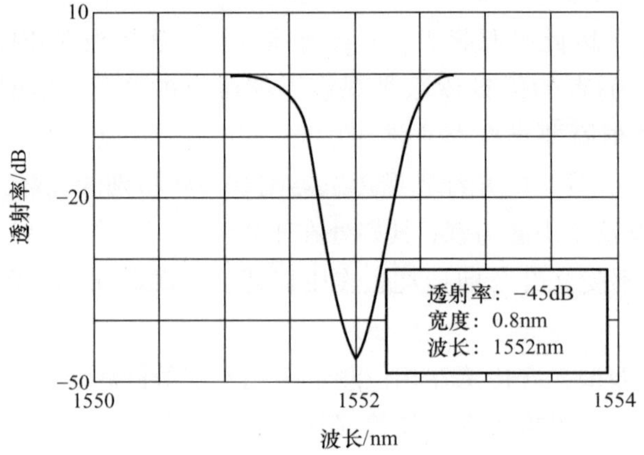

图 3-27　光纤光栅的 Bragg 透射谱

$$R=\frac{K^2\sinh^2(QL)}{\delta\beta^2-K^2\cosh^2(QL)}\quad K^2<\delta\beta^2 \tag{3-41}$$

$$\delta\beta=\beta-\frac{m\pi}{\Lambda} \tag{3-42}$$

$$\beta=\frac{2\pi n}{\Lambda} \tag{3-43}$$

$$S=\sqrt{K^2-\delta\beta^2}\quad Q=\sqrt{\delta\beta^2-K^2} \tag{3-44}$$

式中　L——光栅长度；

K——耦合系数；

β——芯模传播常量；

n——芯模有效折射率；

Λ——光栅周期；

m——整数。

当波长匹配时，即 $\delta\beta=0$，R 有最大值，对于一阶场 $m=1$，则有

$$R_{max}=\tanh^2(SL) \tag{3-45}$$

3. Bragg 光纤光栅传感器的工作原理

波长匹配条件 $\delta\beta=0$，对于一阶场 $m=1$，由式（3-42）和式（3-43）可得出 Bragg 光栅方程

$$\lambda_B=2n\cdot\Lambda \tag{3-46}$$

式中　λ_B——Bragg 波长；

n——芯模有效折射率；

Λ——光栅周期。

作用于光纤光栅的被测物理量（如温度、应力等）发生变化时，会引起 n 和 Λ 的相应改变，从而导致 λ_B 的漂移，反过来，通过检测 λ_B 的漂移，可得知被测物理量的信息。Bragg 光纤光栅传感器的研究工作主要集中在温度和应力的准分布式测量上。温度和应力的变化所引起的 λ_B 的漂移可表示为

$$\Delta\lambda_B=2n\cdot\Lambda\{1-n^2/2[P_{12}-\nu(P_{11}+P_{12})]\}\cdot\varepsilon+2n\cdot\Lambda[\alpha+d_n/(n\cdot dT)]\cdot\Delta T \tag{3-47}$$

式中　ε——应力；

P_{11}、P_{12}——光弹性张量的普克尔压电系数；

ν——泊松比；

α——光纤材料的热膨胀系数；

ΔT——热涨系数，为温度的变化量。

通过特定的技术，可实现对应力和温度分别测量，也可同时测量。通过在光栅上涂敷特定的功能材料（如压电材料），可实现对电场等物理量的间接测量。因此，通过波长位移测量即可获得应变和温度的变化数据。

3.3.7　电容式传感器

电容式传感器是指能将测得物理量的变化转换为电容量的变化的传感器。电容式传感器在力学量的测量中占有重要地位，它可以对荷重、压力、位移、振动、加速度等进行测量。这种传感器有结构简单、灵敏度高、动态特性好等许多优点。众所周知，电容器的电容是构成电容器的两极片形状、大小、相互位置及电介质电介常数的函数。以最简单的半极式电容器为例，如图 3-28 所示，其电容量 C 为

$$C = \frac{S}{\delta} = \frac{\varepsilon_r \varepsilon_0}{\delta} \tag{3-48}$$

式中 S——极片的面积（m^2）；

δ——极片间距离（m）；

ε_r——两极板间介质相对介电常数；

ε_0——真空介电常数，取值为 8.85×10^{-12} F/m㊀。

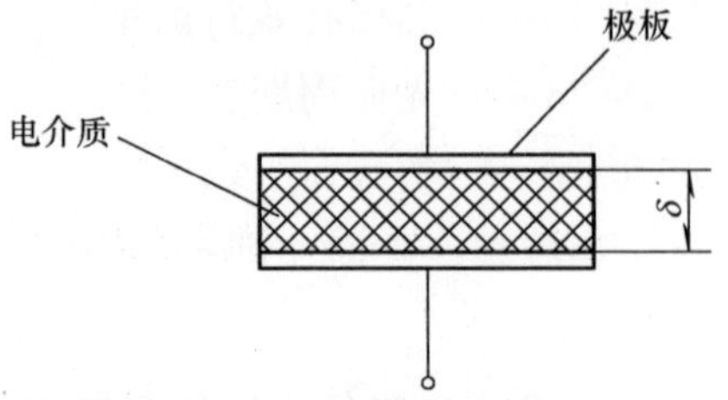

图 3-28 半极式电容器

由图 3-28 可知，如将上极片固定，下极片与被测物体相连，当被测物体上下位移（δ 变化），或左右位移（S 改变），将改变电容的大小，通过一定测量线路将电容转换为电压、电流或频率等信号输出，即可测定物体位移的大小。将两个结构完全相同的电容式传感器共用一个活动电极，即组成差动电容式传感器，其灵敏度高，非线性得到改善，并且能补偿温度变化。

3.3.8 压阻式传感器

固体受到作用力后，电阻率（或电阻）就要发生变化，这种效应称为压阻效应。压阻式传感器就利用固体的压阻效应制成，主要用来测量压力、载荷和加速度等参数。压阻式传感器灵敏度高，有时输出不要放大，就可以直接用来测量。另外分辨力高，即使 1～2mm 水柱的微压，也能反应。压阻式传感器是用半导体材料制成的，其对温度很敏感，所以必须要温度补偿，或在恒温条件下使用。

3.3.9 伺服加速度计传感器

习惯称为伺服加速度计就是力平衡加速度计（Force-balance Type Accelerometer）。在工程安全监测中也采用伺服加速度计制成观测仪器来测量位移。它是利用检测质量的惯性力来测量线加速度或角加速度，其输出量与输入的加速度成比例。

3.4 变形观测仪器

3.4.1 变形观测项目及仪器

对于路基工程而言，出现的变形通常为路基面上的表面位移，路基体结构中或路基基底的深部变形。路基的变形最终导致路基裂缝的产生和线路的不平顺，影响列车的正常行车，从而引起国家间接财产损失。通过在施工及运营期对变形

㊀ F/m 为介电常数的单位符号，法［拉］每米。

体进行观测、分析、研究，可以验证路基和基础的计算方法、工程结构的设计方法，可以对不同路基规定合理的允许沉降量，为工程结构物的设计、施工、维护管理和科学研究工作提供相关资料，为铁路运营维护提供理论依据。

对路基、地基和附属结构进行变形观测的目的是观测水平位移和垂直位移，掌握变化规律，研究有无裂缝、滑坡、滑动和倾覆的趋势。变形观测一般有如下两种方式：

1）用经纬仪、水准仪、电子测距仪、激光准直仪或GPS，根据起测基点的高程和位置来测量路基及附属设施表面标点、觇标处高程和位置的变化。

2）在路基结构表面安装或埋设一些仪器来观测结构物各部位间的位移，包括接缝或裂缝的位移测量。如在路基体内部、路基处理段、路桥过渡段以及高边坡、深基础等部位安装位移测量仪器，观测其自身和相互间的位移和位移变化率。内部安装的位移测量仪器要在结构物的整个寿命期内使用。因此，这些仪器必须具有良好的长期稳定性，有较强的抗蚀能力，适应恶劣工作环境的能力强、耐久性好、易于安装、操作简单，记录仪表直读易掌握，而且能长距离传输。常用的内部位移观测仪器有位移计、测缝计、倾斜仪、沉降仪、垂线坐标仪、引张线仪、多点位移计和应变计等。

鉴于国家对变形监测精度的要求较高，受到光学仪器望远镜放大倍数的限制，照准误差大。特别基准点离路基较远、路基高度较大、并在气候条件较差时，致使观测成果不能正确地反映坝体的实际变形。因此，变形监测控制网多选用高精度的光学仪器。这些光学仪器主要有经纬仪、水准仪、整体式及组合式全站型电子速测仪。经纬仪型号及主要参数见表3-1。水准仪型号及主要参数见表3-2。整体式及组合式全站型电子速测仪见表3-3。

表3-1　经纬仪型号及主要参数表

型号			J2B	J6	DT-102	DT-02L	DJD5	DT-101	J2-JDE	DJJ2-2
名称			光学经纬仪		电子经纬仪				激光经纬仪	
精度			2″	6″	±2″	1″	2.5″	2.5″	±2″	2″
望远镜	成像方式		正	正	正	正	正	正	正	倒
	放大倍率		28×	28×	30×	30×	30×	30×	30×	30×
	物镜孔径/mm		40	40	45	45	45	45	40	40
	视场角		1°20′	1°20′	1′30″	1°30′	1°30′	1°30′	1°20′	20′
	最短视距/m		1.5	1.5	1.3	1.4	1.3	0.9	0.05	2
度盘	刻度	水平	360°	360°	—	360°	—	—	—	360°
		垂直	360°	360°	—	360°	—	—	—	360°
水准器	圆水准器/(min/mm)		8/2	8/2	8/2	8/2	8/2	—	8/2	8/2
	长水准器/(s/mm)		20/2	20/2	20/2	20/2	20/2	—	20/2	20/2
操作温度/℃			-25~45		-20~50	-20~45	—	—	-20~50	-10~40

注：—为暂缺项数据。

表 3-2　水准仪型号及主要参数表

型　号		拓普康 DL-101C	拓普康 DL-102C	DNA03	DNA10	索佳 SD-L30M
名　称		数字水准仪	数字水准仪	数字水准仪	数字水准仪	自动安平水准仪
望远镜	成像方式	正	正	正	正	正
	放大倍率	32 ×	30 ×	24 ×	24 ×	32 ×
	视场角	1°20″	1°20″	2°	2°	—
	最短视距	2.0m	2.0m	1.8m	0.6m	—
高程测量	精度	（1km 往返中误差）标准水准尺 1.0mm 铟钢尺 0.4mm	（1km 往返中误差）标准水准尺 1.5mm 玻璃纤维尺 1.0mm	每公里往返测高程偏差：标准水准尺 1.0mm；铟钢尺 0.3mm；光学测量 2.0mm	每公里往返标准偏差（ISO 17123—2）：铟钢尺 0.9mm；标准水准尺 1.5mm；光学测量 2.0 mm	每公里往返测标准差：① 电子读数：±0.4mm（使用 RAB 码铟钢尺）；±1.0mm（使用 RAB 码玻璃钢尺）② 人工读数：±1.0mm（使用普通标尺）
	最小显示	0.01mm/0.1mm	0.1mm/1.0mm	—	—	精测：0.1mm，跟踪：1mm
距离测量	精度	1 ~ 5cm	1 ~ 5cm	5mm/10m	5mm/10m	小于 10m：±1cm 以内；10 ~ 50m：±0.1% · *D*（*D* 为距离）；大于 50m：±0.2% · *D*（*D* 为距离）
	最小显示	1cm	1cm	0.01mm	0.01mm	精测：1cm，跟踪：10cm
数据卡		PCMCIA（容量：64-256*KB*）	PCMCIA（容量：64-256*KB*）	内存 6000 个测量数据，PCMCIA 卡/RS232 输出	约 6000 个测量成果或约 1650 站（BF）的观测成果，PC-MCIA 卡，可达 32MB，以 GSI-8，1GSI-16 格式输出	20 个工作文件，约 2000 个点（用户自定义文件名，最大 12 字符）
标尺		玻璃纤维尺，铟钢尺，铝合金尺				
操作温度/℃		-20 ~ 50				

表3-3　整体式及组合式全站型电子速测仪

形式	型号	精度			电子测角方式	最大测程（棱镜数）	数据记录
		测距	测角				
			水平	垂直			
整体式	瑞士 Wild TCIL	±(5mm+5ppm×D)	±2″	±3″	光栅度盘	5~7km（11块）	磁带
	德国 OPTON Elta2	±(5~10mm+2ppm×D)	±0.6″		编码度盘（绝对式）	5km（18块）	固体存储块
	瑞典 AGA140	±(5mm+3ppm×D)	±2″		电感式全电子测角系统	5.5km（8块）	数据记录器
	日本 SOKKIA SET 2000	±(2mm+3ppm×D)	±2″		增量编码式	4.2km（9块）	存储卡
	美国 HP 3820A	±(5mm+5ppm×D)	±2″	±4″	增量编码相结合	5km（6块）	存储卡
	中国南方天宇 CTS-622	有棱镜±（2mm+2ppm×D） 无棱镜±（3mm+2ppm×D）	±2″		绝对编码	3km（1块）	存储卡
	北京三鼎 STS-722	(2mm+2ppm×D)	±2″		绝对编码	3km（3块）	存储卡
	中国南方测绘 NTS－322	±(2mm+2ppm×D)	±2″		增量编码	2.6km（3块）	存储卡
组合式	日本 SOKKIA DT2+Mini2	±(5mm+5ppm×D)	±2″		增量编码式	1.2km（3块）	SDR2/SDRP 电子手薄
	瑞士 Kem E1/E2+DM502/503	±(5mm+5ppm×D)~±(3mm+1ppm×D)	±2″~±0.6″	±2″~0.6″	增量式	2~5km	R48 电子手薄
	瑞士 Wild T2000+DI4L/DL20	±(5mm+5ppm×D)~±(5mm+1ppm×D)	±0.5″		动态法	7~14km	GRE3 数据终端
	瑞士 Wild T1000+DI1000	±(5mm+5ppm×D)	±3″		动态法	5km（3块）	GRE3 数据终端

国内生产光学仪器的厂家很多，只要精度能满足要求，应优先选用。与光学测量仪器相配套的工具如标尺、觇标、水准标志、基座等，国内生产光学仪器的厂家均有供应。

3.4.2　位移计

1. 差动电阻式位移计

(1) 用途　差动电阻式位移计是一种供长期测量土体或其他结构物间相对位移的观测仪器。在外界提供电源时，它输出的电阻比变化量与位移变化量成正比，而输出的电阻值变化量与温度变化量成正比。

（2）结构型式　差动电阻式位移计由变位敏感元件、密封壳体、万向铰接件和引出电缆四部分组成，如图 3-29 所示。变位敏感元件是差动电阻式传感器。仪器两端万向铰接件配有柱销连接头和螺栓连接头，可用于连接锚固板或长杆等。

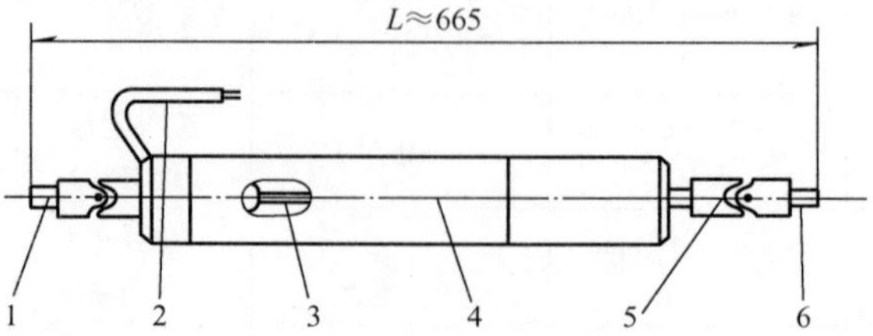

图 3-29　差动电阻式位移计

1—螺栓连接头　2—引出电缆　3—变形敏感元件　4—密封壳体　5—万向铰接件　6—柱销连接头

（3）工作原理　由于被测位移量的作用，使差动电阻式变位敏感元件的两组电阻钢丝产生差动变化，即引起电阻比变化。位移量变化 ΔS 与电阻比变化量 ΔZ 具有线性关系

$$\Delta S = S_i - S_0 = f \cdot (Z_i - Z_0) = f \cdot \Delta Z \tag{3-49}$$

式中　f——仪器最小读数［mm/（0.01%）］；

S_i——位移值（mm）；

S_0——初始位移值（mm）；

Z_i——电阻比；

Z_0——初始电阻比。

仪器埋设点的温度可按下式计算

$$T = \alpha'(R_T - R_0) \tag{3-50}$$

式中　T——埋设点的温度（℃）；

α'——仪器的温度系数（℃/Ω）；

R_T——仪器实测总电阻（Ω）；

R_0——计算冰点 0℃的电阻值（Ω）。

（4）规格及主要参数　规格及主要参数见附表 1。

（5）埋设安装要点　差动电阻式位移计的埋设与安装，应根据实际需要配制不同规格的锚固板（一般为法兰盘）、支架、固定桩等，如图 3-30 所示。

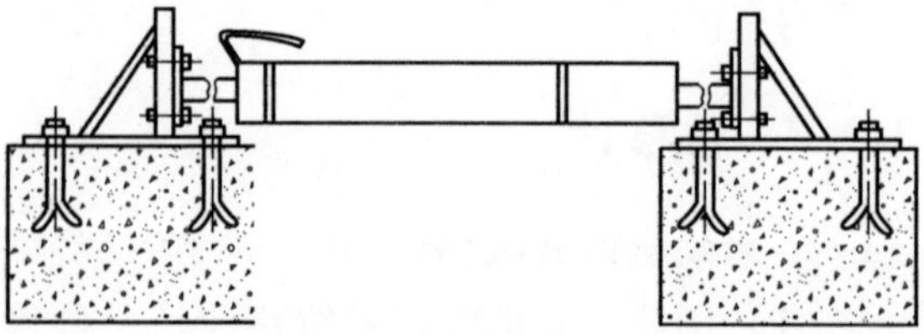

图 3-30　差动电阻式位移计的埋设与安装

2. 钢弦式位移计

（1）用途　钢弦式位移计采用钢弦式传感器，工作于谐振状态，迟滞、蠕变等引起的误差小，温度使用范围宽，抗干扰能力强，能适应于恶劣环境中工作，广泛应用于地基基础、路基工程、水工建筑及其他土工建筑物的位移监测。

（2）结构型式　钢弦式位移计由位移传动杆、传动弹簧、钢弦传感器、电磁线圈、钢弦支架、防水套管、导向环、内外保护套筒、两端连接拉杆和万向节等部件构成，如图3-31所示。电缆常用二芯屏蔽电缆。

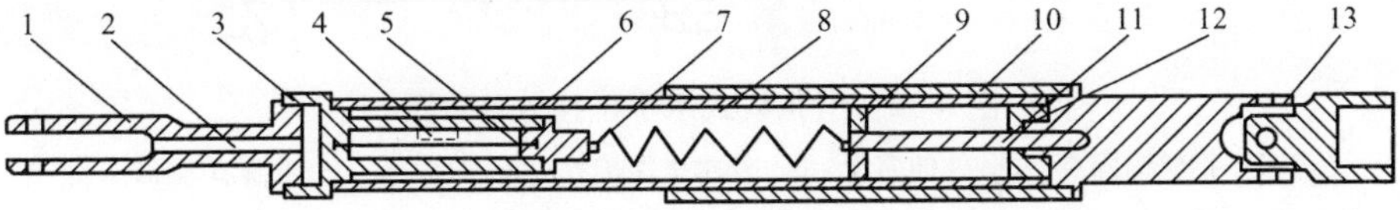

图3-31　钢弦式位移计结构示意图

1—拉杆接头　2—电缆孔　3—钢弦支架　4—电磁线圈　5—钢弦传感器　6—防水套管　7—传动弹簧　8—内保护套筒　9—导向环　10—外保护套筒　11—位移传动杆　12—密封圈　13—万向节（或铰）

（3）工作原理　当位移计两端伸长或压缩时，传动弹簧7使钢弦传感器5处于张拉或松弛状态，此时钢弦频率产生变化，受拉时频率增高，受压时频率降低。位移与频率的平方差呈线性关系。因此，当测出位移后的频率，即可按下式算出土体的位移量 d_t

$$d_t = K(f_0^2 - f_t^2) \tag{3-51}$$

式中　d_t——土体某时刻的位移量（mm）；

K——仪器灵敏度系数（mm/Hz^2）；

f_0——位移为零时钢弦频率（Hz）；

f_t——相应位移 d_t 时的钢弦频率（Hz）。

（4）规格及主要参数　规格及主要参数见附表1。

3. 引张线式水平位移计

（1）用途　引张线式水平位移计是由受张拉的铟瓦合金钢丝构成的机械式测量水平位移的装置，其优点是工作原理简单、直观、耐久，观测数据可靠，适合于长期观测，被广泛用于填土建筑物及边坡工程中，观测其水平位移。

（2）结构型式　引张线式水平位移计主要由锚固板、铟瓦合金钢丝、钢丝头固定盘、分线盘、保护管、伸缩接头、固定标点台和游标卡尺等组成，如图3-32所示。

1）锚固板是一高350～400mm，长600mm，厚6～10mm的矩形钢板。

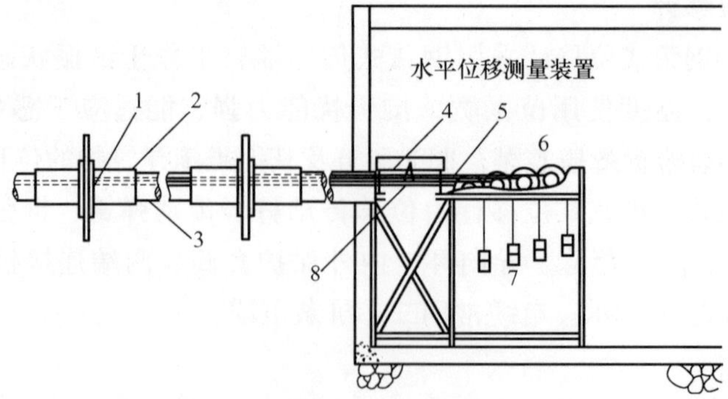

图 3-32 引张线式水平位移计示意图

1—钢丝锚固点 2—外伸缩管 3—外水平保护管 4—游标尺 5—钢弦传感器 6—防水套管 7—传动弹簧 8—内保护筒

2）铟瓦合金钢丝是 Co54 和 Cr9 等材料冶炼拉制成直径为 2～3mm 的合金钢丝，有一定柔性，不生锈，线膨胀系数低（每 1℃为 $6\sim7\times10^{-7}$），强度高。

3）保护管多用镀锌钢管或高强度的硬 PVC 塑料管，管径为 50.8～127mm，每根长 1～4m。装锚固板的保护管应车制螺纹，中间管段两端口要打光锉毛。

4）钢丝端头固定盘和分线盘实际是同一件用铝合金制成的圆盘（见图 3-33a），厚度为 7～25mm，与伸缩接头相配，均布打穿线圆孔，孔数决定测点数量。

5）伸缩接头是内径比保护管粗且带法兰盘的短管。可与另一伸缩接头连接（见图 3-33b），其间可夹持锚固板、分线盘。与保护管连接处有压环、浸油石棉盘根和压紧螺帽构成的挡泥圈。

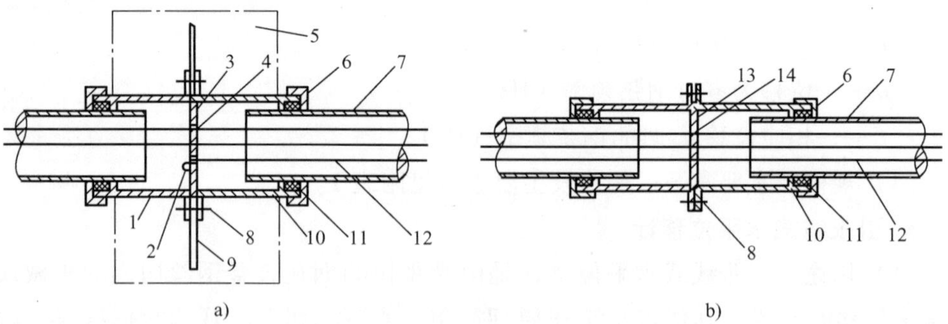

图 3-33 固定盘和伸缩接头

a）锚固板固定盘结构 b）伸缩接头分线盘结构

1—伸缩接头 2—钢丝固定点 3—固定盘 4—管套 5—混凝土块体 6—压帽 7—水平保护板 8—连接螺钉 9—锚固板 10—压环 11—盘根 12—铟瓦钢丝 13—分线盘 14—导套

6）固定标点台就是观测台，在铁制刚性框架上装设有固定标点，游标卡尺，导向轮，拉直引张钢丝的恒重砝码。

（3）工作原理　引张线式水平位移计的工作原理如图3-34所示。在测点高程水平铺设能自由伸缩、经防锈处理的镀锌钢管（或硬质高强度塑料管），从各测点固定盘引出铟瓦合金钢丝至观测台固定标点，经导向轮，在其终端系一恒重砝码，测点移动时，带动钢丝移动，在固定标点处用游标卡尺量出钢丝的相对位移，即可算出测点的水平位移量。测点位移大小等于某时刻 t 时读数与初始读数之差，加相应观测台内固定标点的位移量。

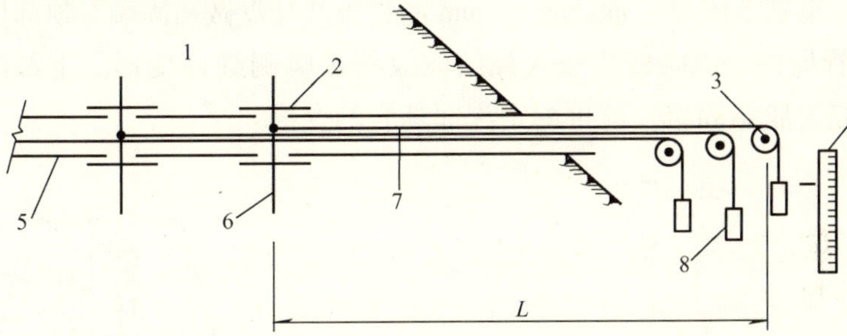

图3-34　引张线式水平位移计的工作原理

1—路基体　2—伸缩管接头　3—导向轮　4—游标卡尺　5—保护钢管　6—锚固板　7—钢丝　8—恒重砝码

（4）规格及主要参数　规格及主要参数见附表1。

（5）埋设安装要点　引张线式水平位移计的埋设方法有挖坑槽埋设方法（坝体）和不挖坑槽（表面）埋设方法两种。具体埋设步骤要点如下：

1）定位。表面埋设时，在土体填筑到距埋设高程约30cm时，测量定出埋设的管线和测点位置。挖坑槽埋设时，在填筑到埋设高程以上约1m时，测量定出埋设的管线和测点位置，开挖至埋设高程以下约30cm。

2）细心整平埋设基床成水平。在细颗粒料中，整平压实到埋设高程。在粗颗粒料中，以滤层形式填平补齐压实到埋设高程。整平的基床不平整度不大于±2mm，达到的压实度应与周围土体相同。

4. 单多点锚固式位移计

单多点锚固式位移计主要是用来观测地下（深度20m以上）岩土体变形的位移计，位移计分为单点位移计和多点位移计两类。多点数在国内最多为6点，国外可多达10点。量测变形的传感器有测微表式、电位器式、钢弦式和差动电阻式。

（1）单双点锚固式位移计

1）用途。单双点锚固式位移计是一种比较经济、操作简单、结构牢固、工作可靠、容易安装的测量地下形变的监测仪器，广泛用于岩质基底路基、路基斜坡、矿井、隧洞及岩石开挖周边的应变测量，建筑物基础和桥墩变形观测，以及土坝边坡稳定监测等。根据经验，在容易钻孔地方，在相邻钻孔不同深度安装多支单点位移计，进行各点之间的多点观测比在同一钻孔设置多点位移计要好。

2）结构型式。国内使用的单锚式位移计如图3-35所示。单锚式位移计由灌浆锚栓、测杆与锚栓接头、装在保护套管内的传递杆、位移计基准端、百分表座（或电测传感器）及可调节的测杆、百分表等组成。

图3-36是用CF—12型测缝计改装的基岩变形计。测缝计下部通过特制的变形接头与直径1.25in（1in = 0.0254m）加长钢管连接，钢管长度根据设计需要决定（可达30m）。钢管下部焊一ϕ60mm×6mm的钢板凸缘盘做锚固端。顶部用ϕ80mm×100mm的钢管保护，以防砂浆浸入黏结波纹管影响测缝计变形。下部凸缘盘与顶部用砂浆与基岩胶结固定，就可测定深部基岩的变形。

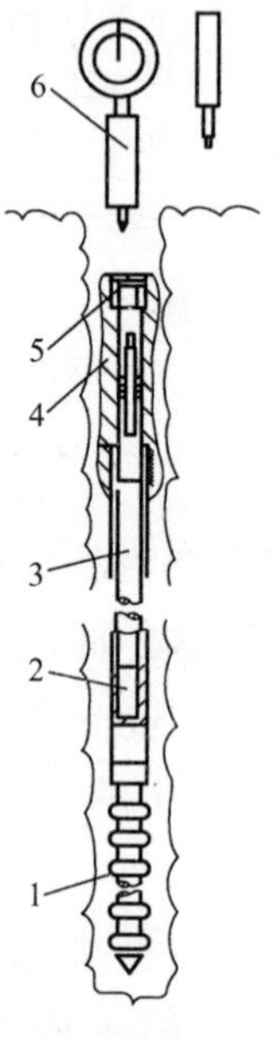

图3-35　单锚式位移计

1—灌浆锚栓　2—测杆与锚栓接头　3—传递杆
4—基准端　5—百分表座（或电测传感器）
及可调节的测杆　6—百分表

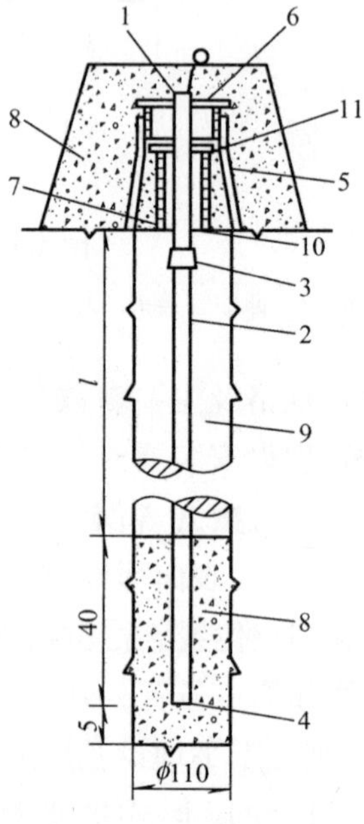

图3-36　基岩变形计

1—测缝计　2—加长钢管　3—变径接头
4—凸缘盘　5—钢三角架　6—马蹄形垫板
7—保护钢管　8—砂浆　9—黄泥浆
10—棉丝封口　11—盖板

美国基康公司等国外厂商生产的单点位移计由可膨胀的岩石锚栓组成。测杆从钻孔锚栓伸到孔口的环轴锚栓，用百分表测量变形。双点式结构与单点式相似，但有两个锚栓，用模拟或数字式深度千分表测量变形。

3）工作原理。位移计的灌浆锚栓与岩体牢固连成一体，当岩体沿钻孔轴线方向发生位移时，锚栓带动传递杆延伸到钻孔孔口基准端，使得位于基准端的伸长测量仪表也随着位移产生相应的变化，随着锚点的移动，相对于基准端的伸长即可测出。

4）规格及主要参数。国内外都有单双点锚固式位移计出售，主要技术参数也基本相同。单双点锚固式位移计的技术参数见表3-4。

表3-4　单双点锚固式位移计的技术参数

测量数量	单　点
量程范围/mm	100～150
分辨率/mm	0.01～0.02
钻孔直径/mm	40～60
最大深度/m	15

5）埋设安装要点。位移计通常是埋设在无套管的钻孔中，钻孔应冲洗干净。钻孔可以是垂直的，水平的或任意方向的斜孔。由于安装需要，实际孔深一般要比设计要求深20～30cm。

6）测读方法。前已述及，位移量是在基准端进行量测。位移计的基准端配置一个可拆卸的基准测头，它应具有既可用机械式深度计又可用电测的兼容性。当测杆位移伸长到最大量程时，测量范围应可重置，以后读数则要加减该读数。

（2）多点位移计

1）用途。在同一钻孔中沿其长度方向设置不同深度的测点3～6个，国外可多达10点，测量各测点沿长度方向的位移，适用于各种建筑物基础及岩土工程，如隧洞、厂房、洞室、边坡、坝基等基岩不同深度变形监测。

2）结构型式。多点位移计主要由锚头、传递杆、护套管、支承架、预埋安装管、传感器、保护罩以及注浆管（或压力水管）组成，如图3-37所示。传感器可用人工测读的机械式测微仪表，也可用远程传输的电测传感器如线性电位器式位移计，差动电阻式位移计、钢弦式位移计等。

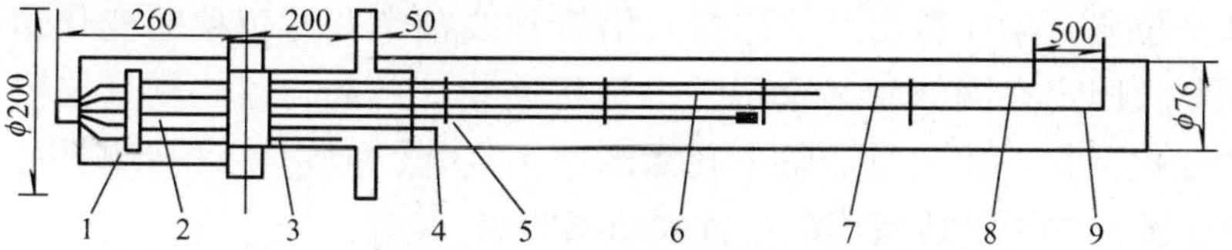

图3-37　多点位移计示意图

1—保护罩　2—传感器　3—预埋安装管　4—排气管　5—支承架
6—护套管　7—传递杆　8—锚头　9—注浆管

3）常用锚头。多点位移计常用锚头有可膨胀型岩石锚头、弹簧锚头、灌浆锚头、水力扩张锚头四种。可膨胀型岩石锚头多用于单双点位移计，快速安装，具有较大膨胀量和扭力，能在表面不平破碎岩石钻孔或受到爆破作用的地方有效地锚固。弹簧锚头适用于钻孔均匀平滑的坚硬岩石中，安装简捷，特别适用于同一钻孔有两个或更多锚头的位移计。灌浆锚头的使用特点是位移计先装好锚头与传递杆永久接触，再灌浆定位锚固。水力扩张锚头用于土壤或软基，特别是预期要产生明显位移的钻孔。

4）常用的传递杆。常用的传递杆除了刚性的不锈钢杆或铝杆外，国外还用柔性杆。这种柔杆是用涂油的不锈钢、铟钢、炭化纤维、玻璃纤维或弹簧制成并包封在光滑配合的塑料管中。可盘成 1～2m 直径的圈，适用于有横向剪切的钻孔。

5）工作原理。当钻孔各个锚固点的岩体产生位移时，经传递杆传到钻孔的基准端，各点的位移量均可在基准端进行量测。基准端与各测点之间的位置变化即是测点相对于基准的位移。根据这原理可用多点位移计监测建筑物某一部位相对另一部位，建筑物相对基础，基础某一部位相对另一部位的位移。如果要观测岩石的绝对变形，可使位移计最深的锚头固定在基岩变形范围之外，即找到稳定不变的基准点，就可测出基岩的相应变形值。

多点位移计在国内虽然应用较广，但定型生产的厂家不多，很多是勘察设计和科研院所自产自用，名称也极不统一。

3.4.3 测斜仪

测斜仪是通过测量测斜管轴线与铅垂线之间夹角变化量，来监测土、岩石和建筑物的侧向位移的高精度仪器，测斜仪被广泛用于路基路肩及边坡、土石坝、混凝土坝的坝肩、坝基和坝体中侧向位移的监测；天然和人工开挖边坡滑动剪切面的位置和位移方向的确定；码头、桥基、桥台、挡土墙和隔墙等的斜度观测；基坑开挖、大型洞室边墙、竖井、隧道、坑道及地下工程周边地区稳定性监测等。

测斜仪有常规型和固定型两种，常规型就是习惯称之为滑动型测斜仪。带有导向滑动轮的测斜仪在测斜管中逐段测出产生位移后管轴线与铅垂线的夹角，分段求出水平位移，累加得出总位移量及沿管轴线整个孔深位移的变化情况。固定型是把测斜仪固定在测斜管某个位置上进行连续、自动、遥控测量仪器所在位置倾斜角的变化。它不能测量沿整个孔深的倾角变化，但它可以观测人员难以到达的高边坡上或已知滑坡段滑面的位置的动态监测。

测斜仪的传感器包括伺服加速度计式、电阻应变片式、电位器式、钢弦式、电感式、差动变压器式等，国内多采用伺服加速度计式和电阻应变片式。

1. 伺服加速度计式测斜仪

伺服加速度计式测斜仪是建筑物及基础侧向位移观测中应用较多的一种测斜

仪，精度高、长期稳定性好。我国从20世纪80年代开始研制，有多家工厂生产伺服加速度计式测斜仪。国外也有多家如美国Sinco公司、Geokon公司、英国Sil公司、加拿大RST公司和Roctest公司都生产这种测斜仪。整套测斜仪装置包括测斜仪测头、测斜管和接收仪表组成，如图3-38所示。

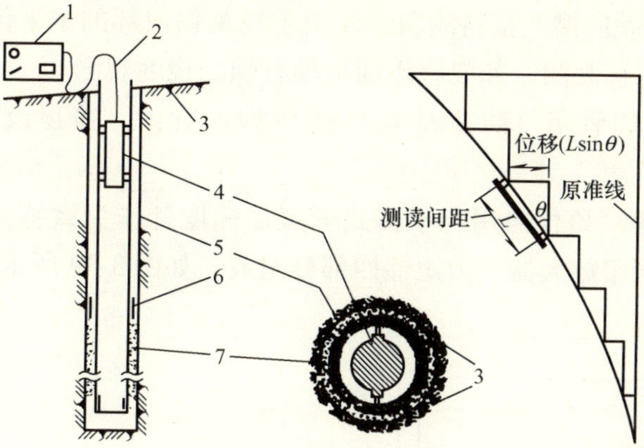

a)

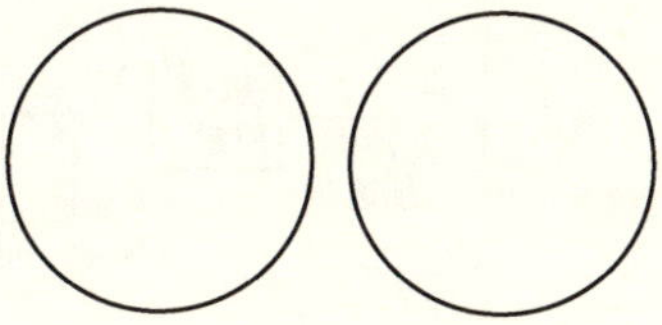

b)

图3-38　测斜仪

a）测斜仪原理图　b）测斜管断面图

1—读数仪　2—电缆　3—夯实土　4—测头　5—钻孔　6—导管　7—回填

（1）测斜仪测头　测斜仪测头由敏感部件、壳体、导向轮和引出电缆四部分组成。

1）敏感部件为伺服加速度计，有双向和单向两种。单向伺服加速度计是测量导向轮在测斜管的导向槽滑动时，所在平面的倾角。双向的另一伺服加速度计是测量垂直导向轮所在平面的倾角。

2）壳体为650mm长的金属杆（一般用不锈钢制作）。壳体上有四个导向轮，分别安装在两轮架上。轮架可绕轴心旋转，且有弹力压持滚轮使测头保持在测斜管的导槽内滑动。上下两轮架的旋转平面位于同一平面，两轮架旋转轴间的距离L称为测斜仪标距，$L=500$mm。

3）引出电缆要耐久，低温时仍保持柔软，抗化学腐蚀，且具有良好的尺寸稳定性。在电缆上每隔0.5m做永久标记，以便确定测头读数确切位置。测头引出电缆装有一插座，使用时将电缆插头插入并固紧。插头座之间有密封装置，能承受1MPa水压力。

（2）测斜管

1）测斜管用聚氯乙烯（PVC）、ABS塑料和铝合金等材料专门加工而成。内有互成90°的4个导向槽。塑料测斜管多用于建筑物内部的水平位移观测。铝合金通常用于表面的位移观测，如混凝土面板堆石坝的挠度观测。

2）测斜管口加管盖，防止从管口摔杂物入管内。盖顶设一吊环用以提取管盖。

（3）工作原理　该仪器用力平衡式伺服加速度计作为敏感元件，通常由敏感质量、换能器、伺服放大器、力矩器四部分组成，如图3-39所示。

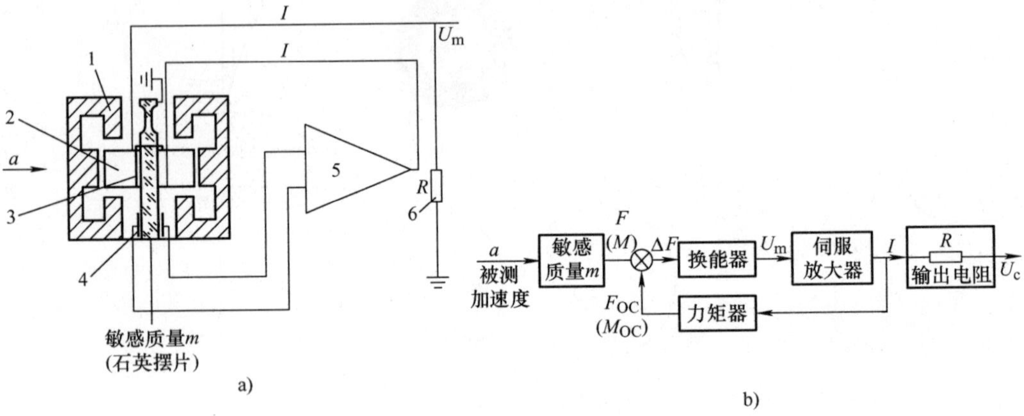

图3-39　伺服加速度计

a）原理结构图　b）原理框图

1—永久磁钢　2—力矩器　3—线圈　4—换能器　5—伺服放大器　6—输出电阻

当外界加速度 a 沿敏感轴方向输入时（见图3-39b），敏感质量 m 相对平衡位置运动而产生惯力 F 或惯性力矩 M，通过换能器将此机械运动转换成电压信号 U_m，再通过伺服放大器变成电流信号，将此信号反馈到处于恒定磁场中的力矩线圈而产生反馈力 F_{oc}或反馈力矩 M_{oc}。与惯性力 F 或惯性力矩 M 平衡，直到敏感质量 m 再次恢复到原来的平衡位置，此时 $F_{oc}=F$。根据牛顿第二定律 $F=ma$ 和电流通过恒定磁场内线圈所产生的电磁力公式 $F_{oc}=BLI$，得

$$ma = BLI$$

式中　B——恒定磁场中磁感应密度；

L——线圈导线长度。

令

$$K=\frac{m}{BL}$$

则

$$I = Ka \tag{3-52}$$

式中 K——常数。

反馈电流 I 正比于被测加速度 a 的大小。在伺服放大器输出端接精密电阻 R，即可取出输出电压 $U_c = IR = K_aR$，故测出输出电压的大小，即可知被测加速度 a 值。

以上是电感式伺服加速度计的原理，电容式伺服加速度计也同样是力平衡式伺服系统，输出电压也正比于被测加速度。

测斜仪的工作原理是基于伺服加速度计测量重力矢量 g 在传感器轴线垂直面上分量大小，当加速度计敏感轴与水平面存在一个 θ 角时，则加速度计输电压为

$$U_c = K_0 + K_1 g\sin\theta \tag{3-53}$$

式中 K_0——加速度计偏值（V）；

K_1——加速度计电压刻度因素，校正档时为 $2V/g$；上作档时为 $2.5V/g$。

（4）规格与主要参数　伺服加速度计式测斜仪规格和主要参数指标见附表2。

2. 电阻应变片式测斜仪

（1）工作原理　电阻应变片式测斜仪在外形上和伺服加速度计式测斜仪基本相同，几何尺寸也一样。不同的是内装的敏感部件是一弹性摆。弹性摆由应变梁和重锤组成，如图3-40a所示，在梁的两侧贴有组成全桥的一组电阻应变片，如图3-40b所示。当测斜仪的弹性摆的梁平面与铅垂线倾斜一角度 θ 时，应变梁产生弯曲，R_1R_2 电阻应变片受拉，R_3R_4 电阻应变片受压，用电阻应变仪测出应变值，用下式即可换算得相对水平位移量

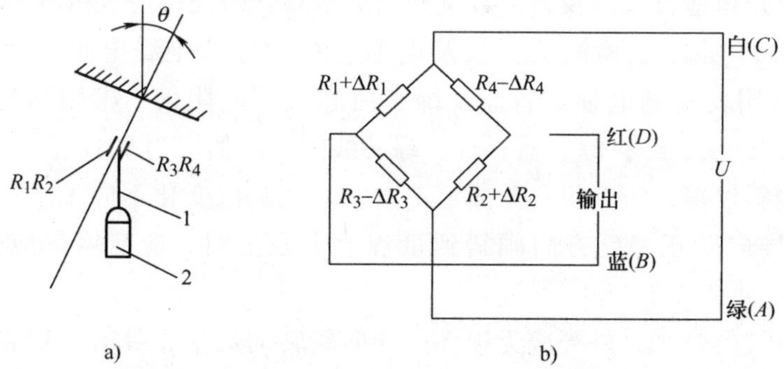

图3-40　电阻应变片式测斜仪

1—应变梁　2—重锤　R_1、R_2、R_3、R_4—应变片　θ—倾角

$$\lambda = L\sin\theta = K\Delta\varepsilon \tag{3-54}$$

式中 λ——测斜仪轮距长为 L 的相对铅垂线的位移量；

L——测斜仪的轮轨长度；

θ——与铅垂线的偏角；

$\Delta\varepsilon$——测量的应变。

电阻式应变片测斜仪测量范围为 ±10°，精度虽没有伺服加速度计式的高，但制造简单，且造价只有伺服加速度计式的六分之一。因此，在土石坝及基坑开挖中广泛用其观测土层水位平移。其规格及性能参数见附表2。

（2）测读方法

1）将电缆插头插入测斜仪插座内，并接好地线，按电阻应变仪使用说明书，调整至测量状态。

2）将测斜仪电缆芯线分别接于应变仪相应的接线柱上，接通电源。将测斜仪接电缆的一端向上，使测斜仪向导向轮正方向一端倾斜时，应变仪读数应增大，检查系统是否正常。

3）将测斜仪放入测斜管并使其导向轮完全置于做好标记的那对导向槽中。当测斜管下部固定在基岩内时，测量自下而上，每500mm测读一次直至管口。如测斜管底部未与基岩固定，应自管口往下逐段测量。测点的位置由电缆上长度标记确定，起点为测斜仪下部导向轮，每0.5m有一标记。为提高测量精度，消除测量设备的系统误差，应逐段正、反方向各测读一次，取其差值一半来计算各段位移量。并用正、反两次值的和为恒定值来校检测值的正确性。测量时应注意使4个导向轮完全进入导向槽内。在测斜管接头处可以增加测量次数，选用与前后测值较一致的测值参加计算。

（3）注意事项

1）用户开箱检查仪器及附件数量和出厂检验合格证应与装箱清单相符。

2）用250V兆欧表检测测斜仪及电缆芯线对地的绝缘电阻，电阻值应大于100MΩ。用万用表检测电缆红、蓝及绿、白芯线间电阻值，电阻值应为100Ω左右。而白、蓝；白、红；绿、蓝；红、绿芯线间电阻值应为90Ω左右。

3）将测斜仪接入应变仪，并固定不动，应变测值变化不应大于1μm。仪器由铅直状态向导向轮正、反方向倾斜到量程上下限值时，应变增量应为 ±2000μm左右。

4）检查仪器外观，外壳应无损伤。导向轮转向灵活，具有一定弹力。螺钉应紧固。

5）测斜仪每次测量完毕，用棉纱擦干净仪器及电缆上的泥浆和水分，放置在温度0～40℃，相对湿度低于85%，无腐蚀气体的通风的室内。仪器应平放或正立放置，不允许倒置。

6）运输时严防撞击、跌落，以防损坏应变梁。

3. 固定式测斜仪

固定式测斜仪用在常规型测斜仪难于测读或无法测读的地方，把测斜仪固定在测斜管内某个固定位置，用遥测的方法来测该位置倾角的连续变化。当需要了解沿深度整个钻孔的水平位置的变化情况，可以在测斜管中固定一连串的传感器进行观测，但是造价较昂贵。固定式测斜仪装置包括固定式传感器、连接电缆、遥测集线箱、测斜管和读数仪表。固定式测斜仪安装如图3-41所示。

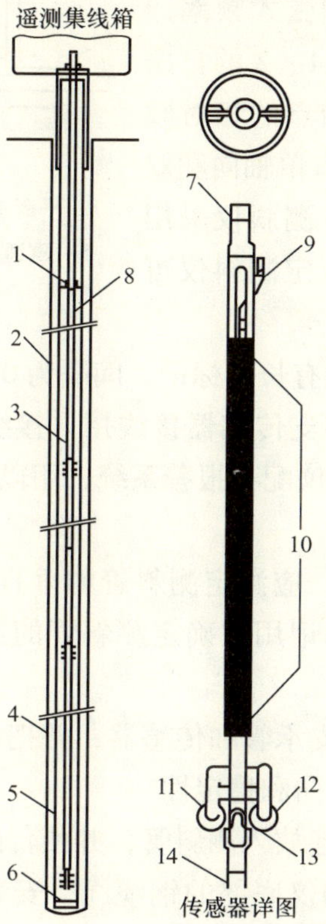

图3-41 钢弦固定式测斜仪的安装

1—上支点组件 2—钻孔（最小为114mm） 3—传感器组件 4—普通水泥灌浆回填 5—导槽外径 6—ABS底塞 7、8、14—传感器标距管 9—传感器电缆 10—感应件 11—固定轮 12—弹簧支承轮 13—万向节

（1）固定式传感器 固定式传感器可以是伺服加速度计式、电阻应变片式或钢弦式，见附表2。与常规型测斜仪测头的重要区别，在于它只能监测钻孔固定位置的定长标距轴线的倾角变化。

有关伺服加速度计式传感器和电阻应变片式传感器所构成的测斜仪前已介绍。这里着重介绍钢弦固定式测斜仪。该仪器由敏感部件、钢弦、线圈和引出电缆等构成，如图3-42所示。敏感部件由应变梁和重锤组成一个弹性摆。弹性摆的两端对应拉有一根钢弦，应变梁两边各固定一只触发感应线圈。当测斜仪应变梁平面对铅垂线倾斜一角度时，应变梁产生弯曲变形。钢弦1产生拉应变，钢弦2则产生与钢弦1应变量相等的压应变。采用钢弦式频率计分别测量两只线圈感应的钢弦1、2的自振频率，则可知该测斜仪与初始点的相对倾角θ。钢弦式固定测斜系统具有单轴向和双轴向两种。一般水平弦式固定测斜仪采用单轴向传感器，而垂直弦式固定测斜仪可用单轴向，也可用双轴向传感器。

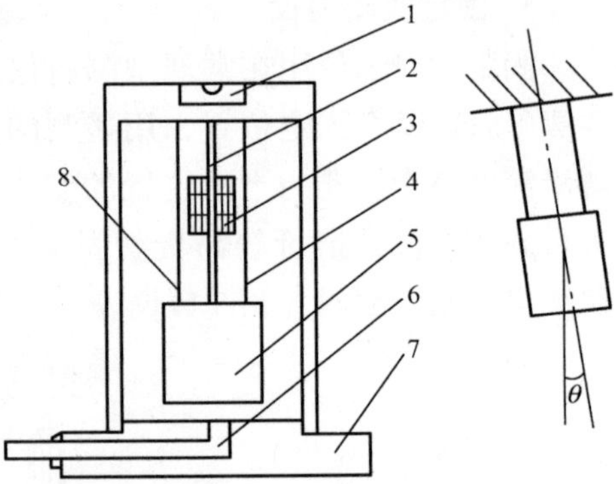

图3-42 钢弦固定测斜仪

1—平衡水泡 2—应变梁 3—线圈 4—钢弦1 5—重锤 6—引出电缆 7—底座 8—钢弦2

(2) 连接电缆 连接电缆有长度标记，间隔为0.5m。

(3) 遥测集线箱 用作多支传感器接线用，接线箱外装有多头接线板可很快与读数仪表连接。固定式测斜仪配有报警系统，用以发出越限位移的报警。

(4) 埋设安装要点

1) 固定式测斜仪安装前，应测定测斜管的垂直度不要超出传感器量程极限。对测斜管导向槽应标注永久标记用以确定测斜管的正方向，传感器的固定轮即放入该导向槽内。

2) 依照安装次序，准备支承管和传感器，并把各传感器与其标记管连接，然后测试各传感器极性的正、反向和稳定性。

3) 把传感器和支承管一起放入测斜管，并使传感器的正向对准测斜管的正向导向槽。下放时使用接在测斜仪底部的钢缆绳，安装过程中钢缆绳须固定在防绞棒上以免与电线绞缠。

4) 当将传感器的第二组导向轮放入测斜管时，由于该轮备有万向节，故要用一个专用校直工具。

(5) 测读方法 在观测站对各个固定式测斜仪进行测读，测站应尽可能设在传感器附近，以减少电缆长度节省费用。所有传感器经集线箱与读数装置相连，然后按以下步骤进行测读：

1) 接通电源，并预热10min。

2) 检查读数装置电压是否符合要求。

3) 把集线箱的选择开关接至1号传感器上，并规定至少1min使传感器稳定。

4) 记录显示读数，正、反向都要记。

5）集线箱开关旋至下一个传感器，重复3）、4）步骤。

（6）验收与维护

1）固定式测斜仪的维护，主要是对读数装置和集线箱进行正确维护，以保证电源接触良好，可用酒精棉纱定期擦拭接触点。

2）读数后，从集线箱上拔去电源前，仔细擦去接头处的水和灰尘。电缆取下后，接头处要盖好防护罩。

4. 原位测斜仪（In-place Inclinometer）

美国测斜仪器公司（Sinco）推出EL型原位垂直测斜仪、EL型原位水平测斜仪和EL型梁式传感器，用作竖向或横向位移的监测。

（1）EL型原位垂直测斜仪（EL Tilt Sensor for Ventical Beam）　它用于路基填筑过程中土体的侧向挤出或高路堤的水平位移的变化，还常用于堤坝侧向位移和滑坡的监测，也可用于挡土墙和其他建筑物变形的监测。它不需要派人到现场去观测，对于遥控实时采集数据来控制施工是比较理想的，如隧道的开挖和施工。

EL型原位垂直测斜仪由测斜管和一链式电解液测斜传感器构成，如图3-43所示。测斜管埋设在垂直钻孔中，电解液测斜传感器串联成链置于测斜管内。当地下产生位移，测斜管随之移动，引起传感器倾斜。传感器就可测出与铅垂线所夹倾斜角 θ。用公式 $L\sin\theta$，即可换算出侧向位移。L 是传感器的标准测距。传感器与测读仪表相接，能测出0.01mm/m的位移。当位移及变化速率超过某预定界限时，能自动报警。测量可靠，安装方便，操作容易，结构简单。携带式仪表可人工测读，也可自动监测。该传感器本身绝缘，具有热对称性，不受温度变差和热辐射影响，有关性能参数见附表2。

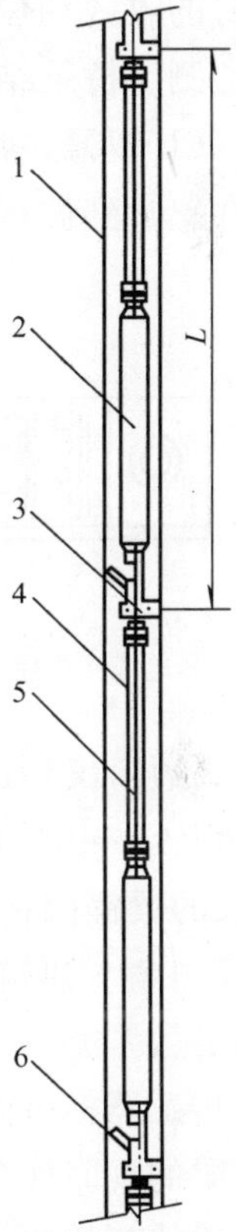

图3-43　EL型原位垂直（水平）测斜仪

1—测斜管　2—传感器　3—支承轴　4—外接管　5—公用电缆　6—导轮　L—标准测距

（2）EL型原位水平测斜仪（EL Tilt Sensor for Horizontal Beam）　EL型原位水平测斜仪用来路基填筑过程中，监测路基横断面内的沉降变化特征，还用来监测隧洞的施工和开挖引起地下位移，灌浆和桩基稳定性测量以及监测油罐、填方、堤坝的沉降。由测斜管和链式电解测斜传感器构成，如图 3-43 所示。测斜管埋设在水平钻孔、沟槽或依附在建筑物上。电解液测斜传感器串联成链置于测斜管内。当产生沉降或隆起，测斜管随之移动，引起传感器倾斜角变化。测得与水平线所夹斜角 θ，和 EL 原位垂直测斜仪一样即可换算出相应的位移。可测出 2″相当于 0.01mm/m 位移，有关性能参数见附表 2。

（3）EL 型梁式倾斜仪（Beam Sensors） EL 型梁式倾斜仪可检测建筑物的位移和转动。EL 型梁式倾斜仪有水平型和垂直型两种，水平型监测沉降和隆起，垂直型监测位移和收敛。EL 型梁式倾斜仪可用来监测建筑物受隧洞或地下开挖的影响，隧洞本身的收敛和位移的监测，滑坡区域建筑物稳定性的监测挡土墙的变形及其方向的监测，桥梁结构在荷载下性态的评估，以及压力灌浆和地下灌浆稳定性的监测等。EL 型梁式倾斜仪可人工测读，也可与数据采集系统相连，能连续监测位移，并在感觉到位移预兆时能触发报警。

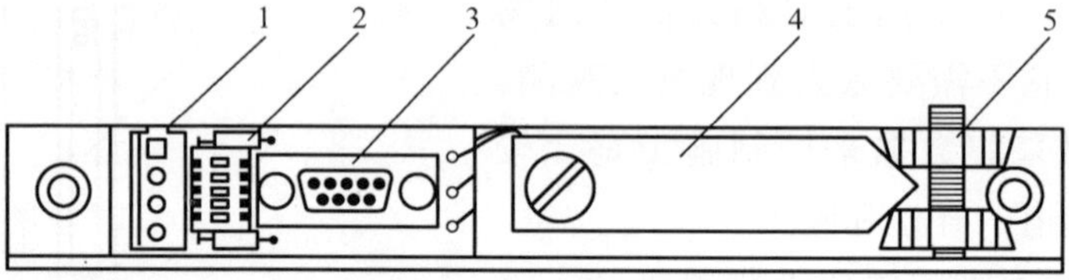

图 3-44 EL 型梁式倾斜仪

1—信号电缆接线柱 2—模拟开关 3—接测读装置插口 4—传感器 5—调零装置

EL 型梁式倾斜仪是在坚固金属梁上安装电解液测斜传感器。该传感器是个精密水准泡，电学上是一电解电桥，桥路输出的电压正比于传感器的倾角，如图 3-44 所示。1~3m 长的梁锚固在建筑物上，然后将传感器调零并固定位置。建筑物位移即改变了梁的倾斜角。建筑物移动的距离即位移 s 为

$$s = L(\sin\theta_1 - \sin\theta_2) \tag{3-55}$$

式中 L——传感器标准测距；

θ_1——梁的现时倾角；

θ_2——梁的初始倾角。

EL 型梁式倾斜仪具有很高的灵敏度，可以测出 1″，相当于梁的位移为 0.005mm/m，这是种经济、可靠，安装简便的测量倾斜、沉降的精密水准仪器，性能参数见附表 2。

3.4.4 沉降仪

垂直位移观测是路基工程变形观测的一项重要内容，垂直位移直接影响轨道

的平顺性，从而影响列车的运营安全。垂直位移观测的目的是要测定路基填筑、边坡开挖过程中不同位置的升降变化。观测方法分两类：一类是用几何水准方法对标石、标杆或觇标等观测对象，进行垂直位移连续的周期性观测；另一类是在路基及地基内、外表面安装埋设观测仪器，来监测其垂直位移。根据垂直位移观测的结果，并结合水平位移、转动位移的观测对建筑物的变形情况做全面的综合分析。常用的沉降仪有横梁管式沉降仪，电磁式沉降仪，干簧管式沉降仪，水管式沉降仪和钢弦式沉降仪等。

1. 横梁管式沉降仪

（1）用途　测定路基内部不同深度处的固结式沉降，一般采用在路基及地基内逐层埋设横梁管式沉降仪。

（2）结构型式　由管座、带横梁的细管、中间套管三部分组成，如图3-45所示。

1）管座为直径50mm的钢管，长1.1m，管底用钢板封底。

2）带横梁的细管由长1.2m、直径38mm的钢管与长1.2m、60mm×60mm×4mm角钢（或75mm×75mm×5mm）正交焊接而成。角钢两端各焊一块300mm×300mm×3mm的钢板作翼板，两翼板应保持在同一平面内并与细管正交。

3）套管为直径50mm，其长度根据测点间距而定，一般管长比测点间距短0.6m。如测点间距3m，则套管长度为2.4m。为施工方便，截为两段，每段长1.2m。管座、细钢管及套管内壁应打掉毛刺，并保持光洁。

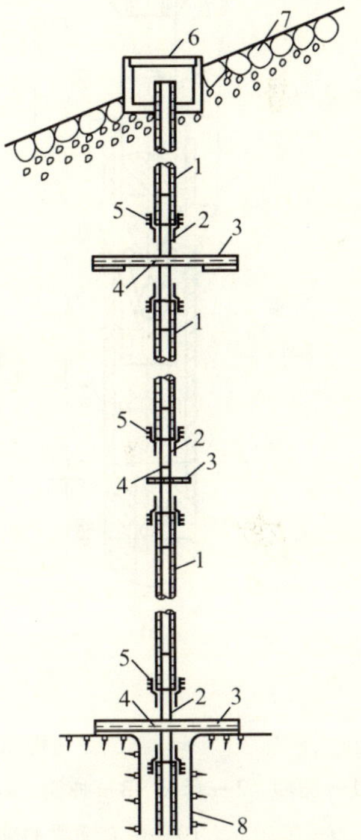

图3-45　横梁管式沉降仪结构示意图

1—套管　2—带横梁的细管　3—横梁　4—U型螺栓　5—浸以柏油的麻袋布　6—保护盒　7—块石护坡　8—岩石

（3）工作原理　利用细管在套管中相对运动来测定土体的垂直位移。即当土体发生沉降或隆起时，埋设在土中的横梁翼板也跟随一道移动，并连带细管在套管中作上下运动。测定细管上口与管顶距离变化就可求出各个测点土的沉降值。

（4）观测方法　每次观测时，用水准仪测出管口高程，用图3-46所示的测沉器或图3-47所示的测沉棒，自上而下依次逐点测定管内各细管下口至管顶距离，换算出相应各测点的高程。

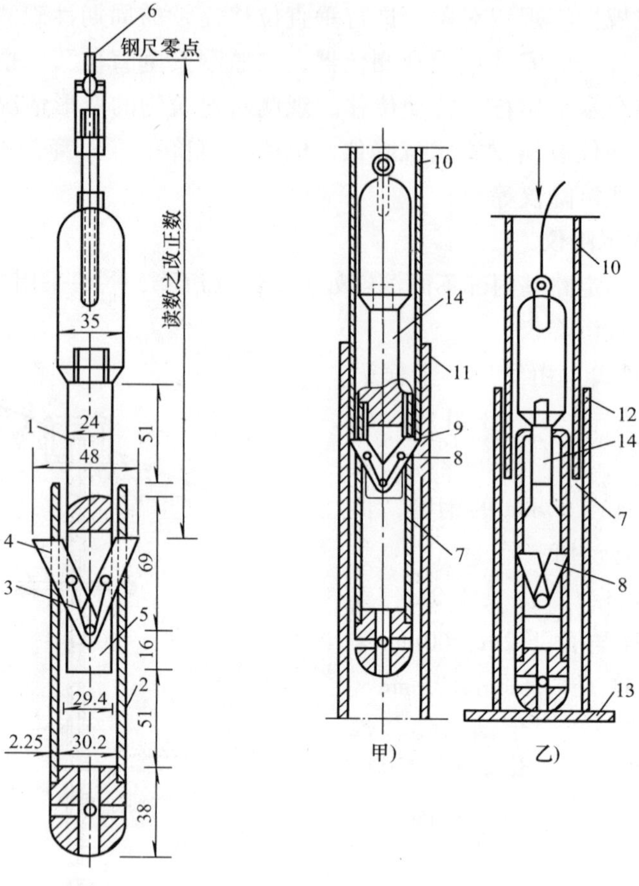

a)　　　　b)

图3-46　测沉器

a）测沉器结构图（单位：mm）　b）测沉器使用示意图

1—圆棒　2—套筒　3—弹簧　4—翼片　5—小方孔　6—钢尺　7—套筒　8—弹簧翼片

9—施测点　10—带有横梁的细管　11—套管　12—基础套管　13—底板　14—圆棒

测沉器外径稍小于沉降管内径，由圆棒和套筒两部分组成。圆棒下部开口槽内装有带弹簧的翼片。观测时，先使翼片从套筒两侧长方孔伸出套筒外，然后放入沉降管，当经过细管下口后，将钢尺向上拉紧，翼片卡在细管下口，即可量得距管顶距离。测量时用弹簧秤固定拉力在40～70kN，并对准管顶固定读数。当测量最后一个测点时，继续下放测距器直至管底，套筒受阻，而圆棒继续下落，将弹簧翼片压回测沉器套筒内。稍提起使弹簧翼片进入小方孔受限不再外露，测沉器即可顺利提出。

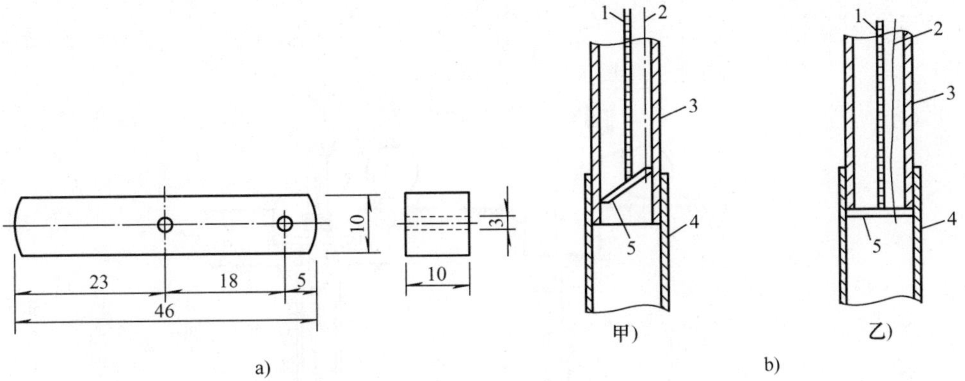

图3-47 测沉棒

a）测沉棒结构示意图 b）测沉棒操作示意图

1—钢卷尺 2—绳索 3—细管 4—套管 5—测沉棒

测沉棒长度略小于套筒内径，棒中心与钢卷尺连接。棒的一端系一绳索兼作护绳。观测时将绳索稍稍提起，使沉降棒倾斜放入沉降管中，当沉降棒通过细管进入套管后，放松绳索，拉紧钢卷尺并固定拉力，测沉棒即卡在细管下口，测记测点至管顶距离。逐节向下测量，直至最下一个测点测毕，平提绳索，即可将测沉棒提出管外。测沉棒也可自下而上逐节测量。

沉降观测时，每测点需重复两次，读数差不大于2mm。

2. 电磁式沉降仪

（1）用途 电磁式沉降仪适用于路基体内的分层沉降量的观测，以及路堤、地基处理过程中的堆载试验。基坑开挖或回填作业中引起的隆起和沉降的测量，也可测得一般堤坝的水平位移即侧向位移。

（2）结构型式 仪器由测头、三脚架、钢卷尺和沉降管组成，如图3-48所示。测头由圆筒形密封外壳和电路板组成。测头一端系有50m长钢卷尺及三芯电缆。钢卷尺和电缆平时盘绕在滚筒上，滚筒与脚架连成一体。测量时脚架放置在测井管口上。沉降管由硬聚氯乙烯塑料制成，由主管与连接管组装而成。连接管是伸缩的套于两节主管之间，用自攻螺钉连接定位。另在主管上套一只铁环，环的内外径与连接管相同，厚度2mm。铁环与沉降管一同埋入土坝或钻孔中。

国外沉降仪所用的钢尺和电缆是同被压注在尼龙中形成一体，测量时只要一人即可轻便操作。昆明某公司已有这种产品应市，采用宽8mm的钢尺，两边排上导线，压注在透明塑料（ABS）中，品种有20m、50m和100m。

（3）工作原理 埋入土体的沉降管要按设计需要隔一定距离设置一铁环，当土体发生沉降时该环也同步沉降，利用电磁探头测出沉降后铁环的位置，与初始位置相减，即可算出测点的沉降量。

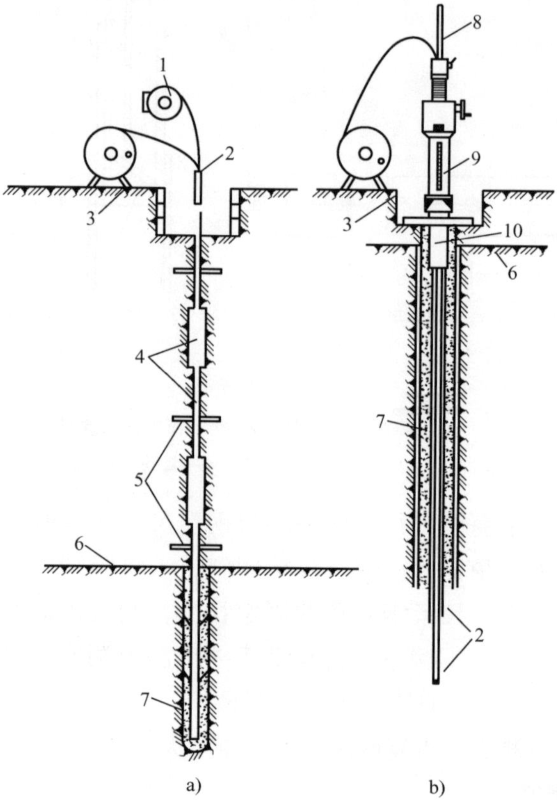

图 3-48　电磁式沉降仪

1—测尺　2—测头　3—回填土　4—伸缩式接管　5—铁环　6—天然土
7—灌浆　8—测杆　9—显读测尺　10—基准环

电磁式沉降仪的工作原理如图 3-49 所示，在振荡线圈未接近铁环时，振荡器产生振荡后，经放大整流，施加于触发器上，使触发器无输出，执行器不工作。当振荡器一接近铁环时，由于铁环中产生涡流损耗，大量吸收了振荡电路的磁场能量，从而使振荡器振荡减弱，直至停止振荡。此时放大器无输出，触发器翻转，执行器（继电器）动作。晶体音响器便发出声音。在声响刚发出的一瞬间，确定铁环位置，并立即在钢卷尺上读出铁环所在深度。

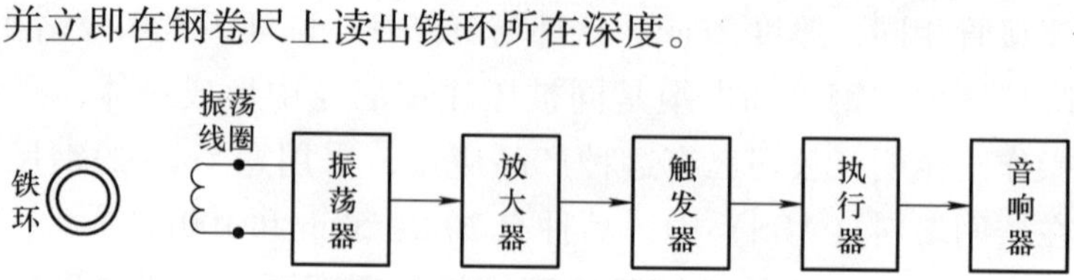

图 3-49　电磁沉降仪的工作原理

（4）主要参数　国内外主要几种电磁式沉降仪的规格和技术参数见表 3-5。

表3-5 常用电磁式沉降仪参数表

型 号	CF-1	CT-2	ME5.1-5.3	CJY80
测量深度/m	50	50、100	30、50、100	50、100、150
精度/mm	0.1	0.1	0.1	0.1
质量/kg	1.0	3.5	3，4，6，8	3，4，8
测头尺寸/(mm×mm)	ϕ42×340	ϕ35×250	ϕ43	ϕ24×150；ϕ32×150
耐水压/MPa	0.5	1	—	—
电源	DC12V	DC9V	—	—
构造形式	钢尺+电缆	钢尺电缆一体	钢尺电缆一体	钢尺电缆一体

（5）测读方法

1）三脚架支在测孔上方，放平稳。测头挂在钢卷尺端部。用螺钉固定。

2）测头慢慢放入管中，同时电缆跟进。

3）接通滚筒面板上的电源开关。

4）测头下降到铁环中间时，音响立即发出声音，找准发音的确切位置。让钢卷尺与脚架中的基准尺对齐，即读出铁环所在深度。

5）每次观测时用水准仪测出孔口高程，测得铁环深度，即可换算出高程，观测点沉降量等于测点初始高程减去观测时测点高程。

（6）注意事项

1）电池容量有限，测量完毕立即关电源。

2）测量后将测头和电缆等擦拭干净。卷尺上涂上轻油，电缆整齐盘绕在滚筒上。

3）测头要求密封，绝对禁止拆卸。应轻拿轻放，切忌剧烈振动。发现故障应送厂检修。

4）电缆和钢卷尺不准弯折，尤其近测头端部防止损坏和断裂。

5）仪器应存放在温度-10~40℃，无腐蚀气体，干燥通风的室内。

3. 干簧管式沉降仪

干簧管式沉降仪的构造和电磁式沉降仪基本相同，所不同的仅是测头用干簧管制成，示踪环不是普通铁环，而是用永久磁铁。

测头内装干簧管，密封于圆筒形塑料外壳内，当测头接触到环形永久磁铁时，干簧管即被磁铁吸引使电路接通，指示灯或发出音响信号，据此即可测出测点的位置。

4. 水管式沉降仪

（1）用途 水管式沉降仪是可直接测读出结构物各点沉降量的仪器，尤其适合土石坝的内部变形观测。

（2）结构型式　水管式沉降仪主要由沉降测头、管路、量测板三大部分组成，如图 3-50 所示。

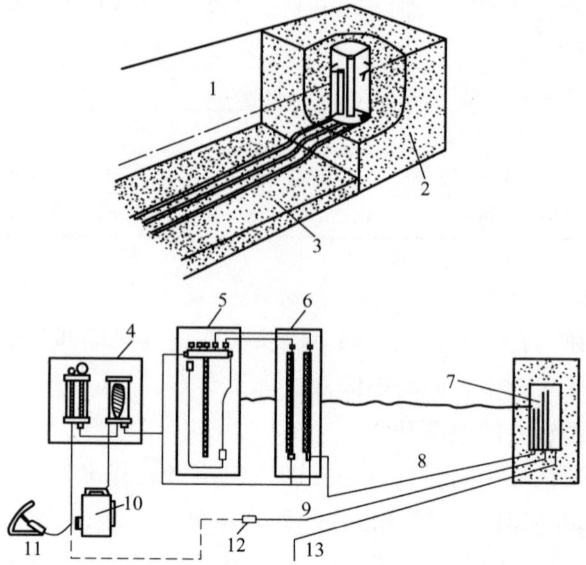

图 3-50　水管式沉降计量测原理示意图

1—挖槽　2—混凝土　3—砂或黏土　4—脱气设备　5—反压设备　6—测验板　7—沉降计筒　8—溢流管　9—通气管　10—脱气水　11—水泵　12—气泵　13—排气管

1）沉降测头。由外径 200mm、高 340mm 的有机玻璃筒（或防锈处理过的钢管），上、下铝合金盖板组成。底座上设有带保护的进水管（与连通水管相接）、通气管及排水管。

2）管路。所有管路均应坚固，径向变形小，吸湿量小。进水管采用能承受 0. 2MPa 内压的 1010 尼龙管。通气管、排水管及保护管应采用聚氯乙烯塑料管。

3）量测板。与测头相连的进水管、通气管及排水管的终端均固定在量测板上，与进水管相通的玻璃测量管附有最小刻度为 1mm 的不锈钢尺。量测板上还配有抽气、供水装置。

（3）工作原理　采用连通管原理测量测头的沉降，如图 3-51 所示，即采用水管将坝内测头连通水管的水杯与路基外量测板上的玻璃测量管相连接，使路基内水杯

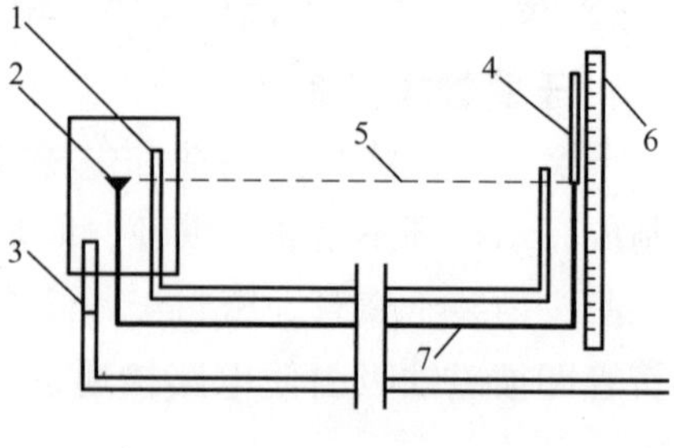

图 3-51　连通管原理图

1—通气管　2—水杯　3—排水管　4—测量管　5—水位　6—标尺　7—进水管

与路基外量管两端都处于同一大气压中，当水杯充满水并溢流后，观测房中玻璃管中液面高程即为坝内水杯杯口高程。测得水杯杯口高程的变化量即为该测点的相对垂直位移量。

（4）主要技术指标　南京某院土工所制造的水管式沉降仪测量系统量程为100mm（可按用户要求定），准确度 ±2mm，管长小于300m。南京某公司生产的NSC-1型水管式沉降仪量程为0～100mm，测量精度为 ±1～ ±5mm。

（5）埋设安装要点　水管式沉降仪通常采用挖沟槽方法埋设，也可不挖沟槽直接在填筑面铺设。挖沟槽埋设要点如下：

1）当填筑到测点以上1m高程时，沿埋设线开挖沟槽，深约1.2m。在埋设处浇筑1cm厚混凝土基床，并用水平尺校平，不平整度不应大于2mm。

2）将测头置于基床面上，连接各管路，在其周围大于测头外径10cm处立模浇筑混凝土，至距顶面10cm时，平放钢筋网，继续浇筑，将顶面抹平，正常养护至拆模。

3）各管路外套保护管，然后沿已整平的基床蛇形平放至观测房的量测板上。

4）将各测头的管路对号就位接到量测板上，打开通气管路上阀门，给各测头排气充水，气泡排尽后开通向玻璃量管的阀门，使其水位升高一点，并旋紧水阀，待管内水位稳定后，读出水面刻尺数值，此值即测头起始读数。

（6）测读方法　每次测读前，用水准仪测出测量板的标点高程，读出测量板上各测点玻璃管上的水位。然后逐个向测头连通管的水杯充水排气。进水速度要小于排水管的排水速度，避免测头内积水位上升，溢出的水会进入通气管，破坏大气连通，导致测量系统工作失常。如果通气管堵塞，可向管内抽气或抽水。量测管的稳定数值判定标准是每20min读一次数，直至最后两次读数不变为止。寒冷地区为防止管路被冻坏，可用乙二醇和甲醇的配比为655：345（体积比）混合液，再掺入0.4（体积比）的水所配成的防冻液来代替脱气水，可达到 -52℃以上的防冻效果。

5. 钢弦式沉降仪

（1）用途　钢弦式沉降仪用于测量填土、公路、堤坝、储油罐、基础等结构的升降或沉陷，适用于遥测和自动数据采集。

（2）结构型式　钢弦式沉降系统由钢弦式探头、充满液体的管路、液体容器、测读装置组成，如图3-52所示。鱼雷状的测头内装钢弦式灵敏压力传感器。也可在沉降点固定埋设钢弦式压力传感器代替移动式测头，如图3-53所示。管路中充填的液体是无空气的防冻液体，为增加灵敏度也可采用水银为充填液体。

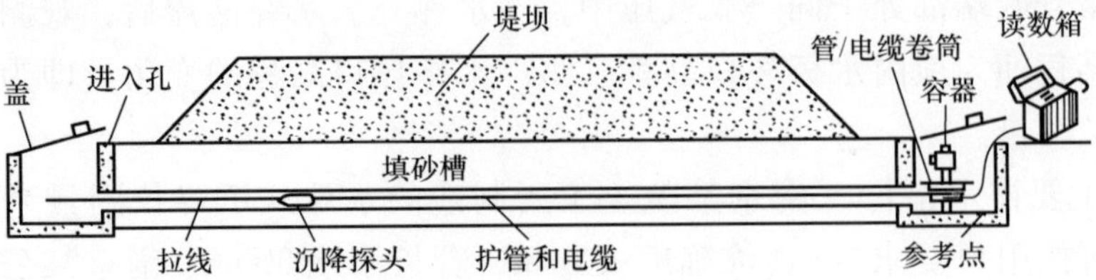

图 3-52 钢弦式沉降系统

（3）工作原理 钢弦式压力传感器作为沉降测头放入填土或地基土中的测管中，它通过充满液体的管路与液体容器连接，由钢弦式压力传感器测得探头内液体压力，就可测出探头与容器内水位的高差。而容器和钢弦式测读装置是放在位于稳定的水准基点上的卷筒上，因此探头在测管中移动就可测出测管的高程变化，与起始高程比较，就可测得测管的沉降量。固定式测头当埋设部位沉降时，钢弦式压力传感器测得的液体压力也随之变化，即可求出与液压容器水位的高差，而测得相应测点沉降量。

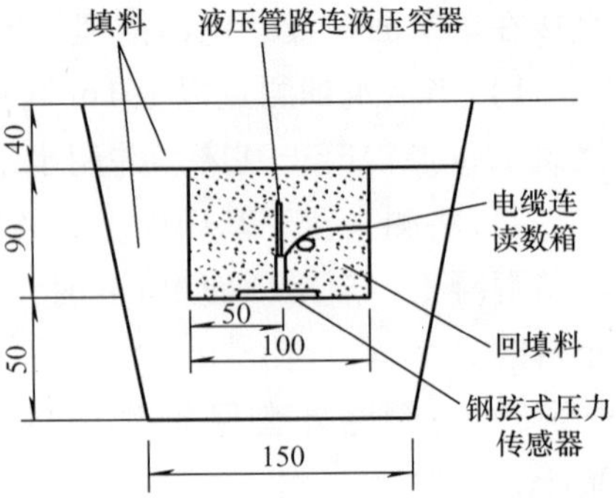

图 3-53 固定式钢弦式沉降点示意图

（4）规格及主要参数 钢弦式沉降仪主要品种及技术参数见表 3-6。

表 3-6 钢弦式沉降仪

型　　号	4651 型	GCJ 型
量程/m	4.5、9、18	5、10、20
灵敏度/mm	0.25	0.03
精度/（%FS）	0.25	0.25
温度范围/℃	-30 ~ 80	-20 ~ 65
尺寸/（mm × mm）	44.3 × 177	—

6. 电测垂直水平位移测量仪

该仪器是利用活动钢弦式测斜仪原理，测量水平向埋设的测斜管各区段的垂直沉降情况。同时，利用仪器中干簧管与水平向测斜管导管外壁的磁环的磁感应原理来测量结构物的水平位移。

7. 液体静力水准仪

（1）用途 液体静力水准仪是测量两点或多点间相对高程变化的精密仪器，主要用于大坝、核电站、高层建筑、矿山、滑坡等垂直位移和倾斜的监测。可以目视观测，也容易实现自动化观测。

（2）工作原理　液体静力水准仪又称连通管水准仪，如图 3-54 所示。

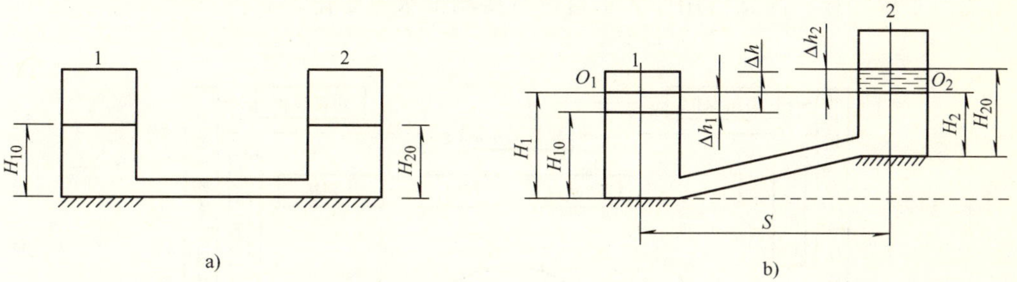

图 3-54　静力水准仪原理图

在两个完全连通容器中充满液体，当液体完全静止后 1、2 两个连通容器内的液面应同在一个大地水准面上，即 $H_{10}=H_{20}=H_0$。假设测头 1 的基墩下沉，测头 2 的基墩不变，则两个连通容器内液面相对于基墩面的高度变化为 H_{10}增加 Δh_1 减少 Δh_2，而达到新的水准面，即

$$H_1=H_2 \tag{3-56}$$

由于容器内径相等，故

$$|\Delta h_1|=|\Delta h_2| \tag{3-57}$$

基墩下沉量

$$\Delta h=|\Delta h_1|+|\Delta h_2| \tag{3-58}$$

测得液面变化量 Δh_1、Δh_2 即可求得测点相对高差，也就可知道测点垂直位移。如果两测点的水平距离 S 是已知的，则两点相对倾斜的变化也可算得。

依照上述原理，不只是可以观测两测点之间的相对垂直位移，也可在建筑物及其地基内布置多个测点并连成系统，测量各点之间相对位移和倾斜，也可以选一稳定不动点作为基准点，来观测各点的绝对垂直位移。对于多测点的静力水准系统，每个测头均需加接三通接头，使各测点水管连通，各点容器上部与大气连通。且各点高程应基本相同，参照容器必须设在稳固的水准基点处。

（3）结构型式　静力水准仪在我国 50 年代就有称为水管仪的定型产品供工程使用，如座式水管仪，悬挂式水管仪等。仪器采用内径为 5～7mm 塑料管做空气连通管，内径 11～14mm 塑料管做连接水管，测点液面高程计数用水面测针目视。早期的产品无自动记录装置，不能遥测。为了实现遥测和自动化，目前国内使用的静力水准仪均已改用浮子升降来进行液面高程的自动测记。图 3-55 所示为差动变压器式静力水准仪，当测头内水位升降，浮子也跟随升降，与浮子相连的传感器的铁芯也连同产生上下垂直位移，通过传感器将此位移量转换成电压信号的变化，经传输实现遥测自动数字显示。该仪器在传感器电路和数字显示器中都装有防雷击保护元件。测量结果除直接显示外还可打印储存，并留有微机接口以便与自动化监测系统相连。测微器用作人工目视直接测得水位变化。

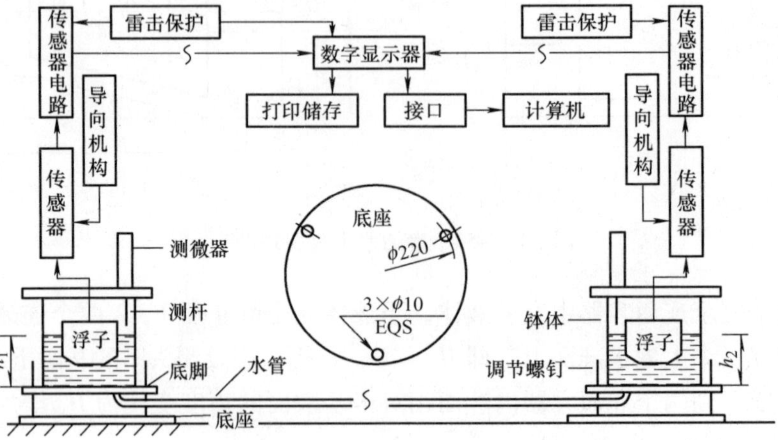

图 3-55　差动变压器式静力水准示意图

液体静力水准仪的种类很多，主要区别在于测读液面高度的方法和手段不同。

图 3-56 是钢弦式多点静力水准仪。图 3-57 所示是电容感应式静力水准仪。仪器的基本组成包括容器、浮子、传感器、液体、连通管、通气管等。

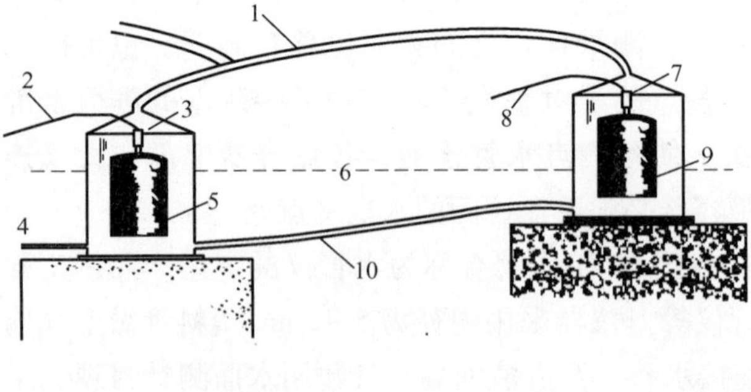

图 3-56　钢弦式多点静力水准系统

1—连接管（空气）　2、8—电缆　3、7—弦式传感器

4、10—连接管（液体）　5、9—圆柱状浮筒　6—水位

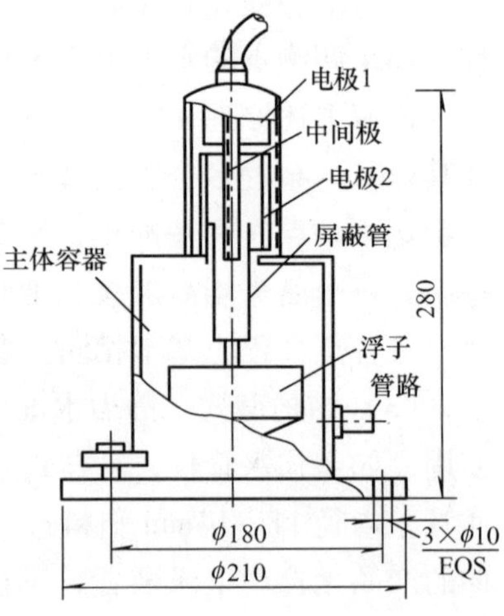

图 3-57　电容感应式静力水准仪

3.5　压力测量仪器

路基工程中常需要测试的压力（应力）观测内容通常包括：土应力观测、桩端压力观测、桩间土压力测试、孔隙水压力观测等。

土压力的观测对研究土体内各点应力状态的变化是非常重要的，对路基不同阶段的压力测试，可以确定路基填筑过程中，路基土体的压力变化，从而指导进行合理的路基填筑过程。

观测土压力的仪器有边界式土压力计和埋入式土压力计两类。通过各种不同角度的埋设，可以得到不同角度下的总压力值，从而通过理论计算得到土体的最大主应力和最小主应力。土压力计测得的土压力均为总压力，要求得土体有效应力，在埋设土压力计的同时，应埋设孔隙压力计。

孔隙水压力计又叫渗压计，在水工建筑中应用较广，路基工程主要用于软土地区路基填筑。在地基土中埋设孔隙水压力计，可以了解路基填筑过程中土体孔隙压力分布和消散的过程，也可以了解软土处理后的效果分析。同样，用注浆方法进行地基处理时，埋设孔隙压力观测仪器也是必不可少的。

1. 土压力计

（1）用途　土压力观测是土力学理论和试验研究的一个重要方面，是工程测试的重要内容。除在特定条件下，通过测定土体支撑结构物的变形来换算土压力外，一般采用土压力计来直接测定。土压力计按埋设方法分为埋入式和边界式两种。顾名思义，埋入式土压力计是埋入土体中，测量土中应力分布，也称土中压力计或介质式土压力计。边界式土压力计是安装在刚性结构物表面，受压面面向上体，测量接触压力。这种土压力计也称界面式或接触式土压力计。土压力计可用于下列工程的土压力测量：公路和铁路路基、高层建筑基础、土石坝、防波堤、护岸、挖方支撑、码头岸壁、挡土墙、桥墩基础、隧道、地铁、机场跑道、油罐基础、以及地下洞室和防护结构等。单只土压力计一般只能测量与其表面垂直的正压力，3~4 只土压力计成组埋设，相互间组成一定角度，即可用应力状态理论求得观测点上的大小主应力和最大剪应力。

（2）结构型式　土压力计，按工作原理可以分为振弦式土压力计、电阻式土压力计；按结构形式可分为立式、卧式和分离式等结构型式。土压力计应满足以下要求：

1）压力计直径（D）与其工作面中心挠度（δ）之比：$D/\delta > 2000$。

2）压力计直径（D）与其厚度（H）之比：$D/H > 10 \sim 20$（边界式上压力计可不受此限）。

3）压力计刚度要大，其等效模量大于土的模量 5～10 倍。

4）压力计工作面受力产生的过程应尽量接近于平移过程，且只对受力方向的力反应灵敏，而不受侧向压力的影响。

为了满足上述要求，埋入式土压力计均设计成分离式结构。以钢弦式土压力计（埋入式）为例，钢弦式土压力计结构（埋入式）主要由压力盒、压力传感器、油腔、承压膜、连接管和屏蔽电缆等组成，如图 3-58 所示。压力盒由两块圆形或矩形的不锈钢板焊接而成。两块钢板间约有 1mm 的间隙，构成一空腔，腔内充满防冻的液体（如硅油）。油腔通过一根高强度钢管的连接管与钢弦传感器连接形成封闭的承压系统。这种采用两次膜分离式结构的优点在于传感器只感应由压力盒经连接管传递来的液体压力，而不直接测量土压力。因此，它对周围土体应力场的扰动不会影响到土压力盒。又因设计使直径与厚度之比远远大于 10 倍，且空隙充满油、刚度大，所以土压力计与土体匹配误差小，测值精度高。边界式压力计也可用分离式结构，所不同的是埋入式的是双膜，而边界式是单膜。

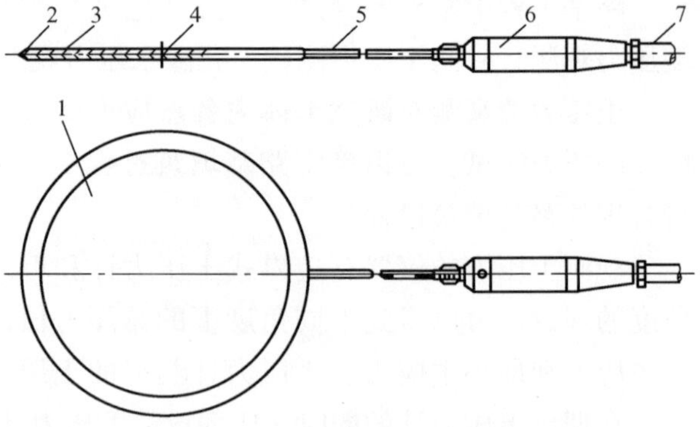

图 3-58 钢弦式土压力计结构示意图（埋入式）

1—膜盒 2—橡皮边 3—承压膜 4—油腔 5—连接管 6—传感器 7—屏蔽电缆

竖式与卧式土压力计均没有连接管，以钢弦式土压力计为例，竖式土压力计（见图 3-59a）的钢弦垂直于受压板的中心，一端固定在受压板上，另一端则固定在与受压板连成一体的刚性构架上。因此，当传感器受力后使钢弦松弛，频率降低。卧式土压力计（见图 3-59b）钢弦则平行于受压板，钢弦固定支架垂直于受压板。因此，受压板受力后使钢弦拉紧，频率增高。

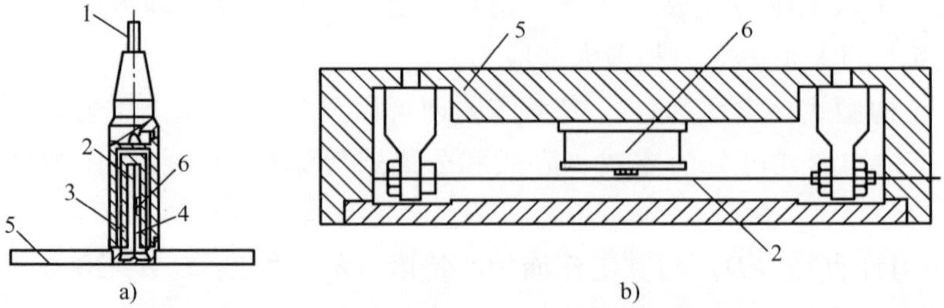

图 3-59 钢弦式土压力计结构示意图（边界式）

1—屏蔽电缆 2—钢弦 3—压力盒 4—油腔 5—承压膜 6—磁芯

图3-60为差动电阻式土压力计。电阻应变片式土压力计则在其压力传感器的弹性膜片上，压力传感器的外形尺寸较之其他原理的都要小。差动电阻式土压力计和电阻应变片式土压力都有充满液体的空腔．用以传递液体压力，所以也是二次膜结构。

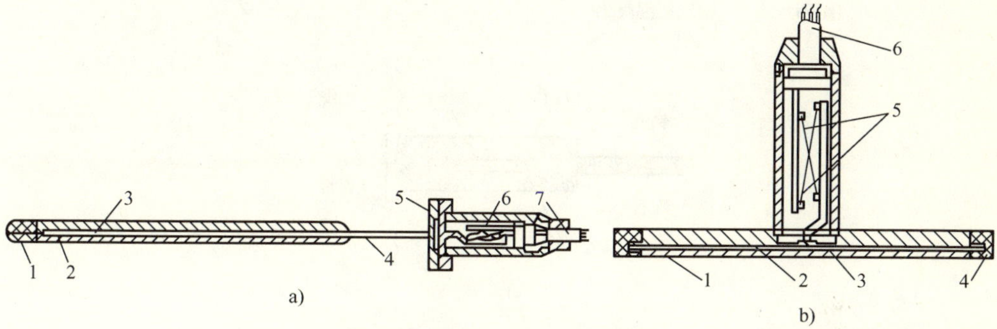

图3-60 差动电阻式土压力计

a）分离式 b）竖式

a）1—护圈 2—压力盒体 3—传压油 4—传压管 5—二次膜 6—感应组件 7—电缆

b）1—受压板 2—传压油 3—二次膜 4—护圈 5—敏感元件 6—电缆

钢弦式土压力计长期稳定性好，结构牢固，操作方便，容易实现自动化。特别采用二次膜分离结构，可提高灵敏度和刚度，减少埋设中“拱效应”和边界应力集中。因此在国内外得到广泛应用。

（3）工作原理 以分离式土压力计为例，当土压力作用于压力盒承压膜（一次膜）上，承压膜即产生微小挠性变形，使油腔内液体受压，因液体不可压缩特性而产生液体压力，通过接管传到压力传感器的受压膜即二次膜上，或使钢弦式传感器的自振频率发生变化，或使差动电阻式传感器的电阻比和电阻值发生变化。对电阻应变片式传感器而言，则使四个桥臂的电阻发生变化。通过测读仪表。测出相应的变化值，经换算即可求得所测土压力值。

2. 孔隙水压力计

孔隙水压力计形式多种，一般分为竖管式、水管式、气压式和电测式四大类。电测式又依据传感器不同分为：差动电阻式、钢弦式、电阻应变片式和压阻式等。路基工程中常用的孔隙水压力计为钢弦式；国内土石坝和其他土工结构物多采用竖管式、水管式、差动电阻式和钢弦式；混凝土建筑物则多用差动电阻式和钢弦式；气压式孔隙水压力计美国和英国应用很广泛；电阻应变片式孔隙水压力计则日本是主要市场。图3-61为孔隙水压力计常用的工程应用示意图。

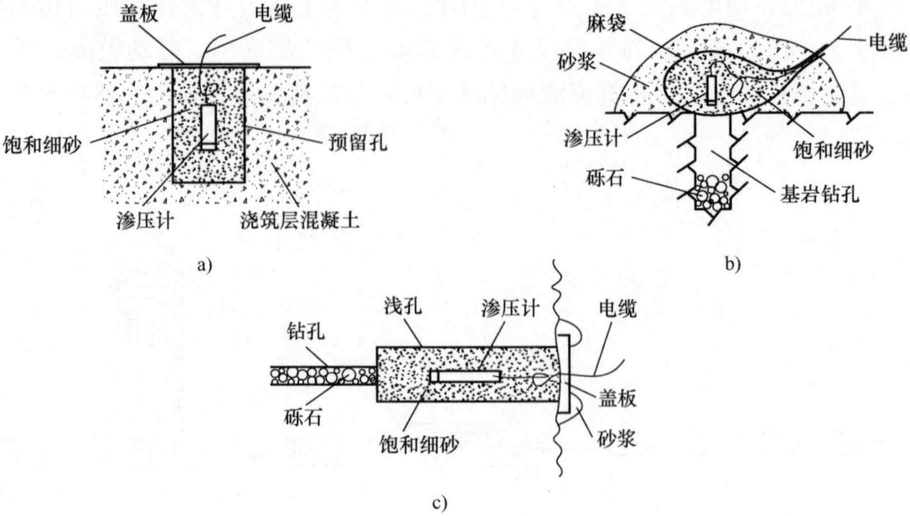

图 3-61　孔隙水压力计常用的工程应用示意图

（1）钢弦式孔隙水压力计

1）用途。钢弦式孔隙水压力计因传输信号为频率，不受电缆电阻、接头电阻及接地漏电等因素影响，允许长电缆数据传输，而且灵敏度高，能在恶劣条件下长期稳定工作。因此，被广泛用于监测路基工程、地基处理工程、土坝、混凝土建筑物、岩基、钻孔（井）、基础中。

2）结构型式。钢弦式孔隙水压力仪由透水板（体）、承压膜、钢弦、支架、线圈、壳体和传输电缆等构成，如图 3-62 所示。

透水板有圆锥形和圆板形两种，材料一般用氧化硅，或不锈钢或青铜粉末冶金烧结；高进气压力透水板则用陶瓷材料烧结。

钢弦国内均采用机械式夹紧方式，并与支架做成一体；国外则采用特殊的夹持技术来固定钢丝，因此使敏感元件做到微型化，也随之缩小了外形尺寸。

承压膜是传感器的受力元件，多采用小直径受压膜片结构，膜片厚度决定于量程大小。线圈有单线圈和双线圈两种，前者为间隙激振型，后者为连续激振型。

根据孔隙压力计的使用情况，仪器壳体的外形设计成多种形式。除图 3-62 所示标准埋入型用于填土外，还有锥体贯入型可以直接推入软基中，配有螺纹管型可接入液压或气压管路。

3）工作原理。钢弦式孔隙水压力计将一根振动钢弦与一灵敏受压膜片相连。当孔隙水压力经透水板传递至仪器内腔作用到承压膜上，承压膜连带钢弦一同变形，测定钢弦自振频度的变化，即可把液体压力转化为等同的频率信号测量出来。

4）型号规格及技术参数　产品型号及技术参数见附表 3。

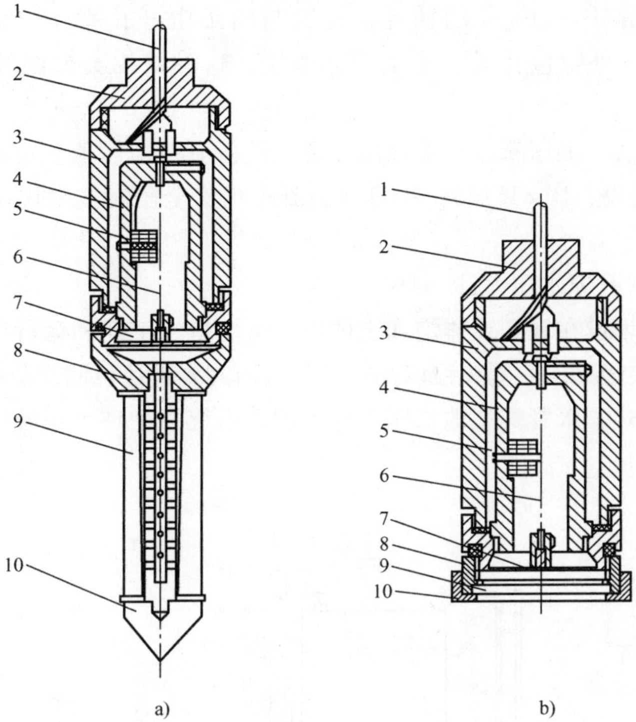

图3-62 钢弦式孔隙水压力仪测头示意图

a）钻孔埋入式 b）填方埋入式

1—屏蔽电缆 2—盖帽 3—壳体 4—支架 5—线圈 6—钢弦

7—承压膜 8—底盖 9—透水体 10—锥头

(2) 竖管式孔隙水压力计

1）用途。竖管式孔隙水压力是美国卡萨格兰德教授（Casagrade）于1949年创用的。因此，国外也称卡萨格兰德渗压计或测压管。适用于渗透系数 10^{-4} ~ 10^{-7}cm/s 的黏性上、粉土和较强透水性黏土的渗透水压力的观测。

2）结构型式。竖管式渗压计是结构最简单的渗压计，下部有进水管段，上部连竖管引至地面，所以也简称测压管。国外所采用竖管式渗压计与我国目前所用的粗管测压管不同。竖管式渗压计下端是外径为38mm、壁厚6mm的透水碳化硅管段（或透水塑料管），其长度一般根据土质和土层情况分别为15cm、30cm、45cm、60cm。上部接外径12mm、壁厚1.5mm的硬塑料管。透水管段下端用塑料制品黏结封堵坚固不漏水。竖管式渗压计常用钻孔方法埋设，用沉放测锤来测定水位，当竖管承受水压力过大时，可在竖管顶端接压力表测量渗透压力。国内所用的测压管式孔隙水压力观测设备由导管、测压管式孔隙水压力测头、横梁十字板及管帽等组成；导管内径25~50mm的塑料管或内壁光滑的镀锌钢管，测头长

20cm，管壁上钻有4～6mm的钻孔，孔数与间距由开孔率定，黏性土为15%，砂性土为20%，外壁包扎无纺土工织物滤层，这种结构类似国外的槽孔管式测压管。

3）埋设方法。测压管或孔隙水压力观测设备应在坝体填筑过程中埋设，也可在竣工后钻孔埋设，DL/T5178—2003《混凝土坝安全监测技术规范》对埋设方法有详细规定。

（3）水管式孔隙水压力计

1）用途。埋设在饱和或非饱和土体中，可测得施工期和运行期土中孔隙水压力的分布和消散情况，如测头配以高进气值滤质陶瓷板还可测得负孔隙水压力。

2）结构型式。水管式孔隙水压力计由测读系统和循环水系统两部分组成，如图3-63所示。

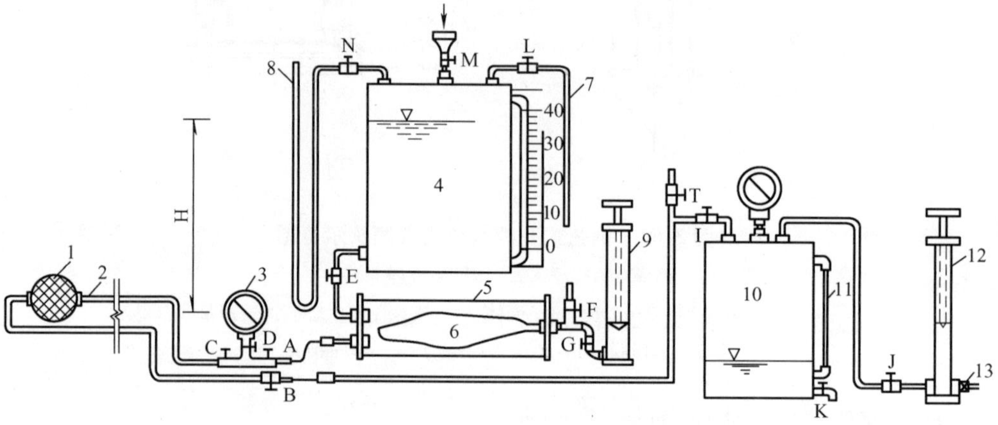

图3-63　水管式孔隙水压力观测设备示意图（I型）

1—测头（埋入土体内）　2—水管　3—压力表　4—供水箱　5—压水箱　6—橡皮袋　7—进气排气孔承压膜　8—水银测压计　9—压气筒　10—滤水箱　11—水位管　12—抽气筒　13—单向阀门　A—进水管阀门　B—出水管阀门　C、D、E、F、G、I、J、K、L、M、N、T—阀门

测读系统由水管式测头、水管、压力表组成。测头有圆板式和锥体式，均有进出水的双管与测头空腔相通。水管采用聚乙烯或尼龙管，外径6mm，内径3～4mm，长度最好由测头到观测目标整根连接，避免有接头。压力表用真空压力两用表，量程为0.25～0.6MPa。

循环水系统按组成形式的不同有两种。水管式孔隙水压力观测设备（I型）由供水箱、压水箱、压气筒、滤水箱、抽气筒、压力表、水银测压计及管路组成，如图3-63所示；水管式孔隙水压力观测设备（Ⅱ型）由集水箱、供水箱、压水箱、打气筒、抽气筒、压力表、水银测压计及管路组成，如图3-64所示。

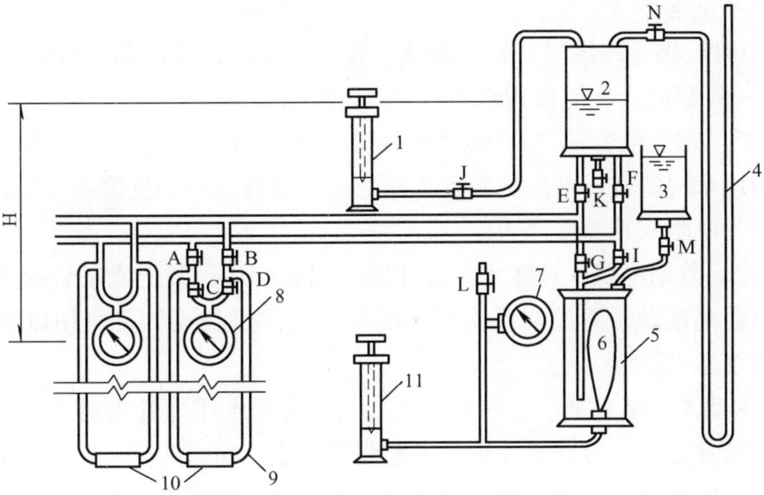

图3-64 水管式孔隙水压力观测设备示意图（Ⅱ型）

1—抽气筒 2—集水箱 3—供水箱 4—水银测压计 5—压水箱 6—橡皮袋 7—压力表 8—压力真空表 9—塑料管 10—测头（埋入土体） 11—打气筒

A、B、C、D、E、F、G、I、J、K、L、M、N—阀门

3）工作原理。采用脱气水将整个管路充水排气，从测头至压力表成为封闭系统，当土体中孔隙压力经测头—多孔透水板进入管路改变了管路中液体体积，零位指标器水银面失去平衡，偏离零位，用调压筒加压使水银面复至零位，此时由压力表读数按下式计算该测点孔隙水压力

$$U = P \pm \gamma_w Hg \tag{3-59}$$

式中 U——孔隙水压力（MPa）；

P——压力表读数（MPa）；

γ_w——水的密度（kg/m^3）；

H——测点至压力表基准面的高度（m）；

g——重力加速度（m/s^2）。

4）型号规格及技术参数。型号规格和技术参数见附表3。

5）埋设安装注意事项

① 水管式孔隙水压力计应在路基填筑过程中采用挖沟埋设，同时在路基监测断面建立观测房，一般压力表基准高程应比测头高程低为3～5m。

② 当填土面超过测点高程为30～50cm时，垂直坝轴方向，在测头埋设点和观测房之间挖一条平整的埋设沟，宽为30～50cm，深为30cm。

③ 将充满水的塑料管与测头连接并使测头灌满水，透水石面朝下，周围包以厚30cm且满足反滤要求的干净砂砾料。测定测点高程，同时将塑料管平顺引至观

测房与循环系统连接。

④ 回填时应将管路编号，管路布设应放松以适应坝体沉陷。沿管路每隔 20 ~ 30m，填塞一段膨润土，厚度为 0.5m。然后用填料回填。

6）维护。每年至少维护一次，目的是补充漏掉的水，给管路排气，率定压力表。管路中用水应脱气，并应加防止水藻滋长及驱赶气泡的抗菌素和湿润剂。

（4）差动电阻式孔隙水压力计

1）用途。差动电阻式孔隙水压力计用以测量土、混凝土或基岩内的渗透水压力，也可以兼测埋设位置的介质温度；配备动态测试仪表，也可用以测量水流的脉动压力或动态水位。

2）结构型式。南京某厂生产的差动电阻式孔隙水压力计由前盖、透水石、弹性感应板、密封壳体、传感部件和引出电缆等组成，如图 3-65a 所示，传感部件为差动电阻式感应组件。加拿大生产的孔隙压力计结构如图 3-65b 所示。

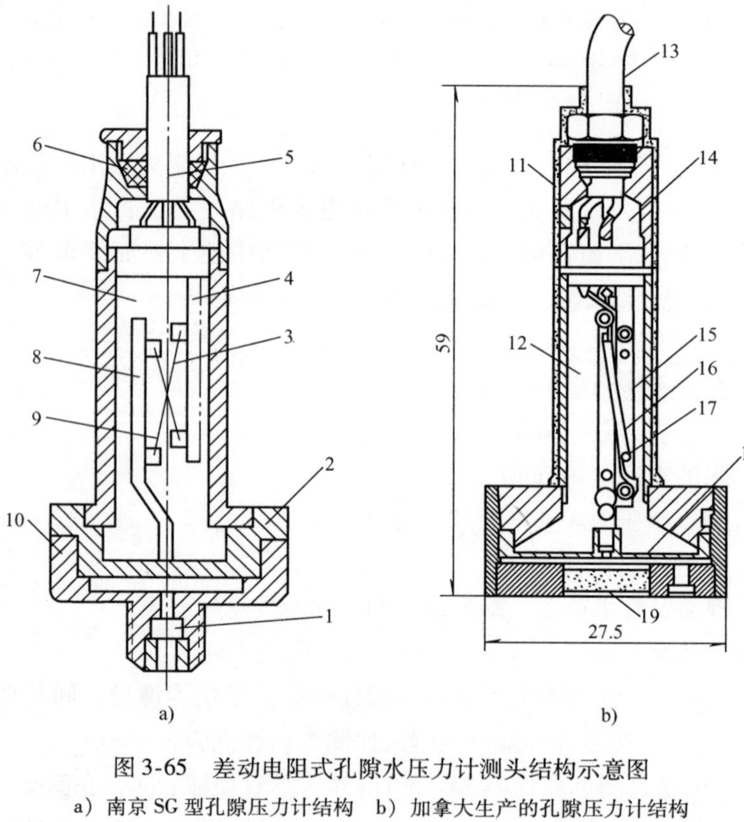

图 3-65　差动电阻式孔隙水压力计测头结构示意图

a）南京 SG 型孔隙压力计结构　b）加拿大生产的孔隙压力计结构

1—透水石　2—感应板　3、9—电阻钢丝　4、8—方铁杆　5—引出电缆压水箱　6—止水橡皮圈　7—变压器油腔　10—前盖　11—泡沫橡胶　12—油腔　13—电缆引线　14—止水材料　15—应变单元　16—弹性弦　17—陶瓷线轴　18—内部薄膜　19—多孔不锈钢

3）工作原理。渗透水流通过孔隙压力计的进水口经透水石作用于感应板，使其变形并推动传感器，引起传感组件上两组钢丝电阻变化，测出电阻比值和电阻值，就可计算出埋设点的渗透压力和介质温度。

4）规格及主要技术参数。差动电阻式孔隙水压力计的规格及主要技术参数见附表3。

（5）电阻应变片式孔隙水压力计　电阻应变片式孔隙水压力计习惯称为贴片式渗压计。20世纪50年代荷兰菲利浦公司就有这种的产品，但限于当时电子技术水平，质量不佳；经过二十年的研究发展，特别是日本共和电业、东京测器和土木测器三家公司成功的技术开发，使贴片式传感器已形成品种齐全的系列产品。该种传感器的优点是反应迅速、传输距离长、易实现遥测自动化和加工制作简单，尤其适于动态测量。

1）结构型式。电阻应变片式孔隙水压力计由锥头（或顶盖）、承压薄膜、筒身、防水闷头和引出电缆组成，如图3-66所示。承压薄膜与承膜环是一个整体，由不锈钢制成；电阻应变片黏贴在薄膜上，薄膜厚度决定承受水压力大小。筒身材料为钢、铜或不锈钢，筒身和承膜环之间用螺纹紧密连接，并加止水铜片以保证其密封性；防水闷头由金属头、橡胶、止水铜片和硅橡胶组成；电缆即由此引出并防止水沿着电缆从尾部渗入测头内部，电缆通常用四芯橡套或塑套电缆。

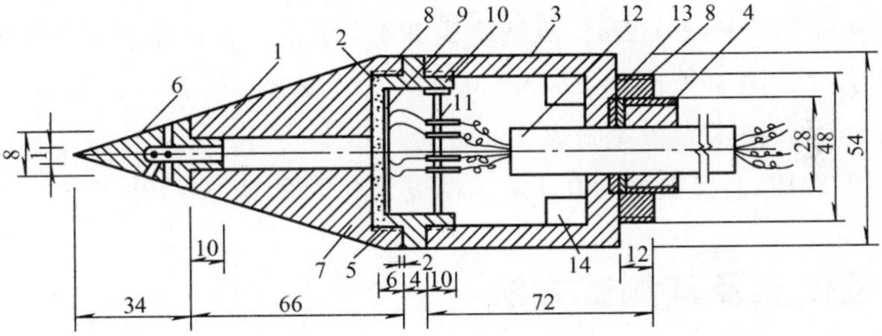

图3-66　电阻式应变片式孔隙水压力测头结构（单位：mm）

1—顶盖　2—透水石　3—筒身　4—防水闷头　5—薄膜　6—进水帽　7—电阻应变片　8—垫圈　9—补偿片　10—承压环　11—绝缘板　12—四芯电缆　13—橡皮垫圈　14—干燥剂

2）工作原理。孔隙水压力通过测头顶盖上的透水石，施加压力于贴有电阻应变片的弹性薄膜上，薄片的变形引起电阻应变片四个桥臂的电阻变化，用电阻应变仪测出与孔隙压力成正比的电桥输出，即可算出测点孔隙水压力大小。

3）型号规格与技术参数。国内外主要厂家生产的电阻应变片式孔隙水压力计的型号规格及主要技术参数见附表3。

（6）气压式孔隙水压力计　当需要观测深6m以下钻孔或测点高程低于观测设

备基准高程处的孔隙水压力时，可选用气压式孔隙压力计。气压式孔隙水压力计在美国和英国应用较多。

1）结构型式。图3-67为双管型气压式孔隙水压力计的结构示意图。测头由滤水管、顶盖、管座、筒身、滚动隔膜、球阀、进气管、回气管和PVC套管等组成。为补偿大气压的影响，新型气压式产品增加了第三管，可以直通大气。

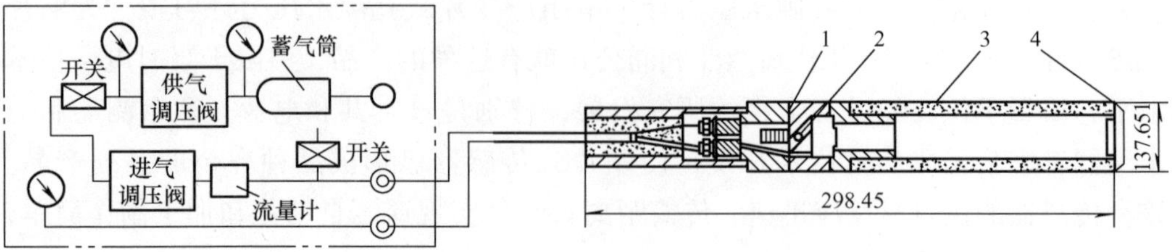

图3-67　气压式孔隙水压力计结构示意图（单位：mm）
1—垫圈　2—球阀　3—滤水管　4—底盖

2）工作原理。土体中孔隙水压力经测头滤水管传递至滚动橡皮隔膜上，隔膜变形将球阀顶开，此时透气管开始同空腔施加气压力并逐渐增大，直到使回气管压力与隔膜另一侧的孔隙水压力相等，这时隔膜平衡回复到原来位置，球阀顶回使进气管路保持不通，精确测定回路管的气压值，即为孔隙水压力值。

3）型号规格及技术参数。英国GE公司气压式孔隙水压力计测量范围为200m水头，精度<0.55%FS±0.2m，灵敏度为0.1m水头。美国Sinco公司生产的气压式孔隙水压力计，测量范围为0~3.5MPa，灵敏度<127.7mm；该公司51411—A型气压式水压力计技术参数见附表3。加拿大RST公司气压式孔隙水压力计，测量范围为0~13.8MPa，灵敏度为0.1%，精度为0.25%或0.15%。

3.6　水位仪器及其测试方法

在软土地区填筑路基后，在土体内产生超孔隙水压力，要测得超孔隙水压力的特征，需要判断软土路基中的水位情况。水位观测分地表水位观测和地下水位观测两部分，水位观测主要针对水库蓄水量的监测。而路基工程中，通常关心地下水位的变化。在本节主要介绍地下水位的观测仪器。地下水位观测通常采用电测水位计和遥测水位计。

1. 电测水位计

（1）用途　电测水位计适用于测压管、钻孔、井体和其他埋管中低于管口的水位或地下水位的测量。

（2）结构型式　电测水位计由测头、电缆、滚筒、手摇柄和指示器等组成，如图3-68所示。典型结构有提匣式和卷筒式。测头为金属制成的短棒，两芯电缆在测头中与电极相接，形成电路闭合的“开关”。当测头接触水面使电极在水面接通电路。两芯电缆除了传输信号外，还用作测头的吊索。因此，电缆每隔1m应有长度标记。以测头下端为起点，自下面上注明米数，也可用聚乙烯两芯刻度标尺代替电缆。滚筒用来盘卷电缆或标尺，并用手摇柄来操作滚筒以放收电缆。指示器最常用的是微安表（或毫伏表），需要时还可配置蜂鸣器和指示灯，其电源采用于电池。有的电测水位计在测头中还装有测温元件，在测水位的同时可兼测水温。

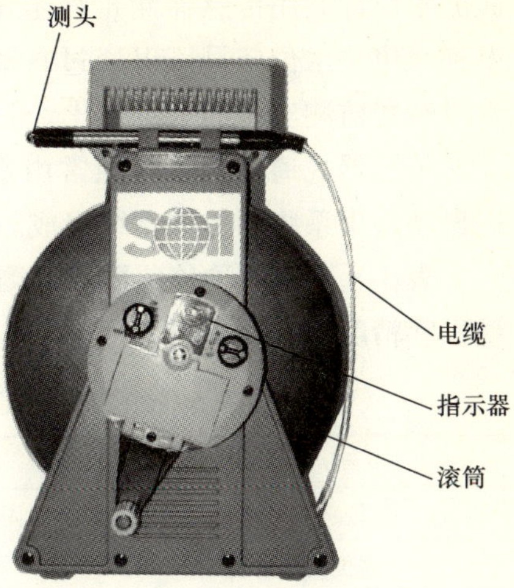

图3-68　电测水位计

（3）工作原理　电测水位计是根据水能导电的原理设计的，当探头接触水面时两电极使电路闭合，信号经电缆传到指示器及触发蜂鸣器和指示灯，此时可从电缆或标尺上直接读出水深。

（4）型号规格技术参数　国内外生产的电测水位计的品种规格及技术参数见表3-7。

表3-7　国内外主要电测水位计型号及技术参数

型　号	DSW-1	SS	SWJ90	101	102	CPR	DGK-110	W7
量程/m	不大于100	50～100	30，50，100	15～600	30～150	30～500	10，20，30～300	30～500
分辨率/cm	0.5	0.1	0.1	1	1	1	0.1	1
测头直径/mm	≤30	20	24	10～16	6.35～12.70	15	20	12
电缆或标尺	电缆	聚乙烯涂层卷尺	聚乙烯涂层卷尺	聚乙烯涂层标尺	电缆	聚乙烯标尺	聚乙烯标尺	聚乙烯标尺
测温范围	不能测温	不能测温	不能测温	—	—	0～25，-5～60	不能测温	不能测温

（5）使用说明

1）使用前应检查电池电源量是否充足，按下试验按钮，根据仪器的声光发生器判断。

2）可取部分待测水样进行标定，将灵敏度调至最佳状态。

2. 遥测水位计

常见的遥测水位计包括浮子式遥测水位计和传感器式遥测水位计。传感器式遥测水位计利用传感器测量静水压力来实现水深测量，水深加传感器零点高程即得到水位。水位信号可以通过自动采集并借助无线传输设备远程传输，并可配合定时装置监测实时的水位变化。

传感器式遥测水位计通常由水位传感器、水位显示器、记时数字记录仪、数据自动采集系统和传输系统组成。

表3-8列出两种传感器式遥测水位计的型号及主要技术参数。当孔隙水压计的量程和精度满足要求时，也可以作为遥测水位计的传感器使用。

表3-8　两种传感器式遥测水位计的型号及主要参数表

型　号	YSW 型压力水位计	SWJ 型精密水位仪
传感器名称	固态压阻式压力传感器	电容式传感器
水位测量幅度	20m	10m（可扩展）
最大静水压	130%	—
精度	0.2%变幅 ±1cm	0.2%
分辨率/mm	1	0.1
传输距离/m	<2000	—
工作温度/℃	-10~40	—

3.7　温度测量仪器

在寒区中填筑路基需要确定填筑路基后人为上限的变化和形态或者不同主动保护冻土措施的效果分析，因此需要得到地温和气温的数据信息。气温测量仪器通常由百页箱内设直读式温度计、最高最低温度计、或自记式温度计组成，需要时可增设干湿球温度计。地温测量常有热敏电阻式温度计、热电偶式温度计、电阻温度计、钢弦式温度计和电阻应变片式温度计。由于冻土条件下的恶劣环境，需要温度测试元件有一定的耐低温和抗紫外能力。温度传感器埋设示意如图3-69所示。

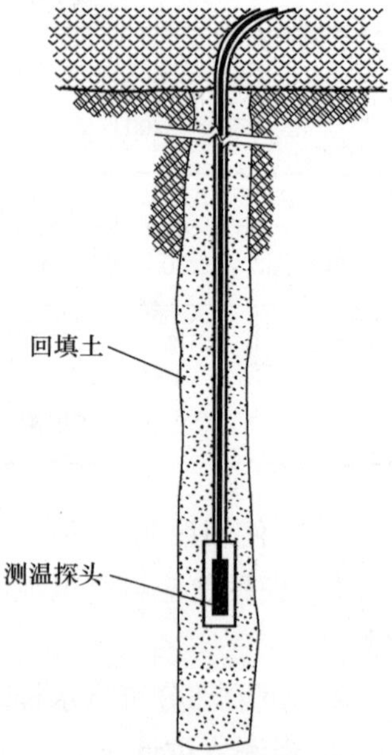

图3-69　温度传感器埋设示意

1. 热敏电阻式温度计

热敏电阻是敏感元件的一类，其电阻值会随着温度改变而显著变化，并呈现阶跃性的性状，具有半导体特性，并能将温度的变化直接转换为电量的变化。其特点是灵敏度高、体积小、性能较稳定和制作简单，易于实现远距离测量和控制。热敏电阻按照温度系数的不同分为：正温度系数热敏电阻（简称 PTC 热敏电阻）；负温度系数热敏电阻（简称 NTC 热敏电阻）。

热敏电阻温度计由热敏电阻、不锈钢保护管与电缆密封而成，如图 3-70 所示。热敏电阻是用一种半导体材料制成的温度敏感元件。

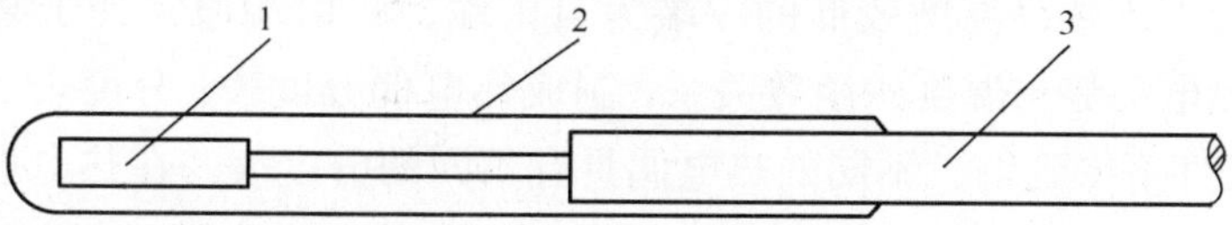

图 3-70　热敏电阻温度计的结构图

1—热敏电阻　2—不锈钢保护管　3—电缆

2. 热电偶式温度计

（1）用途　热电偶是把两种不同导体（金属丝）A 和 B 接成一闭合回路，如图 3-71 所示，利用热电效应来测量温度。它适用于测量路基结构的温度，能较精确地测量路基内的地温。

热电偶是工业上最常用的温度检测元件之一，其优点是：

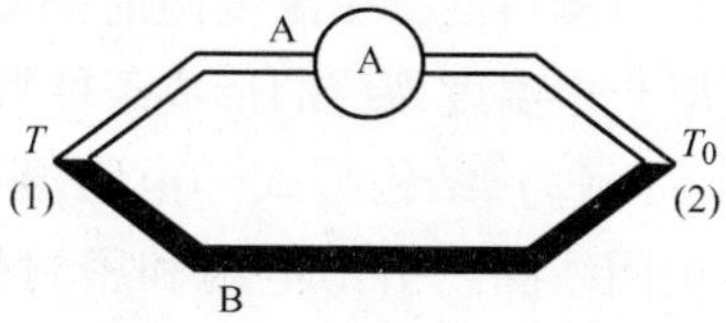

图 3-71　热电效应示意图

1）测量精度高。因热电偶直接与被测对象接触，不受中间介质的影响。

2）测量范围广。常用的热电偶从 −50 ~ +1600℃ 均可连续测量，某些特殊热电偶最低可测到 −269℃，最高可达 +2800℃。

3）构造简单，使用方便。热电偶通常是由两种不同的金属丝组成，而且不受大小和开头的限制，外有保护套管，用起来非常方便。

（2）结构与原理　当两结合点 1 和 2 出现温差，在回路中就有电流产生，这种由于温度不同而产生的电压，其大小取决于所用金属的种类，并与结合点温度成正比。用专用仪表测出该处电压便可确定温度。

热电偶的种类很多，其结构与外形也不相同，但基本上都由热电极金属丝、绝缘材料、保护管、电缆等所组成。监测混凝土温度的热电极金属丝是铜与康铜的组合体，测温范围为 −200 ~ 400℃。热电极之间和连接导线之间均要求有良好的绝缘。保护管一般用铜或不锈钢材料制作。

热电偶外形尺寸很小，且相应热容量低，因此可测量很小点上的温度，并有助于迅速反应温度的变化；此外还具有价格低廉、施工方便、坚固耐用的优点。但热电偶产生的电压信号极小，且易受外界干扰，为此要求配置高灵敏度的测量仪器，同时其精度易受长电缆不均匀性的影响，故通常在混凝土中安装电阻温度计比用热电偶温度计更为可靠方便和普遍。

热电偶测温的基本原理是两种不同成分的均质导体组成闭合回路，当两端存在温度梯度时，回路中就会有电流通过，此时两端之间就存在 Seebeck 电动势——热电动势，这就是所谓的塞贝克效应。两种不同成分的均质导体为热电极，温度较高的一端为工作端，温度较低的一端为自由端，自由端通常处于某个恒定的温度下。根据热电动势与温度的函数关系，制成热电偶分度表；分度表是自由端温度在0℃时的条件下得到的，不同的热电偶具有不同的分度表。在热电偶回路中接入第三种金属材料时，只要该材料两个接点的温度相同，热电偶所产生的热电势将保持不变，即不受第三种金属接入回路中的影响。因此，在热电偶测温时，可接入测量仪表，测得热电动势后，即可知道被测介质的温度。

3. 电阻温度计

（1）用途　通常将电阻温度计置于坝体、隧洞、厂房等混凝土建筑物内，进行长期的温度测量。在施工期使用这些仪器，可以控制混凝土冷却系统的运行，并可测得混凝土温度随时间变化的关系，研究水泥水化热的机理，并对大体积混凝土中温度裂缝的形成条件做出评估，也可用作基岩和水的温度测量。

（2）结构型式　电阻温度计由铜电阻线圈、引出电缆和密封外壳3部分组成，如图3-72所示。感温元件的铜电阻线圈是采用高强度漆包线按一定工艺绕制在瓷管上，并将0℃时电阻值和电阻温度系数做成常数。外壳为紫铜管与引出电缆滚槽密封面成。

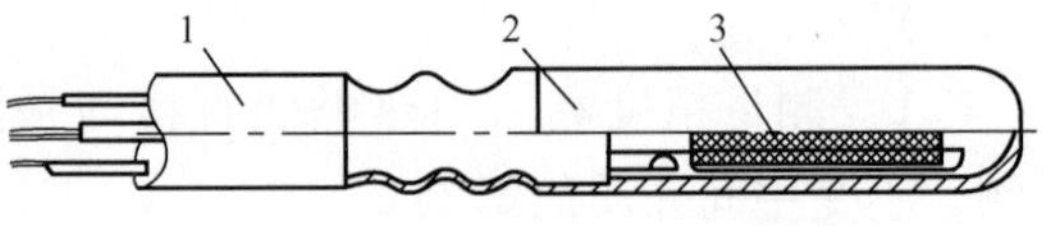

图3-72　电阻温度计示意图

（3）工作原理　电阻温度计的工作原理是基于铜线电阻随温度而变化的性质。将电阻温度计三芯引出电缆的白、黑两芯线与水工比例电桥的白、黑接线柱相接，红芯线接于电桥的绿接线柱上，如图3-73所示，当温度变化时，电阻线圈的电阻值即随温度成线性变化。将电桥“3、4”开关指向“4”，接上电源开关，并旋转电桥可变臂旋钮 R，使检测指针重新指零。这时可变臂 R 的读数即为电阻线圈的电阻值 R_t。用下式可计算电阻温度计的温度值 t。

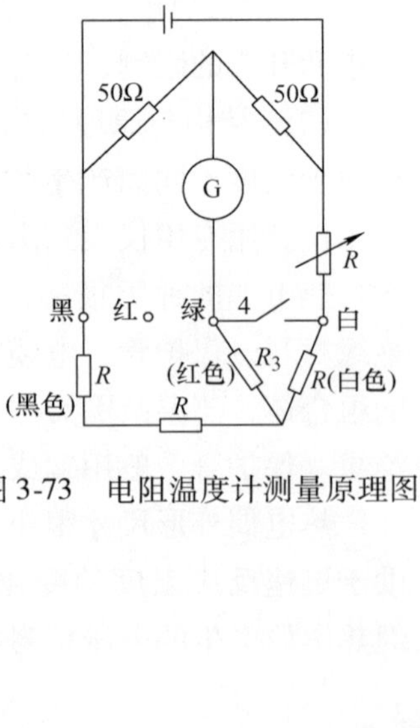

图3-73　电阻温度计测量原理图

$$t=(R_t-R_0')\alpha \tag{3-60}$$

式中　R_t——t℃时仪器的电阻值（Ω）；

R_0'——0℃时电阻值，制造时做成常数为46.60Ω；

α——电阻温度系数，也作为常数，数值为5℃/Ω。

4. 钢弦式温度计

（1）用途　与其他钢弦式应变计、渗压计配套使用，对路基本体和地基土进行长期的温度测量。

（2）结构与原理　由不锈钢传感体和与传感体连接的振弦元件组成，真空密封防水。该传感器是利用传感体与钢弦的温度膨胀系数不同的原理而制成，其特点是结构简单、灵敏度高，输出信号为频率。因此，信号的精度和稳定性不受由于浸水而引起的电缆电阻的变化、接触电阻变化及温度变化的影响。

5. 电阻应变片式温度计

由于电阻应变片的电阻值在不受外力作用下可随环境温度的改变而变化，故可利用这一特性将其做成温度传感器来测量温度的变化。该传感器可做成粘贴式（响应很快），也可封装在金属管内，或组成全桥和应变计做成一体测定相对温度。

3.8　振动传感器及采集设备

振动传感器按照直接测量的物理量分为位移传感器、速度传感器和加速度传感器。顾名思义，振动位移传感器（常用电涡流传感器）测量的是位移量（间隙变化），振动速度传感器测量的是速度，振动加速度传感器测量的是加速度。速度经过一次积分可以成为位移，加速度经过1、2次积分可以变成速度和位移，但积分通常会引起误差。

传感器的选择与测量的部位和振动频率有关。一般认为，在低频范围内，振动强度与位移成正比；在中频范围内，振动强度与速度成正比；在高频范围内，振动强度与加速度成正比。大型旋转机械通常用装在轴承上的非接触式电涡流位移传感器来测量转子轴颈的相对振动，用装在机器壳体上的磁电式速度传感器或压电式加速度传感器来测量振动，齿轮和滚动轴承的振动用加速度传感器来测量。

振动位移具体地反映了间隙的大小，振动速度反映了能量的大小，振动加速度反映了冲击力的大小。由于振动能量能够比较准确地反映振动的强弱，目前的振动标准倾向于用振动烈度（速度有效值）来作为判断设备的振动状态。

1. 加速度计

加速度传感器是一种能够测量加速力的电子设备。加速力就是当物体在加速过程中作用在物体上的力，就好比地球引力，也就是重力。加速力可以是个常量（如g），也可以是变量。加速度计有两种：一种是角加速度计，是由陀螺仪（角速度传感器）的改进的；另一种就是线加速度计。

一般加速度传感器是利用其内部的由于加速度造成的晶体变形这个特性。由于这个变形会产生电压，只要计算出产生电压和所施加的加速度之间的关系，就可以将加速度转化成电压输出。线加速度计的原理是惯性原理，即

$$a(\text{加速度})=\frac{F(\text{惯性力})}{m(\text{质量})} \tag{3-61}$$

式中 F——惯性力，大小等于电磁力。

当然，还有很多其他方法来制作加速度传感器，如压阻技术，电容效应，热气泡效应，光效应，但是其最基本的原理都是由于加速度产生某个介质产生变形，通过测量其变形量并用相关电路转化成电压输出。每种技术都有各自的机会和问题。

(1) 压电式加速度传感器　压电式加速度传感器又称压电加速度计。它也属于惯性式传感器。压电式加速度传感器的原理是利用压电陶瓷或石英晶体的压电效应，在加速度计受振时，质量块加在压电元件上的力也随之变化。当被测振动频率远低于加速度计的固有频率时，则力的变化与被测加速度成正比。多数加速度传感器是根据压电效应的原理来工作的。所谓的压电效应就是“对于不存在对称中心的异极晶体加在晶体上的外力除了使晶体发生形变以外，还将改变晶体的极化状态，在晶体内部建立电场，这种由于机械力作用使介质发生极化的现象称为正压电效应”。压电技术主要在工业上用来防止机器故障，使用这种传感器可以检测机器潜在的故障以达到自保护，及避免对工人产生意外伤害，这种传感器具有用户，尤其是质量行业的用户所追求的可重复性、稳定性和自生性。但是在许多新的应用领域，很多用户尚无使用这类传感器的意识，销售商冒险进入这种尚待开发的市场会麻烦多多，因为终端用户对由于使用这种传感器而带来的问题和解决方法都认识不多。如果这些问题能够得到解决，将会促进压电传感器得到更快的发展。

(2) 压阻式加速度传感器　基于世界领先的 MEMS 硅微加工技术，压阻式加速度传感器具有体积小、低功耗等特点，易于集成在各种模拟和数字电路中，广泛应用于汽车碰撞试验、测试仪器、设备振动监测等领域。加速度传感器网为客户提供压阻式加速度传感器（压阻加速度计）各品牌的型号、参数、原理、价格、接线图等信息。压阻式加速度传感器由于在汽车工业中的广泛应用而发展最快。由于安全性越来越成为汽车制造商的卖点，这种附加系统也越来越多。压阻式加速度传感器 2000 年的市场规模约为 4.2 亿美元，根据有关调查，预计其市值将按年平均 4.1% 速度增长。这其中，欧洲市场的速度最快，因为欧洲是许多安全气囊和汽车生产企业的所在地。

(3) 电容式加速度传感器　电容式加速度传感器是基于电容原理的极距变化型

的电容传感器。电容式加速度传感器/电容式加速度计是对比较通用的加速度传感器。在某些领域无可替代，如安全气囊，手机移动设备等。电容式加速度传感器（电容式加速度计）采用了微机电系统（MEMS）工艺，在大量生产时变得经济，从而保证了较低的成本。

（4）伺服式加速度传感器　伺服式加速度传感器是一种闭环测试系统，具有动态性能好、动态范围大和线性度好等特点。伺服式加速度传感器的振动系统由“$m-k$”系统组成，与一般加速度计相同，但质量 m 上还接着一个电磁线圈，当基座上有 加速度输入时，质量块偏离平衡位置，该位移大小由位移传感器检测出来，经伺服放大器放大后转换为电流输出，该电流流过电磁线圈，在永久磁铁的磁场中产生电磁恢复力，力图使质量块保持在仪表壳体中原来的平衡位置上，所以伺服加速度传感器在闭环状态下工作。由于有反馈作用，增强了抗干扰的能力，提高测量精度，扩大了测量范围，伺服加速度 测量技术广泛地应用于惯性导航和惯性制导系统中，在高精度的振动测量和标定中也有应用。

使用加速度传感器有时会碰到低频场合测量时输出信号出现失真的情况，导致测量结果失真的主要因素包括：系统低频响应差，系统低频信噪比差，外界环境对测量信号的影响。评价加速度传感器优劣的指标主要有灵敏度、带宽、量程等方面。

（1）灵敏度方面的技术指标　对于一个仪器来说，一般都是灵敏度越高越好的，因为越灵敏，对周围环境发生的加速度的变化就越容易感受到，加速度变化大，很自然地，输出的电压的变化相应地也变大，这样测量就比较容易方便，而测量出来的数据也会比较精确的。

（2）带宽方面的技术指标　带宽指的的是传感器可以测量的有效的频带。例如，一个有超过100Hz带宽的传感器就可以测量振动了；一个具有50Hz带宽的传感器就可以有效测量倾角了。

（3）量程方面的技术指标　测量不一样的事物的运动所需要的量程都是不一样的，要根据实际情况来衡量。

【案例3-2】　西安某航空传感技术有限公司生产的ZFCJ系列固态加速度传感器（见图3-74）

ZFCJ系列固态加速度传感器利用硅微细加工工艺，在小于3mm×3mm硅片上单片做成加速度敏感芯片原件和信号调节电路，敏感原件的中心般在外界加速度的作用下，与固定板发生相对运

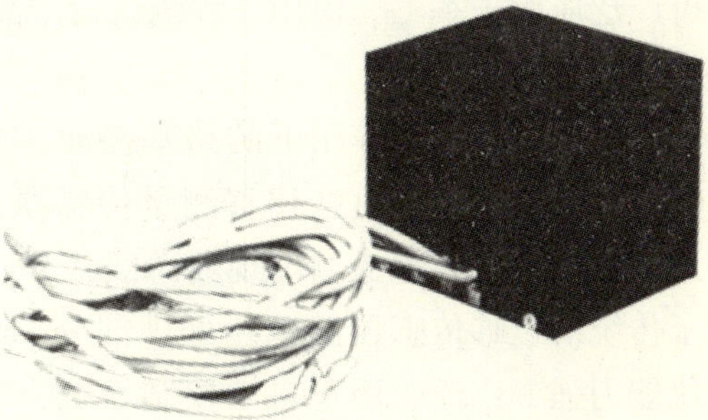

图3-74　ZFCJ系列固态加速度传感器

动，正比于外界加速度的经典平衡力使中心板始终保持在 0G 状态，对应生产的这个经典平衡力正比于外界加速度值。信号调节电路将加速度值转换成电压值输出。该产品被广泛用于航空救生系统的弹射加速度测量，飞行器，船舶车辆的线性加速度，低频振动加速度值的测量。ZFCJ 系列固态加速度传感器的技术参数见表 3-9，其特点如下：

表 3-9　ZFCJ 系列固态加速度传感器的技术参数

测量范围	工作频率	零点温度系数	灵敏度温度系数	非线性度	横向输出	使用温度范围	电源电压	耐冲击加速度
$(0\pm2)g$ ~ $(0\pm50)g$	0 ~ 1kHz	0.05% FS/℃	0.05% FS/℃	0.2% FS	0.2% FS	-10 ~ 80℃	5V 12V	2000g

1）引进国外最先进单片集成敏感元件。

2）满量程输出达 ±2.5V。

3）敏感元件固有频率：10kHz，抗冲击能力≥2000g。

4）具有自我校准能力。

【案例 3-3】　北京某测控技术有限公司生产的 RC6000 系列 IC 加速度传感器

RC6000 系列 IC 加速度传感器内装微型 IC 放大器的压电加速度传感器，它将传统的压电加速度传感器与电荷放大器集于一体，能直接和记录、显示和采集设备连接，简化了测试系统，提高了测试精度和可靠性。该传感器被广泛应用于核爆炸、航空航天、铁路、桥梁、建筑、车船、机械、水利、电力、石油、化工、环保、地震等领域。

【案例 3-4】　北京某科技开发有限公司生产的 TG 系列 IC 加速度传感器

TG 系列 IC 加速度传感器采用先进的微集成电路芯片设计制造。它将加速度传感器与微电子电路进行集成，综合不同的供电及输出类型进行一体化设计的产品。传感器输出信号可直接与计算机数据采集仪表连接，组成振动信号测量处理系统。传感器采用全密封防水结构，测试精度及可靠度高，抗干扰性强，安装操作简便，可广泛应用于军工、民用工程测试及产品配套。

2. 位移计

对于列车振动作用下的路基振动，通常只需要直线位移测试。直线位移传感器是一款智能型的直线位移测量传感器，它内置了数字采样、工程量转换和现场总线驱动模块，直接输出现场总线信号（RS485），可以直接与计算机通信，省去了传统的位移传感器的电路处理部分。直线位移传感器精度高、布线简捷、抗干扰能力强，广泛应用于自动控制系统，自动化仪表及需进行线位控制的机械设备中，作线位移测量的机电转换元件。

【案例3-5】 美国某公司生产的LP801系列线性位移传感器（见图3-75）

LP801系列线性位移传感器的特点是它属于大量程型号，检测距离长达1200mm（48in）坚固的结构和密封保护，适合工厂环境高性能的轴承系统，可在极其恶劣环境里长时间使用贵金属滑动片，确保高性能和高抗干扰能力塑料膜元件，凭借其导电塑料膜元件，LP801可提供高分辨率和绝对位置测量，而无须使用外部信号调节器，减少磨损，确保超长寿命。LP801系列线性位移传感器的技术参数见表3-10。LP801系列线性位移传感器外形尺寸如图3-76所示。

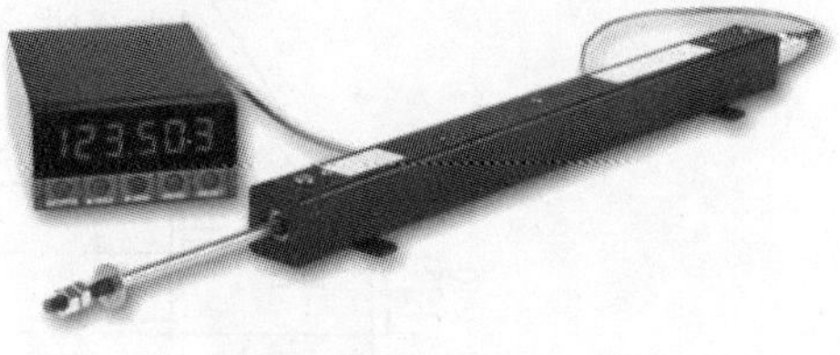

图3-75 LP801系列线性位移传感器

表3-10 LP801系列线性位移传感器的技术参数

总电阻	5000 Ω ± 20%
线性度	±1% FS
滞后性	±0.025mm（0.001in）
重复性	±0.012mm（0.0005in）
增量灵敏度	0.0013mm（0.00005in）
功率额定值	0.75W/冲程（in）
温度范围	65～105℃（−85～221℉）
工作力	最大450 g（1 lb）
轴	6mm（0.236in）直径，带1/4-28螺纹[⊖]端适配器
质量	0.36～2.2kg（0.8～4.9lb）
寿命	在不超过300mm（12in）冲程的条件下，1亿次操作，对于更长的装置，按比例降额［标准移动速度为50mm/s（2in/s）］

【案例3-6】 西安某公司生产的ZFXY通用线位移传感器

西安某公司生产的ZFXY通用线位移传感器将直线移动的各种机械量转换成相应的电量（电压量），用于直线位移的自动测量和自动控制，其特点是工作可靠，寿命长，线性度、重复性、一致性均好，灵敏度高、测量范围大。该产品被广泛应用于机械、电力、发电厂、航空航天、冶金、煤炭、石油、铁路、交通、轻工、纺织、建材、水利等行业。ZFXY通用线位移传感器的技术参数见表3-11。

⊖ 1/4-28螺纹为英制，1/4是螺纹大径（外径），以英寸计，1in=25.4mm；28是指每英寸有28个螺纹。

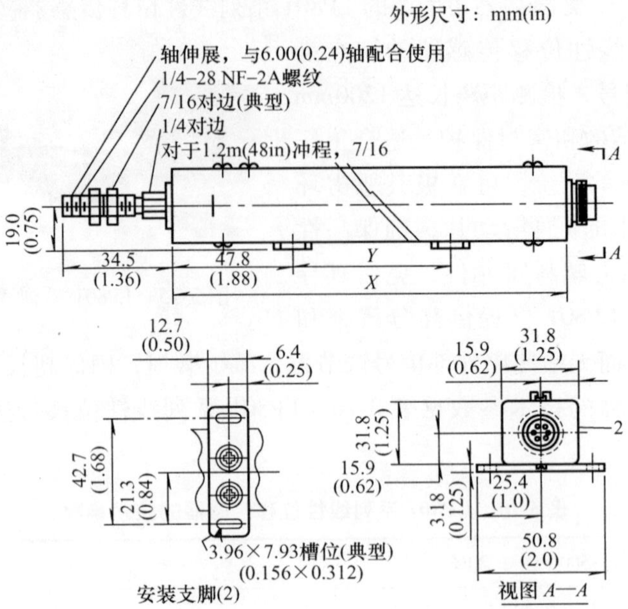

图 3-76　LP801 系列线性位移传感器外形尺寸（mm）

表 3-11　ZFXY 通用线位移传感器的技术参数

标准阻值	1kΩ，3kΩ，5kΩ 任选
总阻公差	15%
独立线性	0.1%，0.2%，0.3%，0.5%，1%，任选
电气行程	(25±1) mm，(50±1) mm，(100±1) mm，(200±1) mm，(300±1) mm
分辨率	理论上无限
绝缘电阻	>500MΩ（DC 500V）
工作温度	-55～125℃

3. 速度计

时间、位移计算方法是根据速度的定义测量速度，即通过测量距离和行走该距离的时间，然后求得平均速度。距离取的越小，则求得速度越接近运动体的瞬时速度。由此原理，可以延伸出多种测速度方法，如相关测速法和空间滤波器测速法。

（1）相关测速法　相关测速法是利用求随机过程互相关函数极值的方法来测量速度。设平稳随机过程观察的时间为 T，则它的互相关函数为

$$R_{xy}(\tau) = \frac{1}{T}\int_0^T y(t)x(t-\tau)\mathrm{d}t \tag{3-62}$$

当被测运动以速度运动时，运动体表面总有些可以测得的痕迹变化或标记。在固定的距离上装两个检测器，如图3-77a所示。A和B是用于检测痕迹变化的。转换输出信号波形如图3-77b所示。这两个信号是测量获得的物体表面变化的随机过程 。在测量条件基本相同的情况下，这两个随机信号$x(t)$，$y(t)$只是在时间上滞后t_0，即

$$y(t)=x(t-t_0)$$

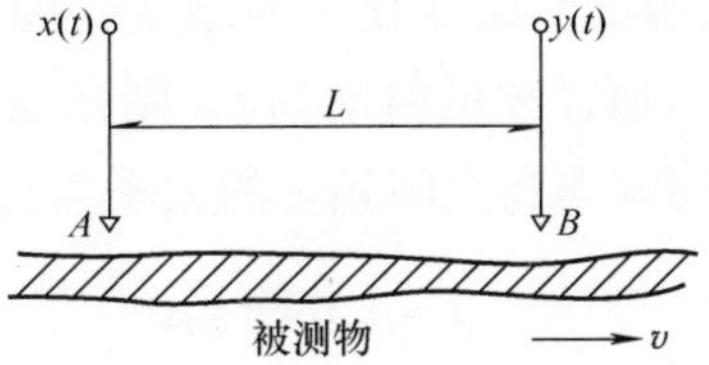

a)

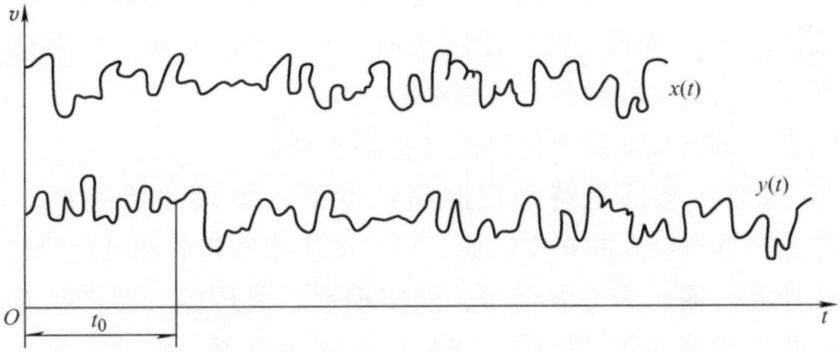

b)

图3-77　相关测速法

t_0就是物体上某点从A运动到B的时间，测量t_0后就可以求得物体运动速度v，即

$$v=\frac{L}{t_0}$$

计算t_0的方法就是利用数学上求互相关函数极值的方法。在测量足够长的时间T内，$x(t)$，$y(t)$互相关函数为

$$R_{xy}(\tau)=\lim_{T\to\infty}\frac{1}{T}\int_0^T y(t)x(t-\tau)\mathrm{d}t=\lim_{T\to\infty}\frac{1}{T}\int_0^T x(t-t_0)x(t-\tau)\mathrm{d}t=R_x(\tau-t_0) \tag{3-63}$$

它和$R_x(\tau)$比，$R_x(\tau-t_0)$相当于把自相关函数$R_x(\tau)$延时t_0的值。当$\tau=t_0$时，$R_x(\tau-t_0)$有极大值，也就是互相关函数$R_{xy}(\tau)$有极大值，此时τ就是所求的t_0值。

将$x(t)$，$y(t)$送到模拟相关分析仪中，改变滞后时间，可以得到相互关函数

随滞后时间τ变化时的图形，求得最大值时所对应时间就是 t_0，即可求得速度 v。

（2）空间滤波器测速法　空间滤波器测速法是利用可选择一定空间频率段的空间滤波器件与被测物体同步运动，然后在单位空间内测量相应的时间频率，求得运动体的运动速度。空间滤波器是能够选择一定空间频率段的器件。空间频率是指单位空间线度内物理量周期性变化的次数，它可以用图 3-77 来表示。在栅格板上刻有透明的相间狭缝，高在空间长度 L 内有 N 个等距狭缝，当栅格板移动时，光检测器件便可感受到光源的明暗变化。明暗变化的空间频率 $u=N/L$。如果栅格板的移动速度为 v，移动 L 所需要的时间为 t，则光检测器检测到的时间频率为 $f=N/t$。由于$N=u\cdot L$，时间频率和空间频率的关系为

$$f=\mu\cdot\frac{L}{t}=\mu v \tag{3-64}$$

线速度传感器是用来测量直线运动速度的传感器，它的输出电压和被测物体运动速度成线性关系，因而它被广泛用于航空、兵器、机械、仪器仪表、地质石油、核工业等部门的自动控制和自动测量。

【案例 3-7】　ZLS-C50 测速传感器（见图 3-78）

ZLS－C50 测速传感器是特别定制高精度的一款测速传感器，其精度小于 0.05%。该传感器具有极高的频率响应，可检测小模数齿轮和其他物体的转速，具有稳定的工作性能。输出为方波信号，能实现远距离传输。本产品有双路相位差信号输出，可测量物体的正、反转，能替代旋转编码器。它是非接触精密测量物体运行速度的利器。它不仅能测运行速度，还能测量运行物体左右摆动量，以及运动方向和停机状态。它不仅能测量大物体，也能测量细小物体，是目前一款性能非常优异的在线测速度传感器。

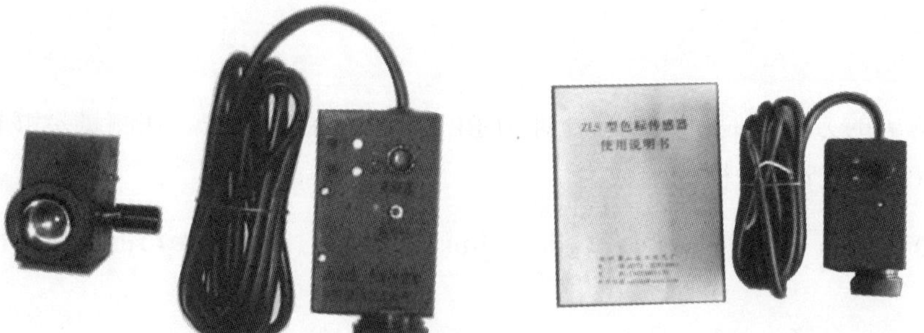

图 3-78　ZLS-C50 测速传感器

【案例 3-8】　上海某公司生产的 HZ-892 振动速度传感器（见图 3-79）

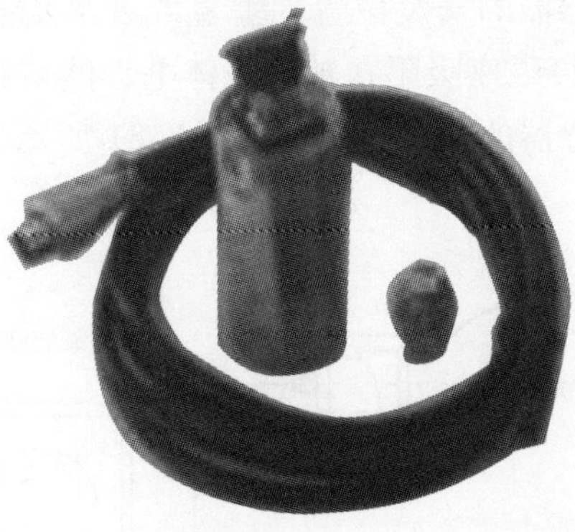

图 3-79　HZ-892 振动速度传感器

HZ-892 型振动速度传感器主要安装在各种旋转机械装置的轴承盖上（如汽轮机、压缩机、风机和泵等）。它是由运动线圈切割磁力线而输出电压的电磁式传感器，因此，具有工作时不需要供给电源、安装容易等特点。HZ-892 型振动速度传感器的技术参数见表 3-12。HZ-892 振动速度传感器外形图如图 3-80 所示。

表 3-12　HZ-892 型振动速度传感器的技术参数

灵　敏　度	20mV/(mm/s)、30mV/(mm/s)、50mV/(mm/s)
频率响应	5 ~ 1000Hz，10 ~ 1000Hz（可选）
误差	10 ~ 300Hz < 2%、300 ~ 1000Hz < 4%
自振频率	10Hz
可测振幅	≤2mm（峰-峰值）
最大加速度	10*g*
测量方向	垂直、水平两用
使用环境	温度 -40 ~ 100℃（-40 ~ 150℃特殊定做）相对湿度 ≤90%
外形尺寸/(mm × mm)	$\phi30 \times 70$
质量	约 400g

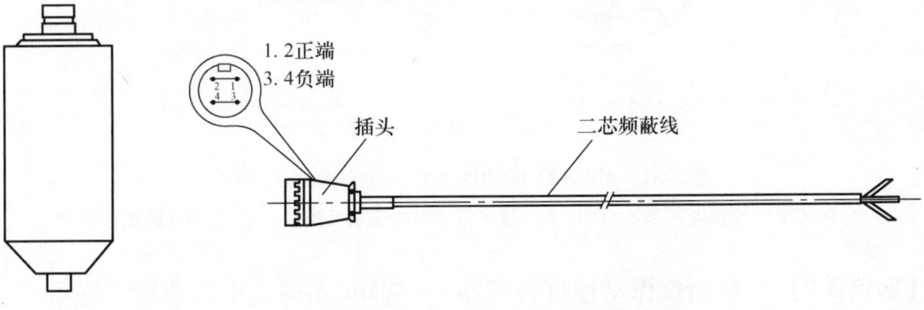

图 3-80　HZ-892 振动速度传感器外形图

HZ-892 振动速度传感器的安装位置：垂直或者水平安装于被测振动点上，以变送器底部 M8 ×1.25 螺钉磁座吸附在被测壳体上，然后将传感器拧在上面拧紧即可。HZ-892 振动速度传感器的安装与防护如图 3-81 所示。操作过程中应避免剧烈碰撞和敲打传感器。

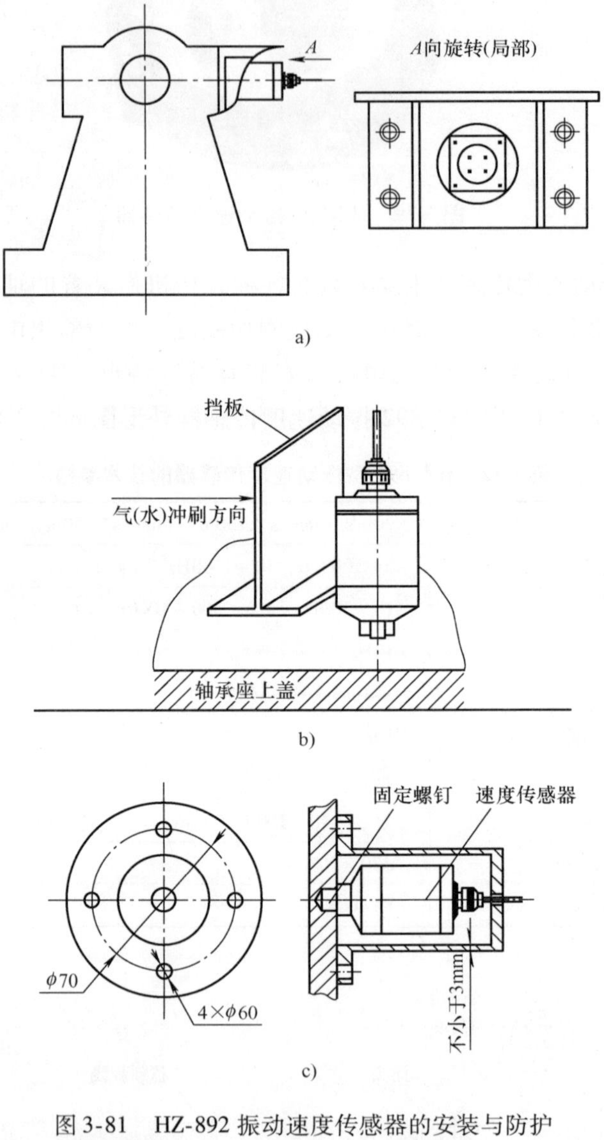

图 3-81　HZ-892 振动速度传感器的安装与防护

a）保护横向传感器挡板示意图　b）速度传感器的安装及防护　c）磁场屏蔽罩示意图

【案例 3-9】　高精度振动速度传感器——YMC 系列压电式速度传感器

YMC 系列压电式速度传感器由压电加速度计芯体、低噪声电荷放大器、精密积分器组成其结构中没有可移动部件，不会退化和磨损。它具有比磁电式速度传感器响应频率范围大、机械运动部件不易损坏、传感器质量小、动态特性优良、可长期可靠工作等优点。工作电源IEPE、单双直流电源；输出信号电压、4～20mA等；安装方式侧端、顶端；输出信号方式2芯、4芯、整体连线、铠装电缆；量程范围等均可根据要求选择。YMC系列压电式速度传感器如图3-82所示。YMC系列压电式速度传感器的技术参数见表3-13。

图3-82　YMC系列压电式速度传感器

表3-13　YMC系列压电式速度传感器的技术参数

型号YMC	供电方式	输出信号	量　程	频率范围
311V系列	IEPE	电压	0～12.7mm/s 0～25.4mm/s 0～50.8mm/s可选	3～2000Hz
312V系列	DC（12～30）V	4～20mA		3～2000Hz
313V系列	DC（6～15）V	电压		3～2000Hz

【案例3-10】　高精度振动速度传感器——321V系列磁电式速度传感器

321V系列磁电式速度传感器是一种机械能-电能变换型传感器。它不需外部供电电源、电路简单、信号稳定、输出阻抗小，适合振动、转速、扭矩等测量；分水平（后缀H）与垂直（后缀V）两种测试方向。321V系列磁电式速度传感器如图3-83所示。321V系列磁电式速度传感器的技术参数见表3-14。

图3-83　321V系列磁电式速度传感器

表3-14　321V系列磁电式速度传感器的技术参数

项目＼型号	321V10	322V10	
		位移型	速度型
灵敏度/[mV/(mm/s)]	20	8	50
量程/(mm/s)	100	1	10
频率范围/Hz	5～1000	0.5～600	0.5～600
输出/mA	4～20		

【案例3-11】　振动速度传感器

HCZD-102振动速度传感器与HCZD-201振动监控仪或HZ-201A振动烈度监控仪配接后，可以测量各种位移、速度等。由滚动轴承支承的转子，其振动传到轴承盖上，安装在轴承盖上的HCZD-102振动速度传感器，由内部运动线圈切割磁力线而输出电压，提供信号输送给监测仪表，用来对机械故障进行预测和报警。HCZD-102振动速度传感器如图 3-84 所示。HCZD-102 振动速度传感器的技术参数见表 3-15。

图 3-84 HCZD-102 振动速度传感器

表 3-15 HCZD-102 振动速度传感器的技术参数

灵 敏 度	20～50mV/（mm/s）±1%（根据用户调整）
频率响应（可选）	5～100 Hz，10～500 Hz，10～1000 Hz
固有频率	约 10Hz
振幅极限	2mm（峰-峰值）
最大加速度	10g
安装方式	垂直；水平；垂直、水平两用型
温度范围	-30～120℃
相对湿度	至 95% 不冷凝
外形尺寸/（mm×mm）	ϕ35×78
质量	约 350g
安装螺纹	M10×1.5

4. 动力采集设备（数采仪）

数采仪，全称为数据采集传输仪，主要应用于环境在线监测系统现场端。数采仪主要实现采集、存储各种类型监测仪器仪表的数据、并能完成与上位机数据传输功能的数据终端单元，具备单独的数据处理功能。

数据采集传输仪是现场仪表与上位机系统的连接仪器。数据采集传输仪通过数字通道、模拟通道、开关量通道采集监测仪表的监测数据、状态等信息，然后通过传输网络将数据、状态传输至上位机；上位机通过传输网络发送控制命令，数据采集传输仪根据命令控制监测仪表工作。在整个环境在线监测系统中，上位机是在线监测系统软件平台的统称，下位机则是现场仪器仪表的统称，包括仪表供应商提供的具有计算处理能力的工业控制计算机。

（1）管理归一化 数据采集传输仪是污染源在线监测系统必备组件，其主要作用是管理归一化。仪表厂商只对分析数据的准确性负责，而众多的仪表都有各自的数据传输方式，这样就造成了数据接口不一致，导致管理混乱。数据采集传输仪的作用就能解决这一混乱局面。前端仪器与上位机采用数据采集传输仪连接后，符合国家标准的“现场仪表＋数采仪”模式，就很好地实现了归一化的管理。

（2）运维规范化　数据采集传输仪是实现运维规范化的保证。在线监测监控系统建设完成后，系统运行维护和管理是确保系统正常运行的关键所在，只有首先实现数据传输的稳定性，才能逐步提高在线监测数据的准确率，最终达到监测数据作为环境管理依据的目标。所以，使用稳定的数据采集传输仪，就可实现运维工作程式化、规范化，以提高系统维护、应急处理的效率。

（3）传输标准化　数据采集传输仪实现了数据传输的标准化。在线监测系统上位机使用的是一套公用软件平台，前端则是独立站房、独立采集系统。现场系统中的数据传输共涉及两个部分，与上位机系统通信、与现场仪表（或现场机）通信。当前，所有上位机监控平台供应商均采用了HJ/T212—2005《污染源在线自动监控（监测）系统数据传输标准》协议与现场机进行通信。由于现场仪表通信种类繁多，输出信号也不尽相同。数据采集传输仪兼容这些通信方式，将仪表输出信号或数据进行标准化数据处理，使得不同种类的仪表与各个数据监控平台都可以实现“透明传输”。目前市场所存在的烟气系统大都自带工控机，部分厂家的水质仪器系统也带工控机。但工控机仅作为仪器端的一部分，也需要数据采集传输仪实现标准化数据传输。

思　考　题

3-1　简述传感器的定义和组成。

3-2　传感器的静态特性的主要技术参数指标有哪些？

3-3　简述钢弦式传感器的工作原理。

3-4　简述光纤传感器的工作原理。

3-5　动力测试的物理量有哪些？

3-6　常用的位移测试传感器有哪些？并说明运营的铁路中哪一类位移传感器更适宜？

第4章　监测资料的整理分析和反馈

【学习要点】

了解监测资料数据处理步骤；理解监测资料的基本内容和方法；了解监测数据的初步处理和判别；理解监测方法处理的常用方法。

4.1　概述

资料整理分析和反馈是路基工程稳定性监测工作中必不可少、不可分割的组成部分，也是满足诊断、预测、反馈和研究四方面需求，进行稳定性监控、指导施工和改进设计方法的一个重要和关键性环节，在路基工程的施工、运行等不同阶段都将发挥重要作用。

由于路基工程自身的特殊性和复杂性，在一般情况下，直接采用稳定性监测原始数据对路基的变形和稳定状态进行评估和反馈是困难的。因此，为了实现路基工程稳定性监测的设计目的，一般需要结合不同地段路基工程的变形和稳定性在不同时段的不同特点和要求，分别选用不同的手段和方法，认真做好监测资料整理分析、预报和反馈中的下列各项工作：

1）对监测数据和资料的整理、分析和解释。

2）对路基工程的变形和稳定状态进行评估、预测和预报，以确保施工、运行安全，预防避免各种失稳安全事故，或力争将可能发生事故的损失降低到最小限度。

3）依据监测资料的整理分析和稳定性评估，反馈指导设计、施工和运行方案的修改和优化。

4）校验设计理论、物理力学模型和分析方法，为改进路基工程的设计施工方法和运行管理提供科学依据。

监测资料整理分析和反馈工作是路基工程的迫切需求。近年来，国内外许多路基工程在监测资料整理分析和反馈方面做了大量工作，取得了丰富的成果，积累了宝贵的经验。例如，在京津城际软土路基工程、青藏铁路冻土路基工程、尹中高速公路饱和黄土路基工程、海南环岛东线软土路基工程等工程的变形和稳定性监测中，监测资料整理分析和反馈在确保工程安全、避免恶性塌方或滑坡事故，指导施工设计及运行方面发挥了重要作用，取得了显著的经济效益和社会效益。

但是，在路基工程安全监测工作中，重硬件（仪器及埋设），轻软件（资料整理分析和反馈），仍然是普遍存在的一种错误倾向。一些工程中，不惜代价引进、埋设了大量的先进监测仪器，却只满足于对监测资料进行常规的初步整理，甚至将极其宝贵的监测资料束之高阁，长期不做整理分析，这种状况是极其危险的。

为了提高路基工程安全监测工作的质量和水平，必须充分认识监测资料的整理分析和反馈工作的意义和价值，采取合理的技术路线和手段方法，才能使其在工程中发挥应有的作用。

1. 资料整理分析和反馈技术的发展

路基工程变形、稳定性监测及资料整理分析工作随着铁路工程建设的发展逐步发展起来。其中最早期的监测及资料整理分析是与设计方法的验证和改进相关联的。路基工程变形及稳定性监测的直接工程目的之一就是安全预报和监控，这一工程需求促进了统计回归方法，以及后来的统计性和确定性模型在监测资料整理分析中的应用和发展。

路基工程安全监测资料整理分析的发展也是与资料整理分析手段的进步特别是计算机的发展应用密切相关的。目前在我国，计算机已经在工程中普遍采用。在用计算机开展监测资料整理分析的路基工程中，基本上都采用了数据库技术，其中不少工程应用统计回归方法和统计性模型，部分工程目前已配备了针对该工程特点研制的确定性模型和混合性模型。有限元方法、反分析方法，块体理论、模糊数学、灰色系统、人工智能、专家系统等先进的决策分析技术，已开始在路基工程监测资料整理分析中应用。由于计算机的应用，路基工程监测资料整理分析反馈工作近年来发展很快，主要表现在：

1）计算机技术在监测资料整理分析中的应用。

2）统计分析、有限元法、模糊数学、灰色系统理论、神经元网络模型等技术在路基工程变形和稳定性预测预报和运行监控方面的应用和发展。

3）监测数据自动采集、资料整理分析、安全监控等方面专用软件系统，特别是将数据库理论、系统工程理论、方法库和专家知识结合为一体的针对边坡等类工程的安全监测反馈系统在工程安全监测中的开发和实际应用。

2. 监测资料整理分析反馈基本内容和方法

路基工程监测资料整理分析反馈的方法和内容，通常包括监测资料的搜集、整理、分析、反馈及评判决策五个方面：

1）搜集。监测数据的采集、与之相关的其他资料的搜集、记录、存储、传输和表示等。

2）整理。原始观测数据的检验、物理量计算、填表制图、异常值的识别剔除、初步分析和整编等。

3）分析。通常采用比较法、作图法、特征值统计法和各种数学物理模型法，分析各监测物理量量值大小、变化规律、发展趋势、各种原因量和效应量的相关关系和相关程度，以便对路基工程的变形和稳定状态以及应采取的技术措施进行评估决策。其中，数学物理模型法有统计学模型、确定性模型、混合性模型，还有最近发展起来的模糊数学模型、灰色系统理论模型。在确定性和混合性模型中，通常要配合采用反分析方法进行物理力学模式的识别和有关参数的反演。

4）变形和稳定性预报和反馈。应用监测资料整理和反分析的成果，选用适宜的分析理论、模型和方法，分析解决路基工程面临的实际问题，重点是路基稳定状态的分析和变形量的评估、预报，补充加固措施和对设计、施工及运行方案的优化，实现对路基工程系统的反馈控制。

5）综合评判和决策。应用系统工程理论方法，综合利用所搜集的各种信息资料，在各单项监测成果的整理、分析和反馈的基础上，采用有关决策理论和方法（如风险性决策等），对各项资料和成果进行综合比较和推理分析，评判路基工程的安全状态，制定防范措施和处理方案。综合评判和决策是反馈工作的深入和扩展。

对于不同地段的路基工程和监测的不同时段，由于监测资料整理分析反馈的目的、要求和实施条件的不同，所依据的原理和原则也不完全一致，整理分析反馈的方法和内容存在相当大差别，主要表现在工作范围、基本内容、整理分析反馈的方法等方面。

在路基工程监测资料整理分析反馈中，必须充分考虑不同类别路基工程和不同监测时段的具体特点，因地制宜，灵活掌握。首先应遵照本类工程有关规程规范的具体要求，在规程规范难以满足工程需求的特定工程条件下，可以参照相近其他类别工程规程规范或操作方法，但不宜机械照搬。

3. 监测资料整理分析反馈的原则要求

（1）认真重视　监测资料分析反馈是路基工程安全监测工作的重要组成部分，必须充分重视。要将其纳入整体变形和稳定性监测计划，配置必需的软硬件设备，选用合格称职的技术人员，认真执行有关规程规范和技术要求，遵照全面质量管理的原则精神，把该项工作做细做好。

（2）及时性　路基工程对监测资料整理分析反馈的要求是紧迫的，在路基工程施工期、雨季及边坡滑坡前夕，对监测资料分析反馈成果的要求在时间上是按小时计算的，任何延误都可能造成灾难性后果。即使在其他正常时段，观测资料的校核、整理和初步分析也必须当日完成。及时性是路基工程监测资料整理分析和反馈的一个基本原则。

每次观测后应立即对原始数据进行检查校核和整理，并及时做出初步分析。监测资料整理分析的日常工作，要坚持经常，不得拖延，更不能长期积压。同时，无论在工程的任何阶段，只要发现监测资料有异常现象或确认有异常值，应立即向主管部门报告。

（3）可靠性　监测资料整理分析反馈必须以保证数据成果的准确可靠为基本前提，为此要求：

1）原始资料在现场校核检验后，不得进行任何修改。粗差的辨识和剔除必须稳妥慎重，严格按有关规定要求进行。经整理和整编后的监测资料和数据库也不应修改。

2）所引用的分析方法应做到基本理论正确，方法步骤合理，经过实际工程验证，并得到同行认可。

3）所采用的计算机程序一般应通过鉴定，并得到同行公认，经过若干工程使用考验；如需应用新分析方法和计算机程序，则必须对其原理、步骤、做法进行严格考核和论证，并通过工程实例认真校核，考核通过后方可实际应用。

4）监测资料整理分析的数据、资料、成果和报告等必须按全面质量管理的要求，认真执行验收校审制度，并应及时整理归档。

（4）实用性　监测资料整理分析和反馈应以解决工程实际问题为基本目的，不片面强调理论、模型和方法的先进完善。成果报告的内容应以满足有关路基工程规范要求，回答解决工程面临的安全问题为限，不要求做更广泛的商榷探讨。

（5）全面分析、综合评估　监测数据和相关资料的搜集要尽可能充实完整，对各种监测资料成果应认真进行对比研究，并宜采用多种分析方法做出分析比较和印证，以克服单项成果和单一方法的片面和不足。

4.2　监测资料的搜集和整理

监测资料搜集和整理是分析反馈的基础，它的主要内容包括：①监测有关资料的搜集和表示；②原始观测资料的检验和误差分析；③监测物理量的计算；④填表和绘图；⑤监测数据的平差、光滑、补差等处理；⑥初步分析和异常值的判识。以上六方面工作一般情况下可依次进行，必要时允许适当交叉，有时还需反复循环操作多次。

在监测资料整理过程中，必须坚持的原则是：

1）除当日在现场遇有特殊情况重测，并履行必要手续的修正外，对原始观测数据和数据库不得进行任何修改。

2）监测资料整理中的数据检验和处理是在原始观测数据和数据库的复制件上

操作的，整理工作完成后形成整理整编数据和数据库，它们也不得进行任何修改。

3）为了以后分析和反馈的需要，有时仍需对整理整编数据进行必要的处理，如统计回归和时序分析要求的光滑和等时间间隔等，也需在整编数据和数据库的复制件中进行，并另行建立文件存储。

1. 监测资料的搜集和表示

（1）所搜集资料的内容范围　监测资料的搜集包括观测数据的采集、其他相关资料搜集两部分。按有关规程规范的频次和技术要求进行的观测数据采集记录是资料搜集的一项基本内容，这是不言而喻的。另外，监测资料整理分析反馈还要采用或参考其他相关数据、记录、文件、图表等信息资料。一般情况下，监测资料的搜集主要包括以下几方面内容：

1）详细的监测数据记录、观测的环境说明，与观测同步的气象、水文等环境资料及水位等资料。

2）监测仪器设备及安装的考证资料。监测设备的考证表、监测系统设计、施工详图、加工图、设计说明书、仪器规格和数量、仪器安装埋设记录、仪器检验和电缆连接记录、竣工图、仪器说明书及出厂证明书、观测设备的损坏和改装情况、仪器率定资料等。

3）监测仪器附近的施工资料。路基的填筑方法和过程、碾压过程及其他有关资料。

4）监测工程有关的设计资料。如设计图样、参数、计算书、计算成果、施工组织设计、地质勘测及详查的资料报告和技术文件等。

5）设计、计算分析、模型试验、前期监测工作提出的成果报告、技术警戒值（范围）、稳定性判据及其他技术指标和文件资料。

6）有关的工程类比资料、规程规范及有关文件等。

（2）对监测资料搜集的原则要求　监测资料搜集主要包括资料的采集、搜集、记录、誊写、采用计算机整理分析的录入、存储、向工作站或资料整理分析中心的传输通信等项作业。

1）监测资料的搜集必须做到及时准确，并应尽可能全面、完整。

2）资料的录入、誊写、传输、拷贝等项作业应按全面质量管理的要求，做好校核检验工作，切实保证资料的准确可靠，严防数据资料的损坏、失误或丢失。

3）监测资料的存储和表示方法要力求简洁、清晰、直观，尽可能采用图表。采取的存储形式便于保管、归档和查询。目录尽可能通用规范。要保证资料的完整安全，避免丢失、损坏。在可能条件下，各种资料都应有备份。

（3）监测资料的存储和表示方法　监测资料存储和表示方法有表格、绘图、文件、计算机数据库和录音录像等多种形式。对表格、绘图和文件形式存储表示的资料的具体要求详见“绘图制表和文字报告”一节内容；对计算机数据库形式存储监测资料的要求详见“监测数据处理”一节内容；以录音录像形式存储的监测相关资料也应做好登录、归档和保管，使之便于查询应用，在监测资料分析反馈中发挥应有的作用。

2. 原始观测资料的检验和处理

由于来自人员、仪器设备和各种外界条件（如大气折射影响）等原因，各种效应量的原始观测值不可避免地存在着误差。因此，在监测资料整理分析过程中，首先应对原始观测资料进行可靠性检验和误差分析，评判原始观测资料的可靠性，分析误差的大小、来源和类型，以采取合理的方法对其进行处理和修正。

如检验和分析发现当日当次原始观测数据存在粗差，则在可能的条件下应立即重测，并可在履行必要审批手续后修改原始观测数据。如查明原始观测数据存在其他形式误差，或当日当次观测已无法补测，则应对其做详细记录，并在监测资料整理整编过程中进行修正，以形成整理整编数据和数据库。

（1）原始观测数据的可靠性检验　可靠性检验的主要内容是采用逻辑分析方法，进行下列检验：

1）作业方法是否符合规定。

2）观测仪器性能是否稳定、正常。

3）各项测量数据物理意义是否合理，是否超过实际物理限值和仪器限值，检验结果是否在有限差以内。

4）是否符合一致性、相关性、连续性、对称性等原则。

连续性是指在荷载环境和其他外界条件未发生突变的情况下，各种观测资料也应连续变化，不产生跳动。

一致性是指从时间概念出发来分析连续积累的资料在变化趋势上是否具有一致性，即分析：①任一点本次测值与前一次（或前几次）观测值的变化关系；②本次测值与某相应原因量之间关系和前几次情况是否一致；③本次测值与前一次测值的差值是否与原因量变化相适应。一致性和连续性分析的主要手段是绘制“时间—效应量”过程线，“时间—原因量”过程线，以及原因量与效应量的相关图。

相关性是从空间概念出发来检查一些有内在物理意义联系的效应量之间的相关关系，即分析原始测值变化与建筑物及基础的特点是否相适应，即：①将某测点某一效应量本测次的原始实测值与同一部位（或条件基本一致的邻近部位）的前、后、左、右、上、下邻近部位各测点的本测次同类效应量或有关效应量的相应原始实测值进行比较；②将各种不同方法量测的同一效应量进行比较，视其是否符合物理力学关系。相关性分析的主要手段是绘制不同监测项目间或不同部位测点间“效应量—效应量”相关关系图。

（2）误差分析和处理　观测数据误差有过失误差、偶然误差、系统误差三种：

1）过失误差。它是一种错误数据，一般是观测人员过失引起的，如：①读数和记录的错误；②将数据输入计算机时把数据输错等引起的错误；③将仪器编号弄错所引起的错误。这种误差往往在数据上反映出很大的异常，甚至与物理意义明显相悖。在资料整理时（在相应过程线和其他图表中）比较容易发现。遇到这种误差时，可直接将其剔除掉，再根据历史和相邻资料进行补差。

2）偶然误差（又称随机误差）。它是由于人为不易控制的互相独立的偶然因素作用而引起的。例如：①观测电缆头不清洁；②电桥指针不对零；③观测接线时接头松紧不一等。

这种误差是随机性的，客观上难以避免，在整体上服从正态分布规律，可采用常规误差分析理论进行分析处理。

3）系统误差。它与偶然误差相反，是由观测系统的变化所引起的误差。所谓母体变化就是观测条件的变化，系由于仪器结构和环境所造成的。这种误差通常为一常数或为按一定规则变化的量，也有不规则变化的量。明显的特点是它使得测值总是向一个方向偏离，如总是偏大或偏小。一般可以通过校正仪器消除之。在校正时，应该在校正前后各观测一次取得数据，记录校正前后测值大小的差值，并利用这个差值修改校正以前的数据。

系统误差检测的数学方法比较复杂，有剩余误差观察法、剩余误差校核法、计算数据比较法和 μ 检验等（有兴趣的读者可参考专门文献）。

系统误差产生的原因很多，有来自人员、仪器、环境、观测方法等多方面，如：①电缆增长和剪短以及施工时砸断重新连接；②观测读数仪表调换引起的误差；③仪器质量引起的观测误差，如仪器内部绕线瓷框的松动，使测值突变，有时电阻比变化（300～400）×0.01%，仪器虽能观测，但仪器测值可信度值得怀疑，还有仪器进水，使绝缘度降低引起测值变化，仪器质量引起误差，应根据具体情况分析处理。

（3）粗差的判识和处理　所谓粗差是指粗大误差，通常来自过失误差或偶然误差。粗差处理的关键在于粗差的识别，粗差的识别和剔除可以采用人工判断和统计分析两种方法。

1）人工判断法。人工判断是通过与历史的或相邻的观测数据相比较，或通过所测数据的物理意义判断数据的合理性。为能够在观测现场完成人工判断的工作，应该把以前的观测数据（至少是部分数据）带到现场，做到观测现场随时校核、计算观测数据。在利用计算机处理时，计算机管理软件应提供对所有观测仪器上次观测数据的一览表，以便在进行观测资料的人工采集时有所参照。也可在观测原始记录表中列出上次观测时间和数据栏，其内容可以由计算机自动给出。

人工判断的另一主要方法是作图法，即通过绘制观测数据过程线或监控模型拟合曲线，以确定哪些是可能粗差点。人工判别后，再引入包络线或3σ法判识。

2）包络线法。将监测物理量f分解为各原因量（水压、温度、时效等）分效应$f(h)$、$f(T)$、$f(t)$ 等之和，用实测或预估方法确定各原因量分效应的极大、极小值，即可得监测物理量f的包络线

$$M_{ax}(f)=M_{ax}(f(h))+M_{ax}(f(T))+M_{ax}(f(t))+\cdots \tag{4-1}$$

$$M_{in}(f)=M_{in}(f(h))+M_{in}(f(T))+M_{in}(f(t))+\cdots \tag{4-2}$$

3）统计分析法

A）“3σ”法。设进行了n次观测，所得到的第i次测值为U_i（$i=1, 2, 3, \cdots$），连续三次观测的测值分别为U_{i-1}，U_i，U_{i+1}（$i=2, 3, \cdots, n-1$），第i次观测的跳动特征定义为

$$d_i=|2\times U_i-(U_{i-1}+U_{i+1})| \tag{4-3}$$

跳动特征的算术平均值为

$$\bar{d}=\frac{\sum_{i=2}^{n-1} d_i}{(n-2)} \tag{4-4}$$

跳动特征的均方差为

$$\sigma=\sqrt{\sum_{i=2}^{n-1}\frac{(d_i-\bar{d})^2}{(n-3)}} \tag{4-5}$$

相对差值为

$$q_i=\frac{|d_i-\bar{d}|}{\sigma} \tag{4-6}$$

如果$q_i>3$就可以认为它是异常值，可以舍去。可以用插值方法得到它的替代值。

B）统计回归法。把以往的观测数据利用合理的回归方程进行统计回归计算，如果某一个测值离差为2～3倍标准差，就认为该测值误差过大，因而可以舍弃，并利用回归计算结果代替这个测值。

3. 绘图、制表和文字报告

（1）绘图　在数据整理这一阶段，需绘制的曲线一般有三大类：过程线，分布线和相关线。它们分别表征物理量随时间的变化情况，物理量在空间（线、面和立体）的分布情况以及各物理量之间的相互关系。

1）过程线。过程线是物理量与时间的关系，通常以时间为水平坐标，以物理量（如位移、应变等）为纵坐标。

为了了解更多的信息，在不妨碍清晰的前提下，应该尽可能把有关的物理量的过程线放在同一图中，有时还要把影响所绘物理量变化的其他物理量也用相同的时间尺度绘在这个图的上方或下方，以便比较研究。常见的影响因素有：温度(气温，地温等)，降水，施工加载，开挖进尺，地下水位等。例如，在绘制土压力过程线时，若同时绘制路基填筑的过程线，就可以显示出路基填筑对土压力的影响。

在绘制直接观测值的过程线的同时，也应该同时绘制一些有实际意义的导出量的过程线。例如，有效土压力，多点位移计的相对位移（收敛）以及位移应变等的变化速率等。

2）分布（线）图。最常见的分布图是物理量沿某一特定方向（线）的分布线。例如，钻孔深度方向位移和变形的分布，边坡水平位移沿测斜孔深度的分布等。

分布图中表示测点位置的坐标轴，可以根据需要水平或垂直放置。

物理量在某一特征断面上的分布情况可以用三维立体图（曲面）表示，也可以根据情况利用等值线、投影分量或向量来表示。

分布线图中的一条曲线只能表示在一次观测中不同测点数据的分布情况，为了进行比较，经常把不同时间的测值分布线绘在同一个图中。一般应选择有代表性的时间变化的起点和终点，并在各条线上标注观测时间。这样，就可以比较清晰地看到分布线的形状随时间或其他影响因素的变化情况。

3）相关图。相关线图分为散点相关图和相关线两种，相关图中一般以两个有关的物理量为纵横坐标。对于不同的相关关系，坐标可以是等距的也可以是不等距的（如对数或其他形式）。绘制相关线时应注意尽可能选择自变量单调变化，或变化不太频繁的区间来绘制。为表明两个物理量的关系，还可以考虑把表征两者相互关系的回归曲线同时绘制在一个图上。

各种曲线的实例可参见本章后续各节。

(2) 制表　通过表格可以把数据分类系统地组织在一起，便于阅读和比较。报表可分为定期和不定期两种。定期的报表一般按月、季和年提交。不定期报表一般在施工或运行的重要时期前后或作为文字报告的一部分提交。

监测中经常使用的有以下三种类型的报表：

1）监测仪器、测点情况表。包括仪器的数量、类型、布置情况、运行情况和基本参数的变更情况。如果在观测的过程中又新增加了测点和仪器，则还要提供新测点的详细竣工报告。

2）监测作业情况表。包括观测的频度，以及人工巡视的情况报告。

3）监测数据报表。表中应含有：工程名称和部位，仪器名称、类型、编号，观测时间，初始参数和仪器参数，计算公式或方法，观测、记录、校核、计算的人员姓名，原始数据，计算结果。

另外，根据观测仪器的不同，可能还需要在表中列出各种有关的影响因素。例如温度、水位、荷载变化、地震情况等。

目前对于各种仪器的原始观测记录表，尚无统一的规范。可根据观测的具体情况自行设计。设计时，除注意内容的逻辑性和完整性以外，在形式上也应注意简洁美观。在有计算机处理条件的单位，原始观测数据记录表应按容易进行计算机管理的格式设计。以避免手工处理和计算机的报表脱节。

图表的主要作用有两个：一是提供给管理单位分析使用；二是供监测人员进行离线分析，包括为分析人员进行经验检查提供多种手段和途径，如对监测量变化的连续性、相关性、一致性、对称性等方面检查的经验分析等。

（3）文字报告　文字报告或简报是在一定阶段中提交的比较详细的文字材料。其中不要求提供所有的观测数据、计算数据以及观测的详细情况，但应该有比较详细的分析、评价、建议和结论。报告可以包含如下方面：

1）工程概况。包括工程的基本情况，在所提交报告覆盖的时段内工程的施工或运行情况，以及在该时段内相关影响因素的变化情况。

2）测点情况。说明测点的布置，仪器型号、用途以及仪器的工作状态。

3）数据整理，说明数据整理中采用的公式和方法，整理中出现的问题和处理方法，包括漏测值的补充、数据处理方法以及误差估计，使读者便于了解所用于分析的数据的精度和可靠性。

4）测值变化规律与特征。以数据的形式给出观测数据的特征值，例如，最大、最小值变化率等。以图形和表格方式给出对变化过程和趋势的直观描述。对特征值和变化过程中的特殊点、特殊线段做出合理的解释。变化率加快以及发生突变等情况要特别给予分析说明。

5）简单的计算分析结果。

6）发展趋势与预测。利用统计分析、灰色系统理论等数学方法预测。尤其要指出测值的收敛性，以及最终的收敛值。

7）比较与判别。利用规范、标准中的判据以及行之有效的经验判据，对原型观测结果所反映出的工程情况进行判断。与其他同类工程进行类比，与设计要求进行比较，有条件时还可以与有限元和边界元等数学方法的计算结果进行比较。

8）评价与建议。根据对监测数据的分析结果，对工程的运行状态给出评价（评价的方法可参考本章后续各节）和结论，对当前监测及资料管理工作中存在的问题提出改进意见和建议。

根据报告的性质及具体情况，对以上内容可酌情有所增删。

4. 监测数据的处理

对监测数据的处理主要是指对原始观测数据的复制件的处理，包括误差的修改、缺值的补差、平差、平滑和修匀等。处理工作不得直接对原始观测数据进行。每次处理必须做相应记录，最后形成整理整编数据或数据库。本节所述的方法如补插、平滑、修改等，也可对整理或整编数据库复制件进行，以满足制图、时序分析、统计分析等需要，这时的处理方法是否记录要根据具体情况确定。

（1）观测数据的平差　由于观测结果不可避免地存在着随机误差，在实际观测时，通常要进行多余观测（即使观测值的个数多于未知量的个数）。对这一系列带有随机误差的观测值，采用合理的方法来消除它们之间的不符值，求出未知量的最可靠值（称为最或然值），并评定测量结果的精度。这就是观测数据的平差。

对观测数据进行平差的方法很多，当观测数据相互独立时，可采用直接平差法，否则可采用条件平差或两组平差、间接平差、矩阵平差等方法。

1）条件方程式的建立。设有 r 个多余观测，共 n 个观测值，欲平差求出的观测值改正数为 V_1，V_2，…，V_n。则由 r 个多余观测，可建立联系改正数 V_1，V_2，…，V_n 的 r 个条件方程

$$\left.\begin{array}{c}a_1V_1+a_2V_2+\cdots+a_nV_n+\omega_1=0\\ b_1V_1+b_2V_2+\cdots+b_nV_n+\omega_2=0\\ \cdots\cdots\\ r_1V_1+r_2V_2+\cdots+r_aV_a+\omega_r=0\end{array}\right\}\tag{4-7}$$

其中 ω_1，ω_2，…，ω_r 为利用多余观测条件所求出的 r 个不符值。

一般情况下，改正数 V_1，V_2，…，V_n 的条件方程本身就是线性的。如若不然，则需用泰勒公式将其线性化。

2）改正数方程组。平差的原则是只采用唯一一组改正值消除不符值，并使误差函数 f 最小，即

$$f=[PVV]=P_1V_1V_1+P_2V_2V_2+\cdots+P_nV_nV_n=\mathrm{Min}\tag{4-8}$$

式中　P_1，P_2，…，P_n——观测值（L_1），（L_2），…，（L_n）的权。

平差计算实际上是求出满足条件方程式的误差函数极值问题。按最小二乘原理求最或然值方法，对每一条件方程式乘以一个拉格朗日乘子 K_i（也称联系数），$i=1$，2，…，r，然后建立新的误差函数 ϕ

$$\phi=[PVV]-\sum_{i=1}^{r}2K_i(A_{i1}V_1+A_{i2}V_2+\cdots+A_{in}V_n+\omega_i)\tag{4-9}$$

对 ϕ 依次对 V_i 求偏导数，并令其等于零，求得改正数方程组

$$\left.\begin{aligned} V_1 &= a_{11}K_1 + a_{12}K_2 + \cdots + a_{1r}K_r \\ V_2 &= a_{21}K_1 + a_{22}K_2 + \cdots + a_{2r}K_r \\ &\cdots\cdots \\ V_n &= a_{n1}K_1 + a_{n2}K_2 + \cdots + a_{nr}K_r \end{aligned}\right\} \tag{4-10}$$

3）联系数法方程组。将改正数方程组代入条件方程组（4-7）中，消去 V_1，V_2，…，V_n，即可求得以联系数 K_1，K_2，…，K_r 为未知量的（线性）法方程组

$$\left.\begin{aligned} b_{11}K_1 + b_{12}K_2 + \cdots + b_{1r}K_r + \omega_1 &= 0 \\ b_{21}K_1 + b_{22}K_2 + \cdots + b_{2r}K_r + \omega_2 &= 0 \\ &\cdots\cdots \\ b_{r1}K_1 + b_{r2}K_2 + \cdots + b_{rr}K_r + \omega_r &= 0 \end{aligned}\right\} \tag{4-11}$$

法方程组的解算一般采用消元法，为便于校核，手算时常采用高斯—杜力特简化格式。

4）平差计算和精度评定。求得联系数 K_i，$i=1，2，\cdots，r$ 后，即可由式（4-10）和式（4-11）求得改正数 V_i 和平差值 $(L_i)+V_i$，$i=1，2，\cdots，n$。

平差精度评定要由误差函数 $[PVV]$ 给出。

观测值中误差

$$m = \pm\sqrt{\frac{[PVV]}{r}} \tag{4-12}$$

观测值中误差以及工作基点的计算等均可由以上成果计算导出。

（2）监测数据的补插　如果因某种原因出现漏测，或由于剔除了粗差而缺少某次观测测值时，需要补充上合理的值，这就是观测资料的补插。补插一般采用多项式插值、样条函数插值等数学插值方法。

1）全段拉格朗日一次插值法。设距待插值测点最近的两个测点为：(X_1, Y_1)，(X_2, Y_2)，则横坐标的插补点 (X, Y) 的 Y 坐标为

$$Y = \frac{X - X_2}{X_1 - X_2}Y_1 + \frac{X - X_1}{X_1 - X_2}Y_2 \tag{4-13}$$

2）全段拉格朗日二次插值法。设距待插值测点最近的三个测点为：(X_1, Y_1)，(X_2, Y_2)，(X_3, Y_3)，则插补点 (X, Y) 的 Y 坐标

$$Y = \frac{(X - X_2)(X - X_3)}{(X_1 - X_2)(X_1 - X_3)}Y_1 + \frac{(X - X_1)(X - X_3)}{(X_2 - X_1)(X_2 - X_3)}Y_2 + \frac{(X - X_1)(X - X_2)}{(X_3 - X_1)(X_3 - X_2)}Y_3 \tag{4-14}$$

这里的 X 通常为时间，Y 通常为观测值。在 $X_1 < X < X_2$ 为内插，通常用于插补多次观测之间的测值。在 $X < X_1$ 或 $X_2 < X$ 时为外插。

（3）监测数据的修匀　如果观测数据受偶然因素影响较大，起伏不定，则可以通过对这组数据的修匀，消除偶然因素的影响，把未知量真实的变化规律展现出来。修匀的方法很多，最常用的为三点移动平均法。

当相邻三个测点的测值分别为

$$(X_{i-1},\ Y_{i-1}),\ (X_i,\ Y_i),\ (X_{i+1},\ Y_{i+1})$$

则中央一个测点的修匀值为

$$\left\{\frac{(X_{i-1}+X_i+X_{i+1})}{3},\ \frac{(Y_{i-1}+Y_i+Y_{i+1})}{3}\right\}$$

而起点（$i=1$）和终点（$i=n$）的修匀值则分别为

$$\left(X_1,\ \frac{2Y_1}{3}+\frac{Y_2}{3}\right)$$

$$\left(X_n,\ \frac{2Y_n}{3}+\frac{Y_{n-1}}{3}\right)$$

在计算机处理时，建议剔除粗差的数据作为基本数据（整编资料）保留，修匀只在必要时进行（如绘图或进行计算时）。修匀后的数据不一定都要保留，如果要保留的话，也应与未修匀的数据分开存放。

5. 初步分析和异常值判识

在监测资料整理中，应根据所绘制图表和有关资料，及时进行初步分析。分析各监测量的变化规律和趋势，判断有无异常值。

初步分析的重点是异常值的判识，如监测数据出现以下情况之一，可视为异常：

1）变化趋势突然加剧或变缓，或发生逆转，如从正向增长变为负增长，而从已知原因变化不能做出解释。

2）出现与已知原因量无关的变化速率。

3）出现超过最大（或最小）量值，安全监控限或数学模型预报值等情况。

经多方比较判断，确信监测量为异常值时，则应立即向主管人员报告。同时加强监测，务求尽快查明原因，以便进行技术决策。

6. 监测资料整编

（1）监测资料整编的工作内容　监测资料整编是定期或按上级主管部门要求进行的系统全面的监测资料整理工作。整编工作的主要内容为：

1）监测相关资料的搜集。

2）对各类监测资料的检验和审查。审核内容包括：

① 审核资料的完整性，即检查是否遗漏了某些重要方面的资料，资料中是否已经有遗失和损坏等，是否需要补充新的资料。

② 审核资料的正确性和可靠性，其一是逻辑审核，即根据知识、经验或理论审核资料的内容是否合理；是否符合实际情况；从不同资料得到的结果是否存在矛盾；所使用的公式和理论是否正确、合理、出现在不同资料中的同一数据是否一致等。其二是技术审核，即检查是否有错误和疏漏。例如，审核图表和文字中所引用数据（包括数值、正负、小数点和单位换算等）；图表的内容和单位、坐标轴的单位和刻度；必要时还需通过重新计算验证原有计算结果。

对审核中所发现的问题要查明原因，区别不同情况加以处理，对原始资料的修改要格外慎重。所做的修改要有复核和记录。在记录上要注明修改前后的情况，对修改负责的人员要签字。

3）资料的审定编印。资料的审定编印包括资料分类、编组和汇总，报告编写、编印等。

整编时资料应按不同的分组标志进行分组，以便保存、管理和调用。按资料的性质可分为：原始资料（未经加工并将保持不变的资料）和综合资料（经过加工的资料）。整编报告应着重于对工程状况整体性的把握。它不仅仅包括对个别仪器和分散的数据进行分析，更重要的是要考虑发展的全过程，以及在此过程中诸多因素的影响，考虑从所有仪器（测点）在各个时期得到的数据之间的联系，以及从资料中综合反映出来的本质特征。

（2）整编资料分类　整编资料按内容可划分为工程资料、仪器资料、监测资料和相关资料四类：

1）工程资料。工程资料包括勘测、设计、科研、施工、竣工、监理、验收和维护等方面资料。

2）仪器资料。仪器资料包括仪器结构、测点布置、仪器埋设的原始记录和考证资料，仪器损坏、维修和改装情况，及其他与之相关的文字图表资料。

3）监测资料。监测资料包括人工巡视检查、监测原始记录、物理量计算结果及各种图表；与监测和测点有关的水文、地质、气象及地震资料；不同时期对监测资料分析预测的结果或结论。

4）相关资料。相关资料包括文件和批文、合同、总结、咨询、事故及处理、监测资料管理、仪器设备管理等方面的文字及图表资料。

分类和汇总不限于整编前所获得的资料，还应包括整编中所形成的资料。分类与汇总以后要再次进行审核，以纠正分类与汇总中产生的错误。

分类与汇总的同时要建立资料的详细目录或卡片，有条件的单位最好利用计算机建立简单的资料管理数据库。

（3）资料整编的要求

1）整编成果应做到项目齐全，考证清楚，数据可靠，方法合理，图表完整，说明完备。

2）整编报告应能反映监测资料系统整理的全过程和工程整体安全状况，做到内容全面，说理清楚，文笔简洁，篇幅适中。

3）资料整编中如受时间经费等限制，可以不采用数学模型，也不必对监测资料进行较深入的分析探讨。

4.3 监测资料的分析方法

1. 监测资料分析方法概述

监测资料分析的内容：一是初步分析，重点判识有无异常观测值，二是根据特定重点监测时段的工作需要，或上级主管部门的要求，开展较为系统全面的综合分析。本节的监测资料分析是指后一种较深入的综合分析，它通常需要离线（脱机）作业，采用数学物理模型，或地质、结构和渗流等领域的专门性方法及理论知识，分析工作的成果将作为安全预报、安全评估、对施工或运行的反馈和技术决策的基本依据和重要组成部分。

在工程出现异常和险情的时段，工程竣工验收和安全鉴定等时段，通常需要对监测资料进行较深入系统的综合分析。用以查找存在的安全隐患和原因，分析监测资料变化规律和趋势，预测未来时段的安全稳定状态，为可能采取的工程决策提供技术支持。

监测资料的分析方法可粗略分为以下几类：

1）定性的常规分析方法。例如，比较法、作图法、特征值统计法和测值因素分析法等。

2）定量的数值计算方法。例如，统计分析方法、有限元分析法、反分析方法等。

3）数学物理模型分析方法。例如，统计分析模型、确定性模型和混合性模型等。

4）应用某一领域专业知识和理论的专门性理论方法。例如，边坡安全预报的斋藤法，边坡和地下工程中常用的岩体结构分析法（块体理论分析法）等。本节重点介绍前三类分析方法，专业性理论方法在以下各节中结合不同类别岩土工程进行论述。

2. 监测资料分析的常规方法

监测资料分析的常规方法可分为比较法、作图法、特征值统计法和测值影响因素分析法等四类。

（1）比较法　通过对比分析检验监测物理量量值的大小及其变化规律是否合

理，或建筑物和构筑物所处的状态是否稳定的方法称比较法。比较法通常有：监测值与技术警戒值相比较；监测物理量的相互对比；监测成果与理论的或试验的成果（或曲线）相对照。工程实践中则常与作图法、特征统计法和回归分析法等配合使用，即通过对所得图形、主要特征值或回归方程的对比分析做出检验结论。

1）监测物理量的相互对比。该法是将相同部位（或相同条件）的监测量作相互对比，以查明各自的变化量的大小、变化规律和趋势是否具有一致性和合理性。

2）监测成果与理论的或试验的成果相对照。比较其规律是否具有一致性和合理性。

3）警戒界限法。技术警戒值是工程建筑物在一定工作条件下的变形量，渗漏量及场压力等设计值，或有足够的监测资料时经分析求得的允许值（允许范围）。在施工初期可用设计值作技术警戒值，根据技术警戒值可判定监测物理量是否异常。警戒界限法主要用于安全评估和安全预报。

（2）作图法　根据分析的要求，画出相应的过程线图、相关图、分布图以及综合过程线图位等。图4-1所示为某断面不同深度处孔压-时间-填土关系曲线。由图可直观地了解和分析观测值的变化大小和其规律，影响观测值的荷载因素和其对观测值的影响程度，观测值有无异常。

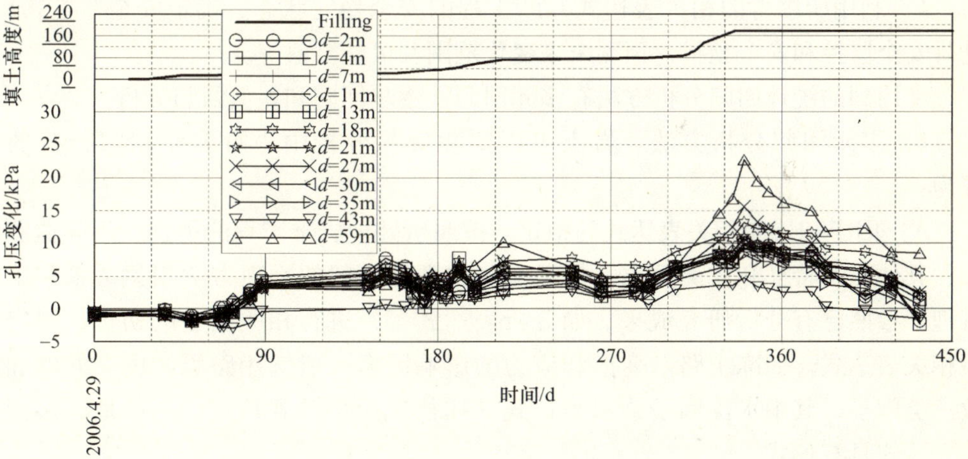

图4-1　某断面不同深度处孔压-时间-填土关系曲线

（3）特征值统计法　可用于揭示监测物理量变化规律特点的数值称特征值，借助对特征值的统计与比较辨识监测物理量的变化规律是否合理并得出分析结论的方法称为特征值统计法。

路基工程问题监测统计中常用的特征值一般是监测物理量的最大值和最小值，变化趋势和变幅，地层变形趋于稳定所需的时间，以及出现最大值和最小值的工况、部位和方向等。

3. 数值计算分析方法

（1）统计分析方法　路基工程的安全监测数据，由于影响因素复杂，不可避免存在的观测误差，具有不确定性，可当作随机变量处理。统计分析方法就是采用概率论、数理统计、随机过程等统计分析技术，把监测数据作为随机变量进行处理分析的数值计算方法。在路基工程监测资料分析中所引进的统计分析方法有统计回归、方差分析、时序分析、模糊数学、灰色系统、神经元网格等，其中以统计回归分析应用最为广泛，方差分析往往配合统计回归分析应用，时序分析在考虑周期性函数、趋势分析和残差分析时有较明显的优越性，模糊数学、灰色系统、神经元网络目前主要用于方法考证研究，工程中实际应用尚不多见。

统计回归分析是目前岩土工程中应用最多的一种数值计算分析方法，它的主要功能是：

1）分析研究各种监测数据与其他监测量、环境量、荷载量以及其他因素的相关关系，给出它们之间的定量相关表达式。

2）对给出的相关关系表达式的可信度进行检验。

3）判别影响监测数据各种相关因素的显著性，区分影响程度的主次和大小。

4）利用所求得的相关表达式判断工程的安全稳定状态，确定安全监控指标，进行安全监控和安全预报，预测未来变化范围及可能测值等。

常用到的统计回归分析方法有多元回归、逐步回归和差值回归分析。

1）多元回归分析方法。岩土工程监测资料分析中进行多元回归分析的步骤为：

A）因子初选和相关表达式的拟定。按照所处理岩土工程的类别、不同监测时段、其他工程特征和监测要求，依据监测物理量之间的物理力学相关关系和工作机理，参照已有分析研究成果，如分析表达式等，进行相关因子的初选，拟定初始相关表达式。如冻土路基变形和应力的影响因素一般选用路堤高度、温度和时效三类因子，其中水深因子诸项表达式又往往选用多项式形式。一般地，多元相关表达式具有形式

$$E(\gamma \mid \omega_1,\omega_2,\cdots,\omega_k) = \beta_0 + \sum_{i=1}^{n}\beta_i f_i(\omega_1,\omega_2,\cdots,\omega_k) \tag{4-15}$$

其中所有$f_i(\omega_1,\omega_2,\cdots,\omega_k)$为自变量的已知函数，$\beta_0$、$\beta_i$为统计回归系数。

B）相关表达式的线性化。采用变量替换法，令$X_i=f_i(\omega_1,\omega_2,\cdots,\omega_k)(i=1,2,\cdots,n)$，将一般为多元非线性的表达式，化为多元线性回归形式

$$E(\gamma \mid X_1,X_2,\cdots,X_k) = \beta_0 + \sum_{i=1}^{n}\beta_i X_i \tag{4-16}$$

C）对式（4-16）进行多元线性回归分析。由 m 个观测值 γ_j，$j=1$，2，…，m，可解出回归系数 b_0，b_1，b_2，…，b_n，得到 n 元经验回归方程

$$\hat{\gamma} = b_0 + \sum_{i=1}^{n} b_i x_i \tag{4-17}$$

D）进行方差分析和回归方程显著性检验。可求得总离差平方和 l_{yy}、回归平方和 U、剩余平方和 Q、剩余方差 S^2 及剩余标准差 S 分别为

$$l_{yy} = \sum_{j=1}^{m} (\gamma_j - \overline{\gamma})^2 = U + Q \tag{4-18}$$

$$U = \sum_{j=1}^{m} (\hat{\gamma} - \overline{\gamma})^2,\ Q = \sum_{j=1}^{m} (\gamma_j - \hat{\gamma}_j)^2 \tag{4-19}$$

$$S^2 = \frac{Q}{(m-n-1)},\ S = \sqrt{\frac{Q}{(m-n-1)}} \tag{4-20}$$

式中 γ_j，$\hat{\gamma}_j$，$\overline{\gamma}$——第 j 个监测点的监测值，回归值和各监测量的算术平均值；

m、n——监测点和自变量个数。

对回归方程进行显著性检验的方法是建立统计量 F，其表达式为

$$F = \frac{\dfrac{U}{n}}{\dfrac{Q}{(m-n-1)}} = \frac{U}{nS^2} \tag{4-21}$$

当 $F > F^{\alpha}_{n,m-n-1}$ 时，认为回归方程在显著性水平 α 下显著。临界值 $F^{\alpha}_{n,m-n-1}$ 是 F 分布表中相应于显著性水平为 α，自由度为 $f_1 = n$，$f_2 = m-n-1$ 的 F 值。通常 α 取为0.01，0.05，0.10 三个水平。

E）对各自变量显著性检验。可以采用标准回归系数比较法和偏回归平方和比较法两种方法，这里介绍后一种方法。因变量 γ 对自变量 k 的偏回归平方和定义为

$$P_k = U_n - U_{n-1} = \frac{b_k^2}{C_{kk}} \tag{4-22}$$

式中 U_n，U_{n-1}——原 n 元方程和去掉 X_k 后 $n-1$ 元方程的回归平方和；

b_k——回归系数；

C_{kk}——n 元回归的正规方程系数阵逆阵的对角线系数。

对单个因素 X_k 影响的显著性检验，先建立统计量 F_k

$$F_k = \frac{P_k}{S^2} = \frac{b_k^2}{C_{kk} S^2} \tag{4-23}$$

当 $F > F^{\alpha}_{n,m-n-1}$ 时，X_i 在显著水平 α 下对 γ 的影响是显著的。当 $F \leqslant F^{\alpha}_{n,m-n-1}$ 时，X_k 的影响是不显著的。同时，P_k 最小的因素必然是对 γ 作用最小的一个。故如果此变量经 F 检验结果又不显著，则可以将其首先剔除。另外，由以上计算结

果还可求得复相关系数 R，简单相关系数 r_{yj}、r_{kj}

$$R=\sqrt{\frac{U}{l_{yy}}}=\sqrt{1-\frac{Q}{l_{yy}}} \tag{4-24}$$

$$r_{yj}=\frac{l_{yj}}{\sqrt{l_{jj}l_{yy}}},\ r_{kj}=\frac{l_{kj}}{\sqrt{l_{kk}l_{jj}}} \tag{4-25}$$

以及求得固定其他变量条件以下的偏相关系数

$$r_{yj,1,\cdots(j-1)(j+1)\cdots n}=\frac{-R_{yj}}{\sqrt{R_{yy}R_{jj}}} \tag{4-26}$$

$$r_{kj,1,\cdots(k-1)(k+1)\cdots(j-1)(j+1)\cdots n}=-\frac{R_{kj}}{\sqrt{R_{kk}R_{jj}}} \tag{4-27}$$

其中 R_{yj}，R_{yy}，R_{jj}，R_{kj}分别为行列式 R 划出 r_{yj}，r_{yy}，r_{jj}，r_{kj}所占行列后的代数余子式，行列式 R 为

$$R=\begin{bmatrix} r_{yy}\cdots r_{y1}\cdots r_{y2}\cdots r_{yn} \\ r_{1y}\cdots r_{11}\cdots r_{12}\cdots r_{1n} \\ \cdots \\ r_{ny}\cdots r_{n1}\cdots r_{n2}\cdots r_{nn} \end{bmatrix} \tag{4-28}$$

2）逐步回归分析法。逐步回归分析法是建立最优回归方程的一种回归分析方法。所谓最优回归方程，就是包含所有对 γ 显著的变量而不包含对 γ 不显著的变量的回归方程。逐步回归分析法就是一种最简捷的建立最优回归方程的方法。它按自变量对因变量 γ 的影响程度，从大到小逐个将相关因子引入回归方程。正是由于找到了逐步回归分析法，才使统计回归方法在监测资料分析中得到了如此广泛的工程应用。

逐步回归分析的主要关键技术有二，一是“标准化变换”，二是紧凑变换求逆运算，本文在此从略。逐步回归方法的计算步骤为：

A）从 $n-1$ 个因子 $\tilde{x}_1$，$\tilde{x}_2$，…，$\tilde{x}_{n-1}$中引进第一个因子 $\tilde{x}_{\alpha l}$，建立一元线性回归方程。要求 $\tilde{x}_{\alpha l}$是所有因子中偏回归平方和最大的一个，并必须对因子 $\tilde{x}_{\alpha l}$作 F 检验，若 $F>F^{\alpha}_{1,m-2}$时，可引入 $\tilde{x}_{\alpha 1}$。如 $F\leqslant F^{\alpha}_{1,m-2}$时表示没有一个因子是显著的，逐步回归不再进行下去。

B）挑选第二个因子 $\tilde{x}_{\alpha 2}$。要求 $\tilde{x}_{\alpha 2}$是除 $\tilde{x}_{\alpha 1}$之外所有因子中，在二元回归方程中偏回归平方和为最大者。同样需做统计量 $F^{(2)}_{1,(\alpha 2)}$，用以检验 $\tilde{x}_{\alpha 2}$的显著性。若 $F_1>F^{\alpha}_{1,m-3}$时，可将因子 $\tilde{x}_{\alpha 2}$引入方程，若 $F_1\leqslant F^{\alpha}_{1,m-3}$时，则不引进 $\tilde{x}_{\alpha 2}$，逐步回归到此为止。

C）引入新变量 $\tilde{x}_{\alpha 2}$后，检查先进入方程的因子 $\tilde{x}_{\alpha 1}$是否要被剔除。检验 $\tilde{x}_{\alpha 1}$显著性的统计量为 $F_{2,(\alpha 1)}^{(2)}$，当 $F_2 > F_{1,m-3}^{\alpha}$时，则不剔除 $\tilde{x}_{\alpha 1}$。当 $F_2 \leqslant F_{1,m-3}^{\alpha}$，时，$\tilde{x}_{\alpha 1}$应剔除，从而建立只包含 $\tilde{x}_{\alpha 2}$的回归方程。

D）重复步骤 B）和 C），引入第三个变量 $\tilde{x}_{\alpha 3}$，并考察方程中先引入的变量是否变得不显著而应剔除。

E）如此引、剔交替做下去。直至没有可剔除因子时，则考虑引入新因子 $\tilde{x}_{\alpha 1}$。在对 $\tilde{x}_{\alpha 1}$新因子的显著性检验中，如 $F_l \leqslant F_{1,m-l-2}^{\alpha}$时，挑选因子工作结束。

F）计算逐步回归分析最终成果。确定回归系数和回归方程 b_0，b_1，…，b_k；确定方差分析成果 Q，U，S，整个方程显著性检验量 F；确定复相关系数 R，各自变量偏回归平方和及其显著性检验统计量；确定回归值 $\tilde{x}_{in}$及偏差值 $\delta_i = x_{in} - \tilde{x}_{in}$；绘制拟合成果图。

（2）有限元方法　有限元方法是当前连续介质力学应用最广泛的一种数值计算分析方法，它可以处理各种岩土介质、不同的地质构造，考虑开挖施工、安全运行和加固处理等不同时段的环境及荷载条件，解决岩土工程中所能遇到的结构、稳定和渗流等各种不同类型的工程实际问题。在岩土工程监测资料分析中，有限元方法主要应用于：①对所研究工程的工作状态、物理力学机理和工程特性的深入分析；②与监测资料做全面系统的对比研究；③作为反分析方法和对施工设计反馈计算的核心和基础算法；④为确定性模型和混合性模型提供有关确定性因子的基本算法。有限元方法是一种依据能量原理和变分原理，将复杂的连续性介质力学问题离散化为有限数目的单元进行分析求解的数值计算方法。计算分析中形成的有限元基本方程为

$$[K]\{\delta\} = \{F\} \tag{4-29}$$

$$[K] = \sum_{l} \int_{V1} [B]^T [D][B] \mathrm{d}V \tag{4-30}$$

式中　$\{\delta\}$、$\{F\}$——节点位移和荷载向量；

$[K]$——总体刚度阵，由各单元刚度叠加得到。

有限元计算分析的要点是，由已知条件确定 $[K]$ 和 $\{F\}$，然后求解有限元基本方程，得到基本未知量节点位移 $\{\delta\}$，再根据其他力学关系，由 $\{\delta\}$ 计算单元应力应变。有限元方法的主要计算分析步骤为：

1）确定计算分析原则和计算程序。首先，应将所研究的问题抽象概括为对应的力学问题，并由此选用有限元程序的维数，线性非线性，是否需要考虑流变、动态荷载以及其他特殊技术问题。据此，选用满足问题要求的有限元计算程序。

2）选取计算区域，确定边界及荷载条件。计算区域应包括主体工程结构、相关的工程结构和岩土介质，能模拟地质构造、支护措施、荷载作用方式和部位。相关岩土介质一般是无限大的，如基础、边坡、围岩等，有限元计算模拟范围应在主体结构特征尺寸（如路基底宽、路堤高度等）的3～5倍范围以上。

边界条件应分区段确定其范围、几何形状和边界类型，区分位移、应力或混合边界条件。荷载边界还应给出荷载类型、作用部位、方式，及属点、线、面中哪种边界荷载。根据问题要求给出荷载组合方式和计算方案的划分。

3）单元型式的选取和网格剖分。一般有限元程序对某一类问题均能提供多种几何形状和位移模式的单元型式，如平面问题的三角形单元、四边形单元、夹层单元，3、4、5、6、8或更多节点不同高斯积分阶数的等参单元等，应根据所模拟区域的几何形状，计算精度和收敛性等条件综合分析选取。网格剖分的原则是主体结构的应力集中区，荷载作用点附近、几何形状突变等部位较细，向其他部位逐渐变粗变稀；剖分中要保持单元具有较好形态，减少畸变；尽可能正确模拟主体及相关结构形状，施工条件，边界及荷载条件。

4）材料模式和物理力学参数的选取。一般有限元程序都可根据问题特点对同一单元选取不同类型的材料模式，如弹性、黏弹性、弹塑性等。对弹性材料，还应具体区分是几何线性还是非线性，是各向同性还是各向异性等，对弹塑性材料，则必须给出其屈服准则、流动法则和硬化规律。材料模式选定后，再根据所模拟岩土或其他介质材料特性，确定相应的物理力学参数。不同材料模式所含物理力学参数的类型个数是不同的，不同材料模式中的同一类参数的物理意义和取值往往也有所不同。另外，在有限元计算分析中，材料模式和物理力学参数量值的选取都是关系到能否正确模拟实际问题的至关重要要素，而且，材料模式的选取比物理力学参数量值的确定有更重要意义。仅仅比较物理力学参数的大小，不分析考察材料模式和其他重要因素的做法是错误的。

5）给定有限元问题的求解和输出方法。首先，按所选定程序的要求，给出有限元基本方程组的解法。特别是对非线性问题，要根据问题的特点，选择非线性方程组的解法，决定是采用全量解法还是增量解法，采用切线刚度法、初应力法还是初应变法等，以在可能条件下减少计算工作量，提高收敛性，保证计算成果合理可靠。其次，给出输出成果的内容和形式，并尽可能采用简明、直观、清晰的图表输出格式。由于有限元计算的前（数据准备和输入）后（输出）处理工作量大，极易出现差错，最好选用前后处理自动化程度较高的有限元程序，并充分利用其自动前后处理功能。

6）计算和成果分析。第1）～5）步实际上是有限元计算分析第一阶段工作——数据输入文件的准备，完成数据文件准备后开始上机进行有限元计算。一般情况下不会一次计算即得到最终要求成果，必须经过反复多次“计算→成果分析→修改输入文件→再计算”的循环过程。这里要着重指出，认为只要有计算机程序，就可以进行有限元计算分析的想法是十分粗浅和危险的，另外，没有对工程问题物理力学机理较清晰的理解，没有有限元方法的基本知识，要完成成果分析和反复计算工作也是十分困难的。作为有限元计算第二阶段工作，较以上循环计算过程第一阶段不仅难度高，而且工作量往往要大得多，对此必须在开始工作之初就有一个明确的认识。

7）成果报告的提出。在反复计算取得合理可靠成果的基础上，编写并提出成果报告，主要工作内容包括：对最终计算成果的合理性、规律性深入分析；依据计算成果对工程安全稳定状态的评估，对施工、运行和加固措施等方面工程问题的回答；成果报告的打印和提出等。

目前在国际上比较知名的大型通用有限元程序有 SuperSAP、ADINA、NASTRAN、PLAXIS、ABAQUS 和 ANSYS 等。用户应根据所研究路基工程的具体条件，考虑各种商用程序的适用范围、所具有的单元、材料、荷载、边界条件、求解方法和前后处理自动化等功能综合权衡选择。特别要考察程序是否已有成功应用于类似所研究工程的具体实例，而不宜仅从程序广告和说明决定取舍。

（3）解析方法、半解析法和边界元法　在一些特定情况下问题存在解析解，如圆形洞室围岩应力应变，适用于普氏理论松散岩体的塌落拱计算公式等，则由于解析解不仅简明直观，而且揭示问题的物理力学机理，故应作为优先选择的计算方法。但是在绝大多数情况下，由于推导解析解要遇到数学上的困难，目前常用的计算分析方法主要是数值计算方法。除有限元法外，目前的数值计算方法尚有边界元法、半解析法和耦合法等。

边界元方法将问题域内的微分方程转化为边界积分方程，借助类似于有限元方法的离散技术离散边界后形成计算方法，由于离散化引起的误差仅来源于边界，计算精度较高，并可从边界节点上物理量计算区域内的物理量，从而大大减少输入数据准备的工作量。缺点是用于分析由多种材料组成的物体或材料非线性问题时计算过程比有限元方法复杂，占用机时也多。在部分岩土工程弹性反分析程序中，为了简化计算工程量，其正分析采用边界元方法。该方法在其他情况下应用较少。

半解析法是为了充分发挥解析解的优点，而把解析和数值计算两种手段有机结合，耦合法则是将两种不同的数值计算方法互相耦合，从原则上讲，两种方法都是对原有解析法和有限元方法的改进和发展，但目前两者都仍处于研究阶段，工程实际应用不多。

（4）反分析方法　反分析方法的基本思想是根据现场监测资料，采用与传统力学计算方法相反的途径，将原计算中假定为已知的物理力学参数作为未知量反解求出。这一方法将具有宏观和全局效应的变形等监测资料作为物性参数选择和判断标准，较为有效地克服了已有方法和手段（包括室内试验和野外现场测试）因所测取的岩土材料物理力学参数一般受局部点位影响较大，无法正确在有限元计算中采用的困难。

目前常用的反分析方法可分为正算法和逆算法两类：

正算法即为结构优化设计方法。按优化方法的提法，反分析需要确定的物理力学参数 $\{P\}=\{P_1,P_2,\cdots,P_n\}^{\mathrm{T}}$ 为设计变量，目标函数按最小二乘原理为

$$J=\sum_{j=1}^{m}(u_j-u_j^{\mathrm{M}})^2 \tag{4-31}$$

式中　u_j 和 u_j^{M}——监测物理量的计算和监测数据。

反分析的目的是求出物理力学参数 $\{P\}$ 的最佳估计值，使目标函数 J 取极小值。上述优化问题的每一步中，需要通过有限元正算由每组设定的物理力学参数 $\{P\}$，计算求出监测量 u_j^{M} 对应的计算值 u_j。因此称为正算法。

反分析中逆算法的基本方法是从解析法或数值计算法的基本方程式出发，解析求出欲求物理力学参数 $\{P\}$ 依赖监测物理量$\{u^{\mathrm{M}}\}$的显示表达式

$$\{P\}=f(\{u^{\mathrm{M}}\}) \tag{4-32}$$

在具体计算时，只要将监测数据 $\{u^{\mathrm{M}}\}$ 直接代入表达式，即可直接求得物理力学参数 $\{P\}$。逆算法的典型实例是 1983 年 S. Sakurai 等提出的由洞周位移求解洞室围岩弹性模量 E 和初始地应力 $[\sigma_X^0,\sigma_Y^0,\sigma_{XY}^0]$ 的反分析方法，所求得逆算法表达式为

$$[\overline{\sigma}^0]=[A]^{-1}\{\Delta u^{\mathrm{M}}\} \tag{4-33}$$

式中　$\{\Delta u^{\mathrm{M}}\}$——洞周收敛监侧值；

$[\overline{\sigma}^0]=\left[\dfrac{\sigma_X^0}{E},\dfrac{\sigma_Y^0}{E},\dfrac{\tau_{XY}^0}{E}\right]$——标准地应力分量；

$[A]$——按有限元方法解析求得的系数阵（为已知量）。

目前反分析方法主要应用于各种岩土工程的线弹性、黏弹性或线性渗流问题中，推求弹性模量、初始地应力、黏滞系数和渗透系数等物理力学参数，由于受到监测数据所能提供信息量的限制，以及计算方法本身的缺欠，目前虽有求解非线性物理力学参数的实例（如求解堆石坝堆石材料非线性参数），但在其他工程中尚不多见。还需说明的是，由于反分析方法自身的特点，目前也没有适用于各类岩土工程的通用反分析程序。在地下洞室、边坡和建筑物基础等岩土工程中，已开发了一批针对某些特定情况的反分析程序。如同济大学开发的地下洞室二维和三维弹性、黏弹性、弹塑性，以及弹性地基梁的反分析程序；西安矿业学院洞室

黏弹性反分析程序，天津大学的地应力反演程序等，但是在相当多情况下，需要用户根据问题特点自行研制开发针对某一工程类别问题的专用反分析程序。

反分析方法在岩土工程监测资料分析反馈中的主要作用有：①求解岩土介质物理力学参数；②在①的基础上校核岩土介质物理力学模式；③用于安全预报和对施工，设计、运行和加固处理的反馈计算分析中。

4. 数学物理模型法

借助数学工具和物理力学原理在监测物理量（效应量，如位移、应变、渗压等）和其他原因量（如时间、测点距开挖面距离、填筑高度、水压、初始地应力等）之间建立关系式，据此对监测物理量进行定量分析的方法称为数学物理模型法。所建立的关系式称为监测物理量的数学物理模型，数学物理模型分析法主要依据实测效应量值与模型预测效应量值两者应基本相符的原则来解释和分析监测资料，判断岩土工程的工作状态的稳定性，分析研究原因量与效应量之间相互关系和作用机理，预测效应量（包括各效应分量）的变化趋势。数学物理模型法的基本假定是各主要原因量产生的效应量互不干扰，互相独立，即效应分量符合力学叠加原理，故数学物理模型中总效应量的一般表达式为

$$E(t) = \sum_{i=1}^{n} E_i(t) = \sum_{i=1}^{n} \left[\sum_{j=1}^{m} A_{ij} F_{ij}(t) \right] \tag{4-34}$$

式中　t——时间参数；

$E_i(t)$——第 i 个效应分量；

A_{ij}——待定系数，根据监测物理量与计算值吻合的原则确定；

$F_{ij}(t)$——效应分量 $E_i(t)$ 的第 j 个相关因子，通常表示为某类函数形式。

数学物理模型法可分为统计学模型，确定性模型和混合性模型三类，统计学模型有时也称为数学模型，其他为物理力学模型。现分别做简要介绍：

数学物理模型法是首先从大坝监测资料分析中发展起来的，本书也将结合大坝监测资料分析予以简要说明，但该方法的原则对路基工程是普遍适用的，有较广阔的工程应用前景。

（1）统计学模型　统计学模型是一种后验性模型，它是根据以往较长时间、数量较多的历史监测资料，建立起的原因量和监测物理量（效应量）相互关系的数学模型，用以预测未来时刻效应量的变化趋势。统计学模型的分析方法可按以下步骤进行。

1）选定效应分量 $E_i(t)$。根据对所研究路基工程作用机理的定性分析，选定组成总效应量 $E(t)$（监测物理量）的各效应分量 $E_i(t)$，如复合地基中的应力效应分量，在运行期间主要是上部荷载、桩端条件、桩土分担比。

$$\delta(t)=\delta_L(t)+\delta_B(t)+\delta_\theta(t) \tag{4-35}$$

2）拟定相关因于的组成和表达式。一般应对本工程监测物理量效应分量与原因量关系做较深入的定性分析，考察已有相近或简化情况的解析表达式之后，正确拟定相关因子及表达式。如对混凝土坝的水压分量 $\delta_H(t)$，由对坝体变形和坝基变形 Vogt 公式的考察，确定水压相关因子由幂指数函数片 H，H^2，H^3，H^4组成

$$\delta_H(t) = a_0 + \sum_{i=1}^{4} a_i H^i \tag{4-36}$$

由对坝体横断面位移温度效应分量的考察可知，其相关因子可由各水平截面的平均温度 $\overline{T}_j$ 和温度梯度 ϕ_j 组成

$$\sigma_T = b_0 + \sum_{j=1}^{m} b_{ij}\overline{T}_j + \sum_{j=1}^{m} b_{2j}\phi_j \tag{4-37}$$

根据变位时效效应分量可能与混凝土的徐变、坝体接缝和裂缝变化、基岩的徐变和断层节理压缩等情况有关，一般可取对数或指数表达式

$$\delta_\theta = C_0 + C\ln(t+1) \quad 或\ C_\theta = C(1-\mathrm{e}^{-C_0 t}) \tag{4-38}$$

3）统计回归计算。在初步选定效应分量和相关因子表达式后，即建立了初拟的统计学模型多元非线性表达式，如对以上混凝土坝变形量

$$\delta = a_0 + \sum_{i=1}^{n} a_i H^i + b_0 + \sum_{j=1}^{m} b_{1j}\overline{T}_j + \sum_{j=1}^{m} b_{2j}\phi_j + C_0 + C\ln(t+1) \tag{4-39}$$

一般通过变量替换为多元线性的回归问题，然后用逐步回归分析来筛选因子，找出在指定显著水平下的显著相关因子组成拟合方程，回归确定待定系数 a_0，a_i，b_0，b_{1j}，b_{2j}，C_0，C，并通过方差分析了解整个方程线性相关的密切程度，及各类自变量对效应量的影响程度。

4）模型的校验。统计学模型建立后，要经过较长时间的使用校验，校验的标准一般取为 1S（一个标准差）。偏差值大于 1S，必须校正模型，使之更逼近实际。经过校验期的验证，偏差值小于 1S，则可作为安全预测模型在工程中使用。由于时间的推移，原来通过校验的统计性模型预测值与实测值偏差可能重新超过校验标准，这时就必须重新校准模型，以保持反映实际情况。

5）安全监控和预测。经校验的数学模型可对未来时刻监测物理量的变化趋势和量值进行预测，并在到达该时刻时，将实测值 δ_M 与预测值 δ_P 比较。在测值数量足够多的运行期，一般取 3S 法作为安全评判的标准，其中 S 为剩余标准差。取 $E_{rr}=|\delta_M-\delta_P|$，则：

A）若 $E_{rr}<2S$，表明监测物理量处正常状态。

B）若 $2S \leqslant E_{rr} < 3S$，表明监测物理量状态出现轻度异常，此时，应注意其演变趋势，注意统计分析发生异常的部位、效应量，应加强监测和日常巡视工作。

C）若 $E_{rr} \geqslant 3S$，监测物理量超过安全监控标准，应发出安全警报，并研究可能采取的技术措施。

统计学模型建立简易，使用方便，预测精度也比较高，是路基工程安全监测资料分析的一个非常有效的工具。但统计学模型由于是经验性模型，也存在较为突出的局限性：一是在施工期和运行初期无法建立统计学模型；二是它的预测不可能超越自身运行经历，即无法预测没有经历过的特殊情况，如超高洪水等；三是无法在突然出现异常的情况下，进行异常产生原因及防治措施的研究探讨。

（2）确定性模型　确定性模型的建立过程中，要用到确定性方法，如有限元方法、其他数值算法或解析法，计算求得所研究问题的解，然后结合实测值进行优化拟合，实现对物理力学参数和其他拟合待定参数的调整，建立确定性模型，以进行安全监控和反馈分析。因要与实测值拟合，所选择的有限元等确定性算法应在原设计计算模型的基础上进一步改进修正，以反映工程重要影响因素。所采用的物理力学参数指标也要经过反分析优选，以符合工程实际。确定性模型的基本做法为：

1）选择效应分量。各效应分量应彼此独立，互不干扰，符合力学叠加原理，叠加后形成的总效应量即为监测物理量。以上要求与统计学模型一致，与统计学模型不同的是，各效应分量必须有对应的确定性算法。

2）效应分量的确定性计算

A）给出确定性算法的基本模式和计算条件。如为有限元法，应给出网格剖分、边界及荷载条件、单元形态、材料模式等。

B）给定物理力学模式。物理力学参数应通过反分析或试误法选取，以使确定性计算成果与实测值吻合。而且，这一工作最好在确定性算法正式开展前进行，同时往往要在模型建立的优化拟合工作中进一步校正。由于反分析没有统一的规范化算法，用户必须根据具体问题特点设计给定。在反分析计算中，要注意保持其计算条件与相比较的实测值一致，否则反分析计算就将失去意义。

C）效应分量的计算和拟合。按以上给定的计算模式、条件和物理力学参数，进行各效应分量的确定性计算。计算方案由在指定范围内基本因子取值数量确定。如大坝水位效应分量 δ_H 的有限元计算方案，由在指定水位变动范围不同水位 ∇_i 取值定出。对每一 ∇_i 方案，求出大坝任一点位移值。然后用多项式拟合公式

$$\delta'_H = \sum_{i=0}^{m} a_i H^i \tag{4-40}$$

求得待定系数 a_i。

3）确定性模型表达式的建立。取各效应分量的确定性表达式，进行线性叠加，并用回归方法与实测值进行优化拟合确定各效应分量的调整参数，即可得到

确定性模型表达式。如混凝土大坝表达式可为

$$\delta = a\delta'_{H} + \beta\delta'_{T} + \gamma\delta'_{\theta} \tag{4-41}$$

式中 δ'_{H}，δ'_{T}，δ'_{θ}——水压、温度和时效分量表达式，δ'_{H}和 δ'_{T}一般可由确定性算法（有限元）给出，δ'_{θ}通常需用统计学模型公式替代；

a，β，γ——水压、温度和时效分量的拟合参数。

优化拟合除给出各效应分量的拟合参数外，还要给出确定性模型中统计学部分的待定参数，如时效分量中系数 C_0，C 等。

4）模型校验、安全监控和预测。方法与统计学模型基本相同。确定性模型是一种先验性模型，可以在监测初值、测值较少的情况下应用，对于环境和条件突然变化的情况，确定性模型也有较强的适应性。特别重要的是，确定性模型便于进行工程建筑工作机理的研究和效应量与原因量之间物理力学关系的理论分析，这些都是统计学模型不可比拟的优点。但是，确定性模型的建立技术难度高，工作量大，对一些效应分量，目前还没有较为合适的确定性模型算法。由于以上诸多原因，对一些问题，确定性模型拟合精度较低，使该模型方法的应用受到较大局限。

（3）混合性模型　为了克服统计学和确定性模型各自的缺点，1980 年 P. Bonaldi 等人发展了混合性模型，对各效应分量的计算，视具体情况选用不同的模型。例如，大坝的水位分量采用确定性模型计算，而温度和时效分量选用统计性模型。研究表明，混合性模型的预报精度较确定性和统计学模型都高。

思　考　题

4-1　路基工程监测资料整理包括什么内容。

4-2　简述监测资料的搜集和表示方法。

4-3　简述原始观测资料的检验和处理。

4-4　简述监测数据的处理的常用方法。

第5章　路基稳定性监测实例分析

【学习要点】

理解路基稳定性监测的原则、设计内容及数据处理过程。

5.1　京津城际软土路基稳定性监测实例

5.1.1　工程概况

京津城际轨道是国内首条开通速度达350km/h的高速铁路。天津武清区内为深厚软土，采用CFG进行地基处理。试验段的地基处理措施基本分成三类：第一类是CFG桩，桩长28m，桩顶和筏板之间留有15cm碎石垫层；第二类是CFG桩，桩长28m，桩顶和筏板直接接触；第三类是混凝土预制管桩，桩长30.7m，桩顶和筏板直接接触。所有的桩桩径都为0.4m，正方形布置，挡墙筏板下桩间距1.4m，中心筏板下桩间距1.5m。

试验段地层为：①淤泥质粉质黏土，褐黄色～灰褐色，流塑～软塑，厚3.5～7.5m；②粉质黏土，软塑，褐黄色，厚0～1.5m；③粉土，密实，褐黄色，厚1.0～2.3m；④淤泥质粉质黏土，褐黄色～深灰色，流塑，厚2.8～8.5m；⑤粉质黏土，软塑～硬塑，褐灰色，局部夹砂层、粉土、黏土透镜体。地下水埋深0.6～2.5m。

取DK84+000～DK84+210.22路基作为研究对象，本段路基填高6.2m，路基顶部宽度为13.6m。

沉降控制设计主要工程措施为：

1）DK84+000～+162.22段路基基底及挡土墙基底采用CFG桩加固，桩径0.4m，桩端高程-25.01m；DK84+162.22～+210.22路基基底及DK84+186.22～+213.29挡土墙基底采用PHC-AB450-(90)-10，10，10b㊀预制管桩加固，路基基底桩端高程-27.36m，挡土墙基底桩端高程-28.16m。

2）DK84+000～+114.22段两侧挡墙墙踵之间桩顶高程为2.49m；DK84+

㊀ PHC表示预应力混凝土管桩；AB表示管桩等级，管桩分A、AB、B、C四个等级；450（90）表示桩径为450mm，管壁厚90mm；10，10，10b表示每节桩长，b表示桩尖为开口型。

114.22 ~ +210.22 段两侧挡墙墙踵之间桩顶高程为 2.64m；全段两侧挡墙基础底桩顶高程为 1.84m。

3）DK84 +000 ~ +210.22 段于两侧挡墙墙踵之间桩顶设 0.15m 厚碎石垫层，其上设厚 0.5m 的 C30 钢筋混凝土板。

5.1.2 实测方案的布置原则

根据软土路基的沉降特征，本试验段研究内容如下：

1）研究分层沉降规律，测试压缩层厚度。

2）研究不同桩型、间距、基础形式条件下的桩土应力分担分布规律。

3）研究路基沉降在横断面方向的分布规律。

4）研究不同桩型、间距、加固深度、基础形式条件下的沉降发生规律。

根据研究内容和工程设计参数，选择分别在 DK84 +050、+150、+200 处分别设置一个断面，进行相关测试工作。每个断面的测试内容包括：中心和坡脚的分层沉降、不同深度和地层的孔隙水压力、筏板上下和桩头及桩间土压力、基底横断面沉降、坡脚水平位移等。

5.1.3 现场实测方案

根据确定的实测方案的布置原则，拟定了以下的布置方法：

1）埋设分层沉降管：桩基施工完成后，用经纬仪在路基面的中心线处放出分层沉降管的准确位置，记录地面高程。中心分层沉降管埋设深度 60m，按一定的竖向间距依次放好沉降环。

2）埋设孔隙水压探头：在线路中心处，按照一孔一个探头的原则，合理布设各探头埋设位置，埋设深度尽量与沉降环对应，并尽量避免探头之间水压连通。

3）埋设测斜管：在线路左侧墙趾外放出测斜管位置，钻机就位钻孔。钻到预定深度，将预先接好的测斜管下到钻孔中，同时调整测斜管的角度，使其中一组滑轮槽对准垂直于线路方向。

4）在线路中心处、墙踵、墙趾六个位置的桩的周围分别均匀布置土压力盒。桩上设置垫层时，于桩顶设置 1 个土压力盒。在土压力盒埋设前，应做好各项记录，并严格按着器件安装说明进行埋设。

5）在筏板上布设横剖面沉降管，测量沉降变形在横断面方向的分布规律。

试验段仪标及传感器数量汇总见表 5-1。仪器配备情况见表 5-2。

表 5-1 试验段仪标及传感器数量汇总

断面编号及里程	沉降管/m	小磁环/个	横剖管/m	测斜管/m	大磁环/个	孔压计/个	土压计/个	水位管/m
A - DK84 +050	70	18	20	50	17	12	19	10
B - DK84 +150	70	19	20	50	17	15	7	—
C - DK84 +200	70	20	20	50	18	—	6	—
合计	210	57	60	150	52	27	32	10

表 5-2 仪器配备情况

序号	名称	型号	分辨率	数量
1	直读式沉降仪	TGCS-3	1mm	1套
2	横剖面沉降测试仪	TGPCC-1	0.1mm	1套
3	数字显示测斜仪	CX-01	0.02mm	1套
4	振弦读数仪	VW-102	0.1 Hz	1套
5	高精度电子水准仪	NA3003	0.01mm	1套

5.1.4 布置方案

某观测断面元件埋测示意图如图 5-1 所示。某断面深层元件平面布置图如图 5-2 所示。

5.1.5 数据分析

1. 沉降-时间关系

某断面中心总沉降-时间关系曲线图如图 5-3 所示。由图可知，在整个填筑过程中地基发生的沉降量约在 50mm 之间，沉降发展过程和填土过程有较好的对应性，尤其是最后一级荷载（预压土），填筑速率很快，对应的沉降速率也较大，这种地基相应和外部荷载的良好的对应说明测试的数据是比较可信的。在路堤填料完成后，地基土沉降出现了短暂的平缓趋势。在填筑完预压土静置预压的这 3 个月的时间当中沉降速率也有变缓的趋势，但是还远未实现真正的平稳，要保证实现工后沉降 15mm 的控制标准还需要做进一步的观测和分析。

2. 沉降沿深度分布规律

以断面中心位置沉降量和深度的关系曲线以及土层的压缩应变和深度的关系曲线，以分析中心总沉降是如何由各层土的沉降构成的。某断面中心深度-沉降量、深度-压缩应变的关系曲线如图 5-4 所示。

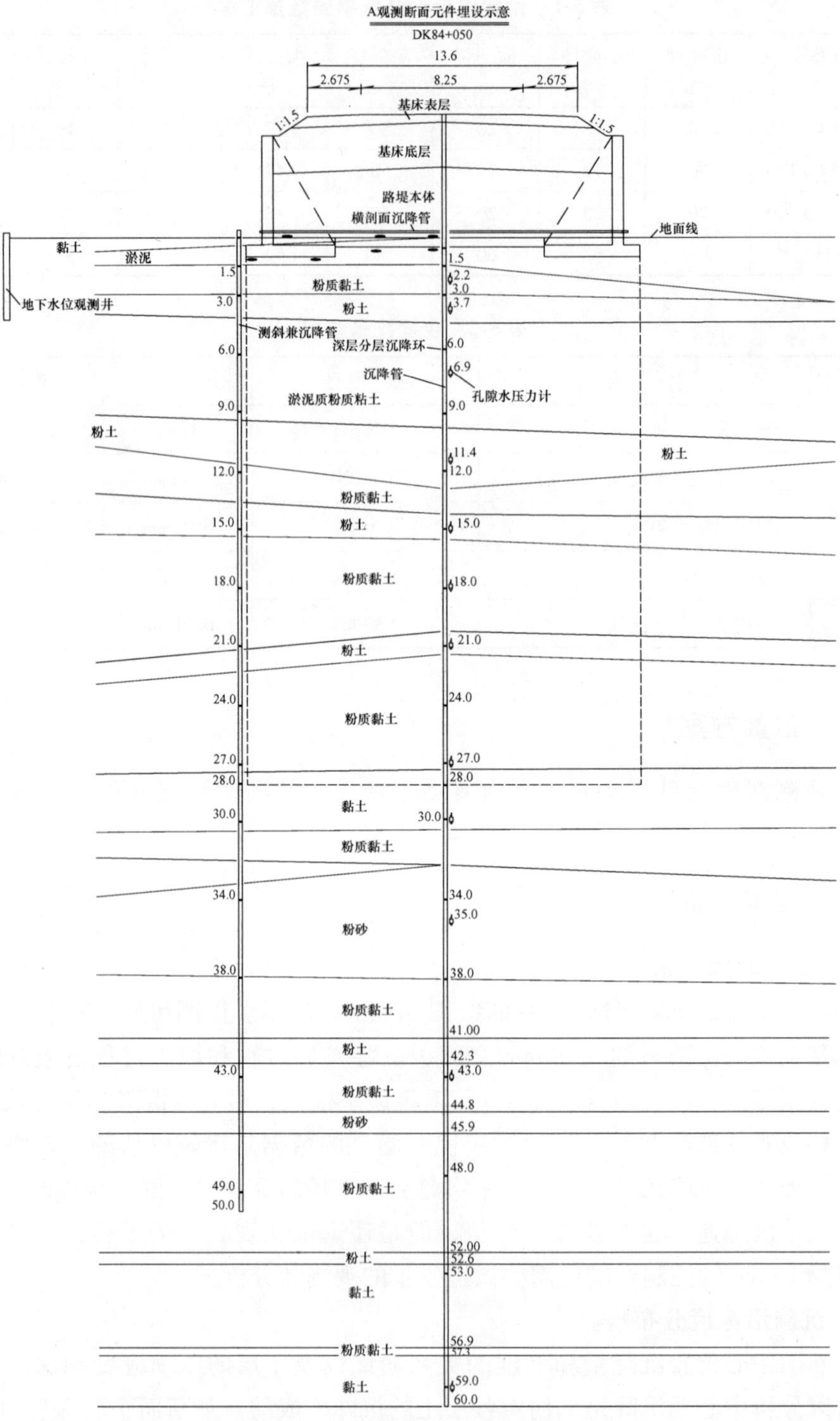

图 5-1　某观测断面元件埋测示意图

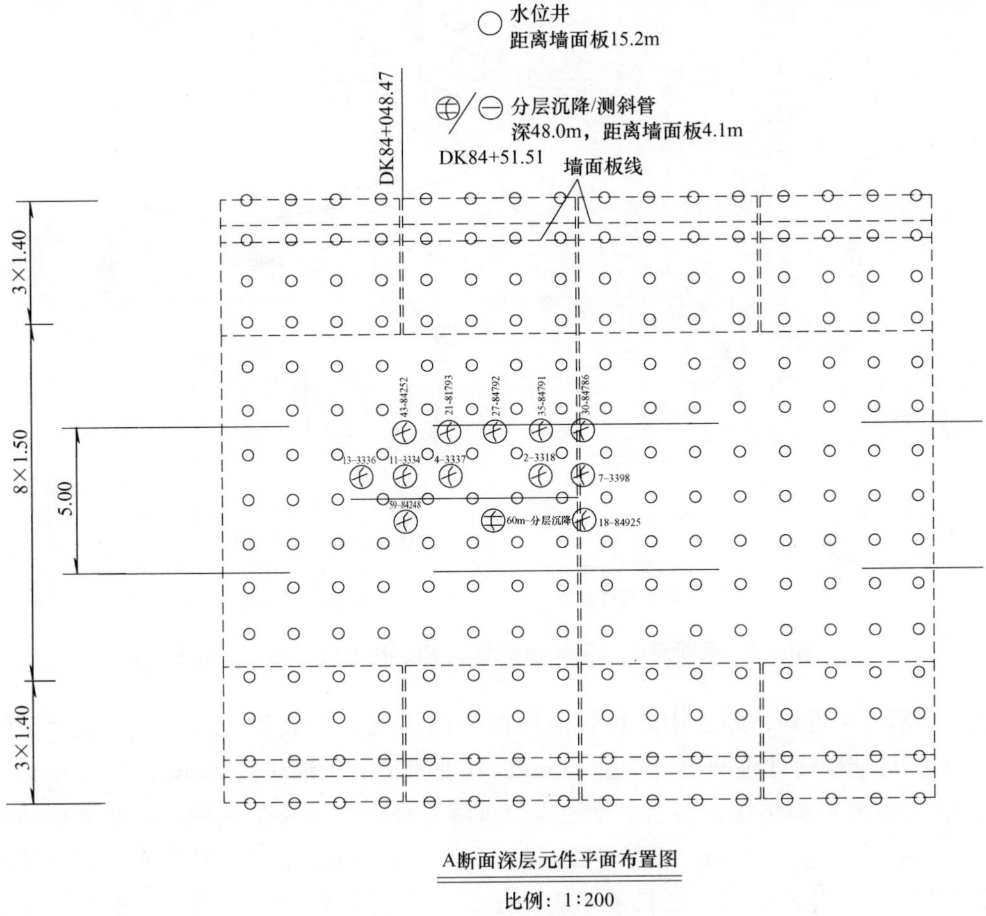

DK84+000～+114.22路基基底CFG桩顶设0.15m厚的碎石垫层，

垫层顶设C30钢筋混凝土板，桩顶位于碎石垫层底。

路基宽20.4m，中心沉降管距离左侧墙趾10.95m。

图 5-2　某断面深层元件平面布置图

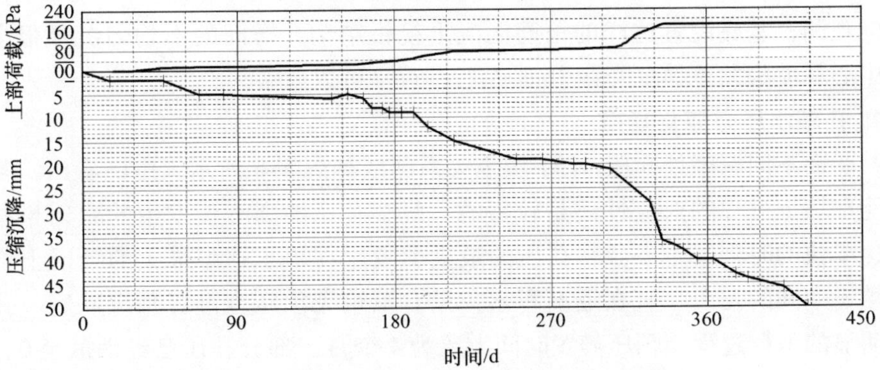

图 5-3　某断面中心总沉降-时间关系曲线图

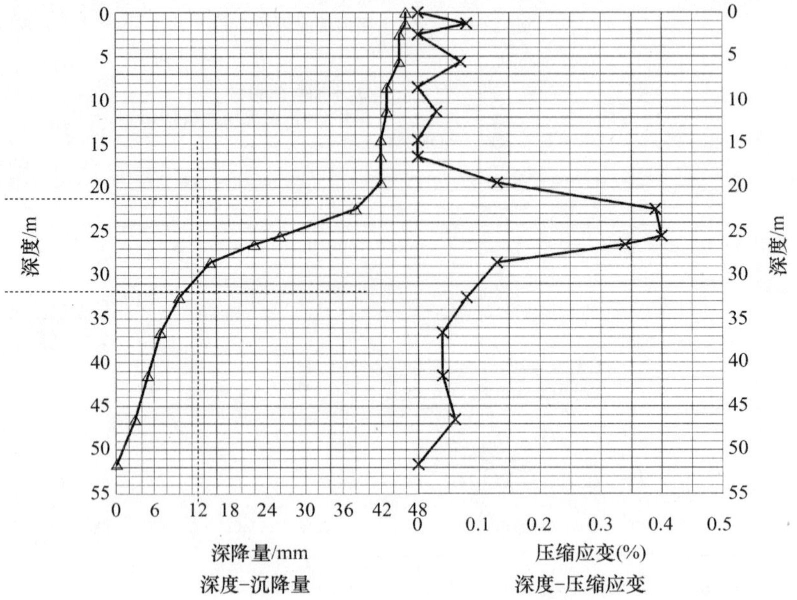

图 5-4 某断面中心深度-沉降量、深度-压缩应变的关系曲线

由图 5-4 可知，断面中心桩长范围内外的土沉降构成如下：地基土表面沉降 45mm，桩端平面处桩间土沉降量 17mm，则桩间土的压缩量为 28mm。虽然桩顶设有 15cm 厚碎石褥垫层，但是由于土表面沉降磁环设在褥垫层底面，因此测得的桩间土压缩量不包含碎石褥垫层的压缩量，此桩间土 28mm 的压缩量完全为桩下端向土中刺入而产生的压缩，桩长范围内土压缩量占总压缩量的 62.2%。由上述分析可见，桩间土的压缩主要发生在桩长下部的 1/4 ~ 1/6 桩长范围内。而从路基内深度-压缩应变的图示也可以看出，其应变量也主要集中在 1/4 ~ 1/6 桩长范围内。

3. 沉降沿路堤宽度分布规律

某断面横剖管沉降-时间-填土关系曲线如图 5-5 所示。由图可以看出，通过 3 个月的观测，基底设置这样的钢筋混凝土筏板结构，横向的不均匀沉降很小，基本上中心和坡脚的差异沉降在 3mm 左右，近乎可以忽略。

4. 孔隙水压力变化规律

某断面不同深度处孔压-时间-填土关系曲线如图 5-6 所示。由图看出，各孔压的变化和填土过程的对应性还是较好的：每个孔压的高峰值发生的时刻与各阶段填土速率快的时刻基本一致，孔压的最大值发生在填土速率最大的预压土填筑期间。填土期间的孔压一直在逐渐积累，只有填筑完预压土静置预压以后，孔压才出现明显的消散过程。预压静置时间大致为 4 个月，部分孔压已经消散至 0，多数还尚未消散完成，有的孔压水平还较高。从前面的沉降曲线看出，沉降也在发展当中，并未完全稳定，结合孔压数据分析，目前发生的沉降中固结沉降还占据较大比重。

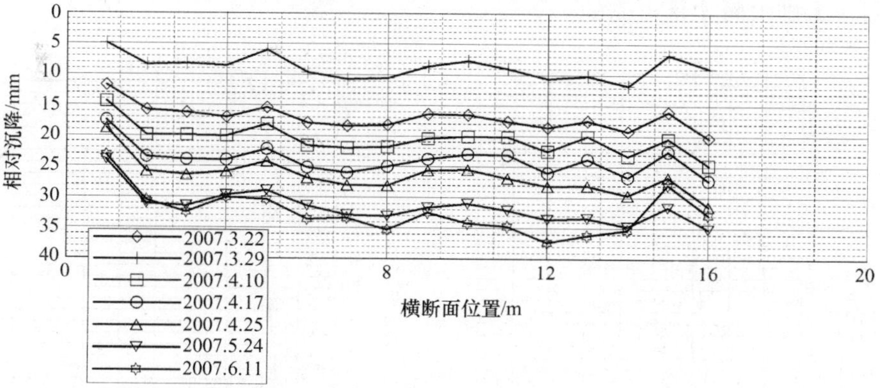

图5-5　某断面横剖管沉降-时间-填土关系曲线

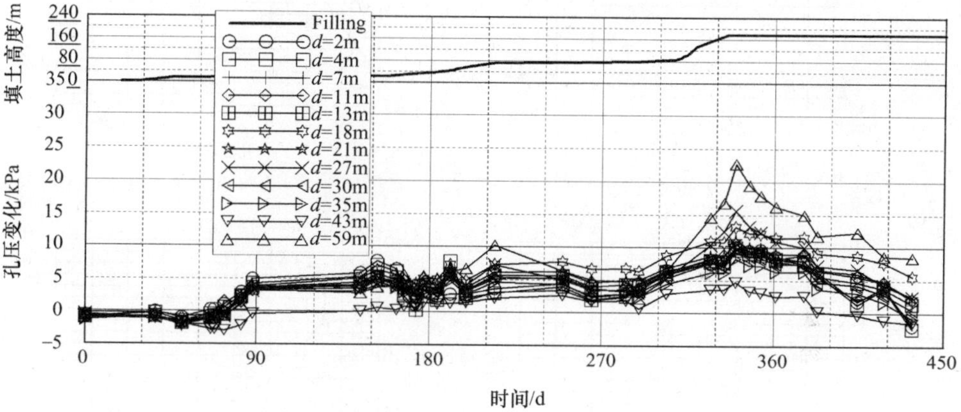

图5-6　某断面不同深度处孔压-时间-填土关系曲线

为了更好地分析孔压在深度上的分布规律，选择了三个主要加荷阶段的加荷前后两个时刻以及最后一次测试时刻一共7个时刻，做出了孔压随深度的分布图，如图5-7所示。由于该断面59m深的那处孔压明显偏大，为了不破坏整体的规律，便于分析真实规律，将其略去未画出。

图5-7显示了某断面孔压在深度上的分布随时间（填土）的发展过程。由图可以看出以下的一些规律：

1）35m深处的7m厚的粉砂层也累积起来一定的孔压，和附近的土层没有明显的区别，这和通常设计上把厚砂层当成排水层的做法似乎有矛盾。分析原因应该还是在于地层上，天津的地层层薄而多，且岩性变化很大，透镜体又多，虽然某个钻孔显示挺厚的砂层，其实只是一个透镜体，无法形成真正的透水面。这时如果把此砂层作为透水层将会导致误将排水距离缩短，估计的固结时间偏短，工后沉降计算会偏于危险。所以在以后的设计工作中，只有连接成片，分布很广的厚砂层作为排水面才是可靠的。

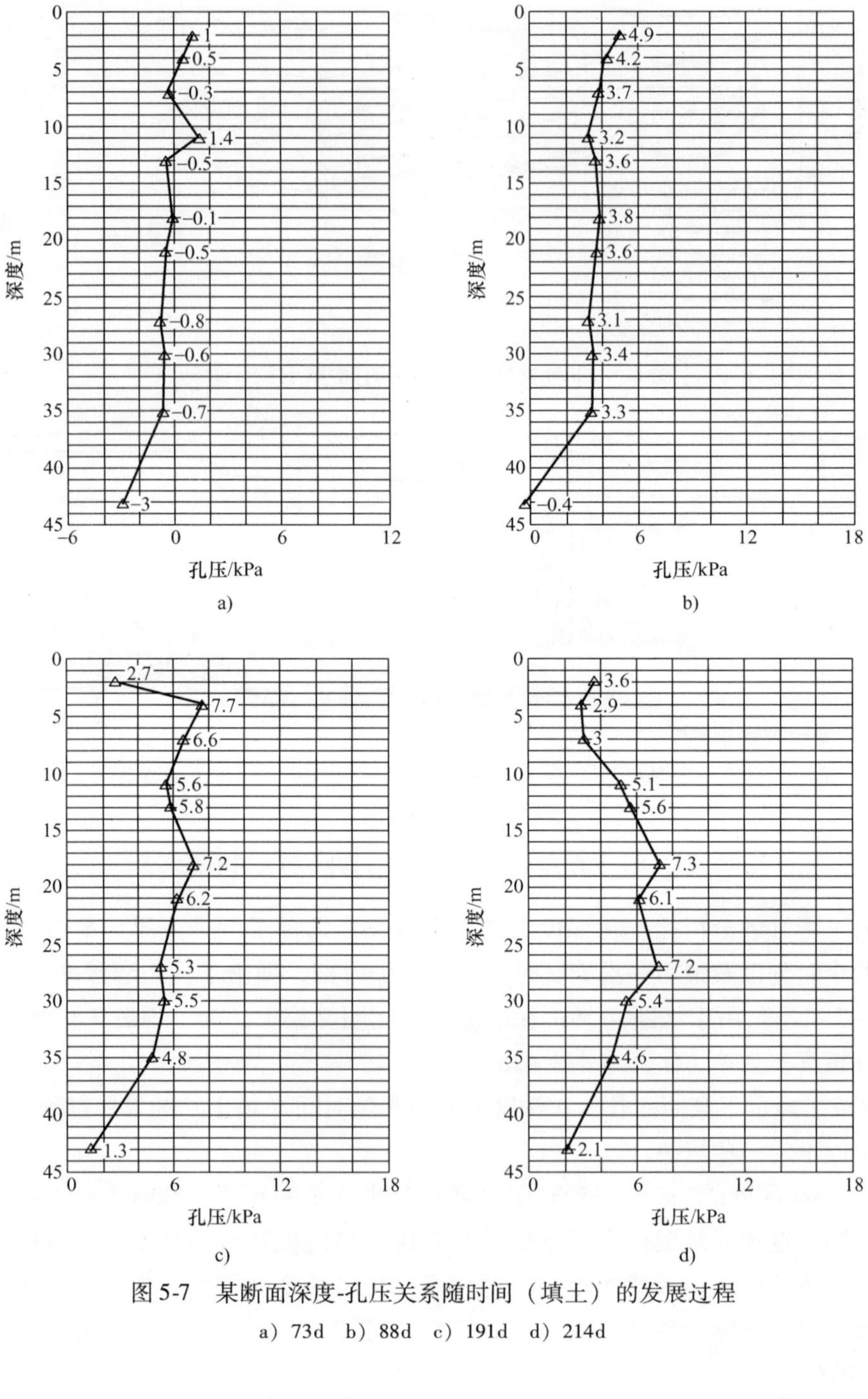

图 5-7　某断面深度-孔压关系随时间（填土）的发展过程

a）73d　b）88d　c）191d　d）214d

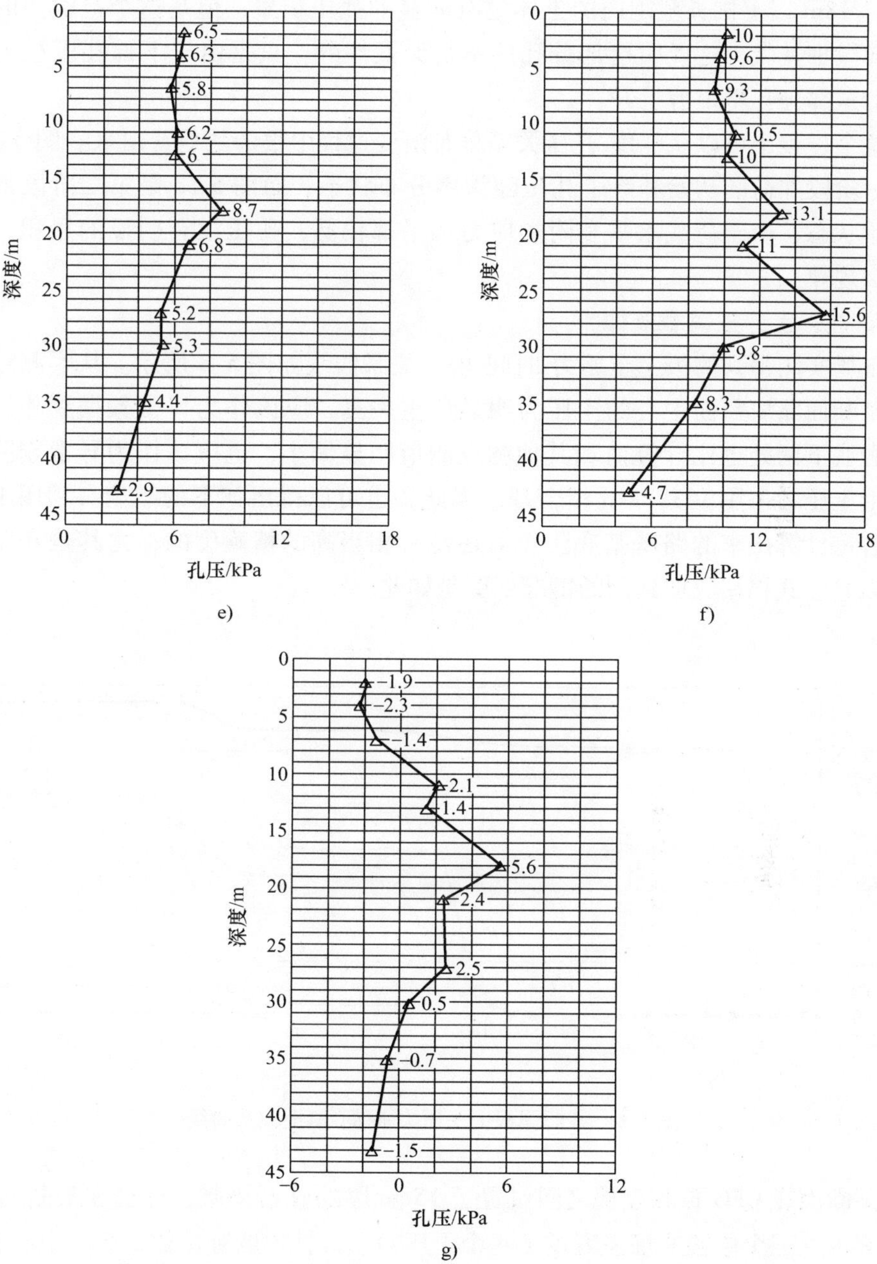

图5-7 某断面深度-孔压关系随时间（填土）的发展过程（续）

e）304d f）340d g）433d

2）孔压发展最突出的部分在18~30m范围之内，基本和压缩应变的最大值范围是一致的。孔压和沉降二者的相互印证说明沉降和孔压测试都是可靠的。

3）18m 以上桩长范围内的土体也有明显的孔压积累，但是这个范围内的土体沉降却微乎其微。这说明这部分孔压不是原发性的，只是由于下部孔压往上消散引起的这部分孔压跟着上升。

这个过程也可以从深度-孔压关系分布演变过程中很清楚地看出来。图 5-7a、b 是第一阶段加荷的初始和终了孔压随深度分布状态，而图 5-7b 是第二阶段加荷前的初始状态，由于荷载水平和附加应力水平都较低，孔压没有明显的累积，看不出什么规律。

5. 桩、土分担荷载规律

现场实测得到的板上土压力-时间-填土关系曲线如图 5-8 所示。从实测结果来看，某断面路肩断面中心的土压力明显严重失真，应该作为异常数据剔除，断面中心和线下两处也比计算值和其他测点测值明显偏小，也应该作为异常剔除。所以板上土压力采用 163kPa 比较合理。因此，也可以得出如下的结论：利用土层厚度和容重计算出来的路基基底土压力还是有相当高的精确度的，尤其是在路基两侧是以直立式挡墙收坡到顶的情况下更是如此。

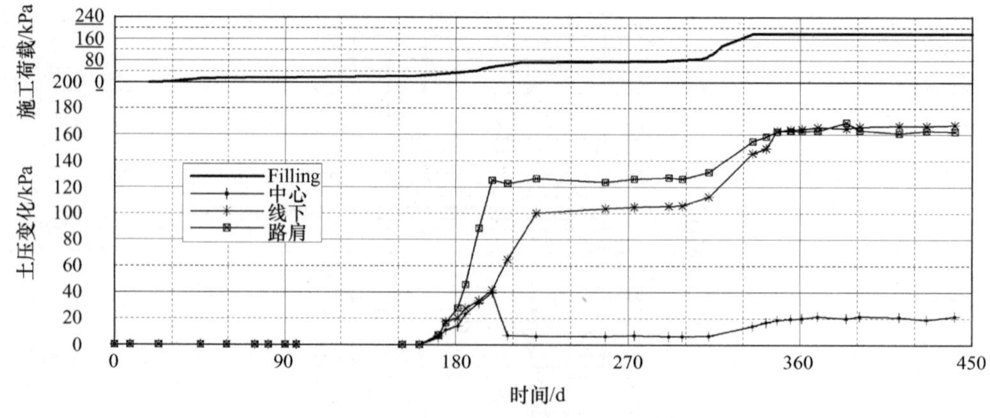

图 5-8　某断面板上土压力-时间-填土关系曲线

某断面在 CFG 桩和筏板之间设置了 15cm 厚的碎石垫层，分别在某断面中心、线下和墙趾三个位置的桩头埋设了 4 个土压力盒，其中墙趾位置 2 个，中心和线下各一个。测试过程中，有 2 个土压盒相继失效，只留下中心和墙趾下各一个土压盒。某断面板下桩头压力-时间-填土关系曲线如图 5-9 所示。

中心位置的那个土压盒测得的数值一直很平稳地维持在约 10kPa 多一点的水平比起桩间土的压力水平还要低，这完全不符合实际，应该是埋设的工艺有些问题，产生了较大的土拱效应，应力没有传递到土压盒上面，所以应该予以剔除。墙趾下桩头的那个土压盒测得的压力和上部荷载施加的过程有很好的对应关系，起伏变化比较有规律，较好地反映了桩头应力的发展变化规律。

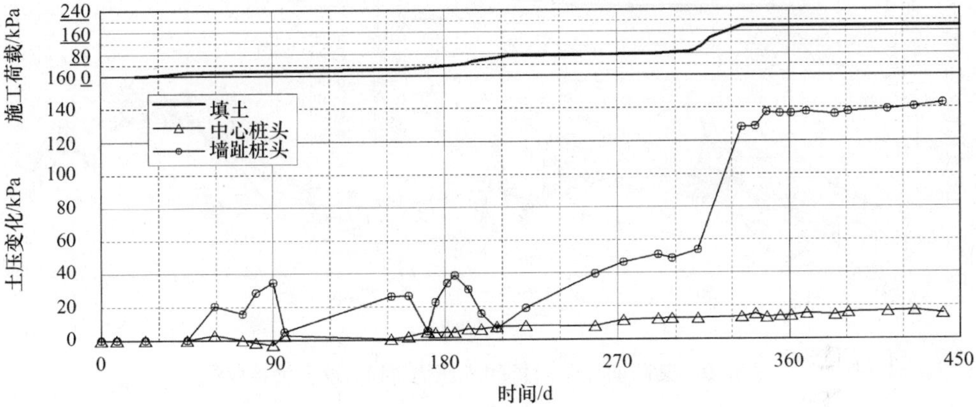

图5-9　某断面板下桩头压力-时间-填土关系曲线

对以上曲线呈现的规律作如下的一些分析：

1）除了某断面有一个四桩间的土压力偏大以外，某断面的四桩间和二桩间的土压力没有明显差别，基本可以认为是一致的，而且其峰值基本都分布在16～23kPa之间，可以将其平均值作为桩间土的压力。

断面没有明显的、对土压力有较大影响的各种工程参数上的差别，这种土压力上的差别的来源主要应该还是来自埋设上。考察当时埋设时的情况，由于工程单位施工前没有及时通知试验人员，在埋设土压盒之前，就将筏板的钢筋笼绑扎、安置完成，这个断面的板下的土压盒的埋设是通过钢筋笼的缝隙，利用一些辅助工具很艰难地完成的，土压盒就位后回填可能不是很密实，从而造成上部应力很难完全传递下来，导致测值偏小。

2）另外一个非常明显的规律就是：在一个加荷阶段过后，桩间的土压力都会明显地出现下降，也就是说应力会不断地从桩间土向桩身上转移。尤其是施加预压土后的那个阶段，桩间的土压力下降很剧烈，由峰值的20kPa左右降至10kPa左右，而且下降的势头没有见缓，还会进一步降低。筏板以上的基底压力为163kPa，加上筏板的重力引起的压力，$0.5\text{m}\times 25\text{kN/m}^3=12.5\text{kPa}$，板下的平均压力应该是$163\text{kPa}+12.5\text{kPa}=175.5\text{kPa}$。由此看来，在刚性桩地基表面设置筏板基础，不设置褥垫层和设置15cm薄的褥垫层的情况下，桩间土在整个荷载中分担的比例是相当小的，几近可以忽略的程度。这样的地基不应该作为复合地基对待，而作为桩基础比较合理。某断面板下二桩间土压力-时间-填土关系曲线如图 5-10 所示。

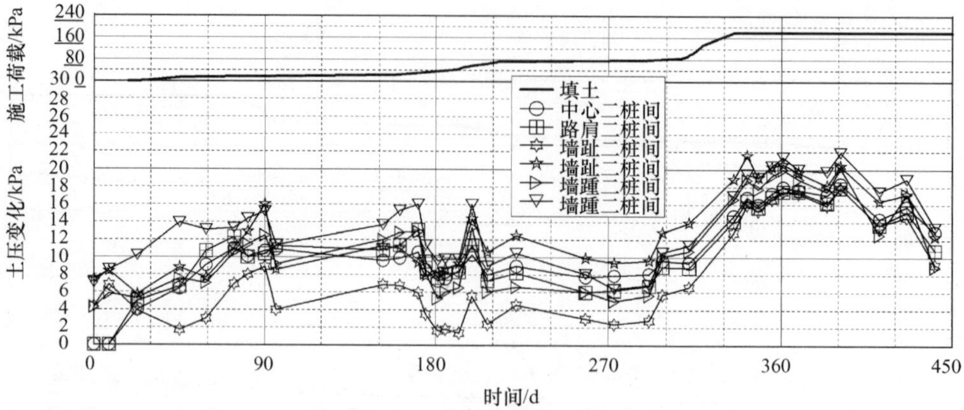

图 5-10　某断面板下二桩间土压力-时间-填土关系曲线

6. 侧向变形规律

测试的三个断面都在坡脚位置设置了测斜管，测斜管的深度 *A*、*B*、*C* 三个断面分别为 47m、47m、45m，都比相应的坡脚位置的压缩层深度 39m、35m、37m 要大，应该说深度是足够的。

图 5-11 所示是某断面坡脚水平位移-高程曲线。从测试的结果来看，规律性不是很强，随着填土和时间的发展侧向位移时大时小，在随深度的变化上也多有交错之处，不能很好地反映侧向变形随时间和深度的发展。测量值尚未超过误差范围，所以测量结果没有表现出明显的规律也属完全正常。不过由于侧向变形很小，对于整个地基沉降等的分析没有多大影响。通过这次测试也可以得出结论：对于桩长大于 30m 的刚性桩处理地基，水平位移的测试完全没有必要。

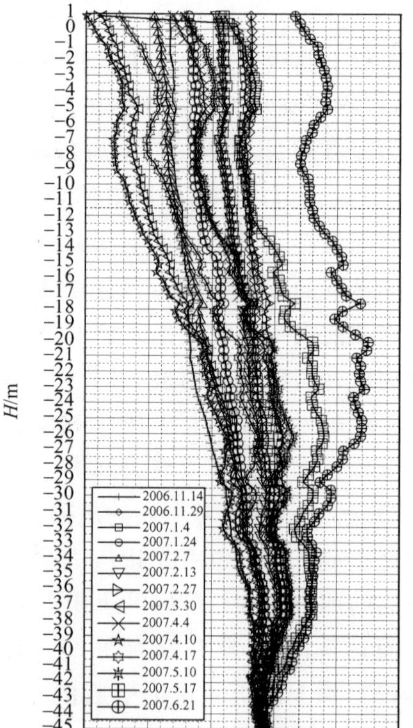

图 5-11　某断面坡脚水平位移-高程曲线

5.2 尹中机场高速公路粉喷桩复合地基工程

尹家庄－中川机场高速公路是甘肃省“九五”重点工程，全长22.05km，其中饱和黄土软基路段约2km，共有10处，分别为：K25＋595～＋720、K25＋790～K26＋060、K26＋404～＋600、K29＋600～＋940、K31＋145～＋235、K32＋320～＋350、K33＋770～K34＋100、K34＋600～＋850、K35＋930～K36＋410、K36＋900～K36＋980。根据不同的地质情况，采用的地基处理方法有粉喷桩法、旋喷桩法、抛石回填等。本次粉喷桩试验段选在K25＋595～＋720处，试验测试项目主要有桩顶与桩间土表面沉降观测及桩顶与桩间土的土压力观测。

5.2.1 地质概况

本路段地层以第四系全新统（Q_4^{al+pl}）为主，主要分布在沿线山间盆地及冲沟、洼地，上部为新近堆积黄土，大孔隙发育，具有强烈湿陷性，属Ⅲ～Ⅳ级自重湿陷性黄土。由于地势低洼，地下水位高，地形呈半封闭状态，排洪条件差，地下水位以下新近堆积黄土经长期浸泡，已饱和软化，多呈软塑～流塑状，形成较厚的软弱层。针对两种典型的复合地基形式——支承式和悬浮式，试验选择的两个断面为K25＋665和K25＋706，试验测试元件均布置在右半幅路基下的粉喷桩桩顶和桩间土上，其地层剖面图如图5-12所示。各土层的物理力学指标试验值（平均值）见表5-3所示。

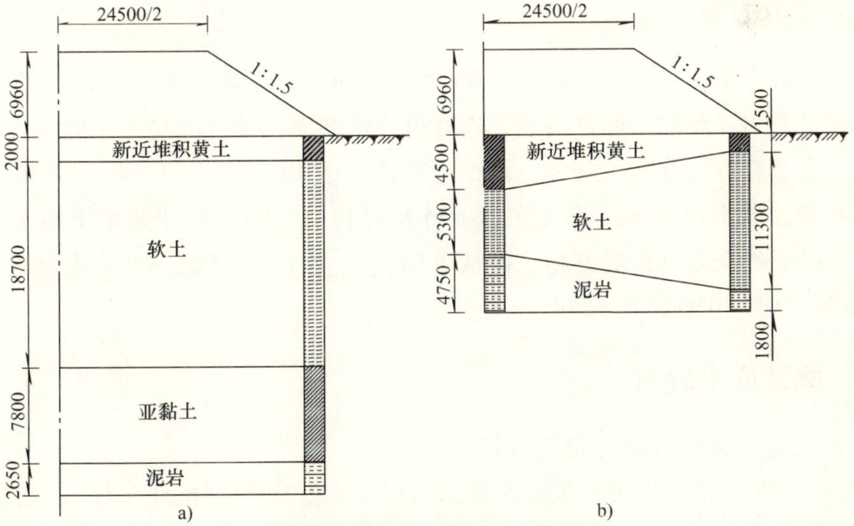

图5-12 试验断面地层剖面图

a）K25＋665断面 b）K25＋706断面

表 5-3 试验断面各土层物理力学指标试验值（平均值）

桩号	土层类型	天然含水量 w（%）	容重		相对密度 G	饱和度 S_r（%）	天然孔隙比 e_0	孔隙率 n（%）	压缩系数 a_{1-2} /MPa	压缩模量 E_{s1-2} /MPa	液限 w_L（%）	塑限 w_P（%）	塑性指数 I_P	液性指数 I_L	内摩擦角 φ（°）	黏聚力 C /kPa	湿陷系数 δ_S	重湿陷系数 δ_{zs}
			湿容重 γ（kN/m³）	干容重 γ_d（kN/m³）														
K25+665	新近堆积黄土	19.45	18.8	15.7	2.71	73.00	0.722	42	0.96	2.78	29.17	19.14	10.03	0.03	17.8	17.5	0.041	0.021
	软土	23.02	18.7	15.2	2.70	80.64	0.771	43	1.36	1.38	28.24	18.57	9.59	0.47	16.2	19.75		
	亚黏土	20.59	19.2	15.9	2.71	79.08	0.713	41			29.09	17.71	11.37	0.28				
K25+706	新近堆积黄土	20.30	17.8	14.7	2.69	66.69	0.822	45			28.65	20.16	8.48	<0				
	软土	23.61	18.6	15.0	2.68	80.49	0.794	44			26.00	18.44	7.56	0.70				

5.2.2 工程概况

尹中机场高速公路路堤填土高6.96m，路面宽24.5m，边坡1∶1.5。复合地基设计资料如下：布桩形式为梅花形布桩，桩间距为1.2m，排距为1.1m；置换率 $m=0.157$；桩径为50cm，桩长：k25+665断面处为13m；k25+706断面处的桩长不等，如图5-13所示。

5.2.3 试验方案

测点布置在K25+665和K25+706两个断面的右半幅地基。布点时粉喷桩施工已结束且有28d龄期。经过清场，选择道路横断面三排桩范围，在桩顶和桩间土上布设压力盒和静力水准沉降杯。两个断面共布设40个压力盒，40个沉降杯，观测点的布置如图5-13所示。布完测试元件经过初值量测后即开始填土施工。量测工作从测试元件全部就位后开始，即从2001年5月16日开始，每天连续观测，直到2001年10月30日，共166d。

5.2.4 测试成果分析

1. 施工过程进行分期（根据现场记录）

1）第一施工期，从第1天（5月16日）至第21天（6月6日），实际填土从5月22日开始，均匀填土压实，平均每天填土高度约为20cm，总填土高度为3m。

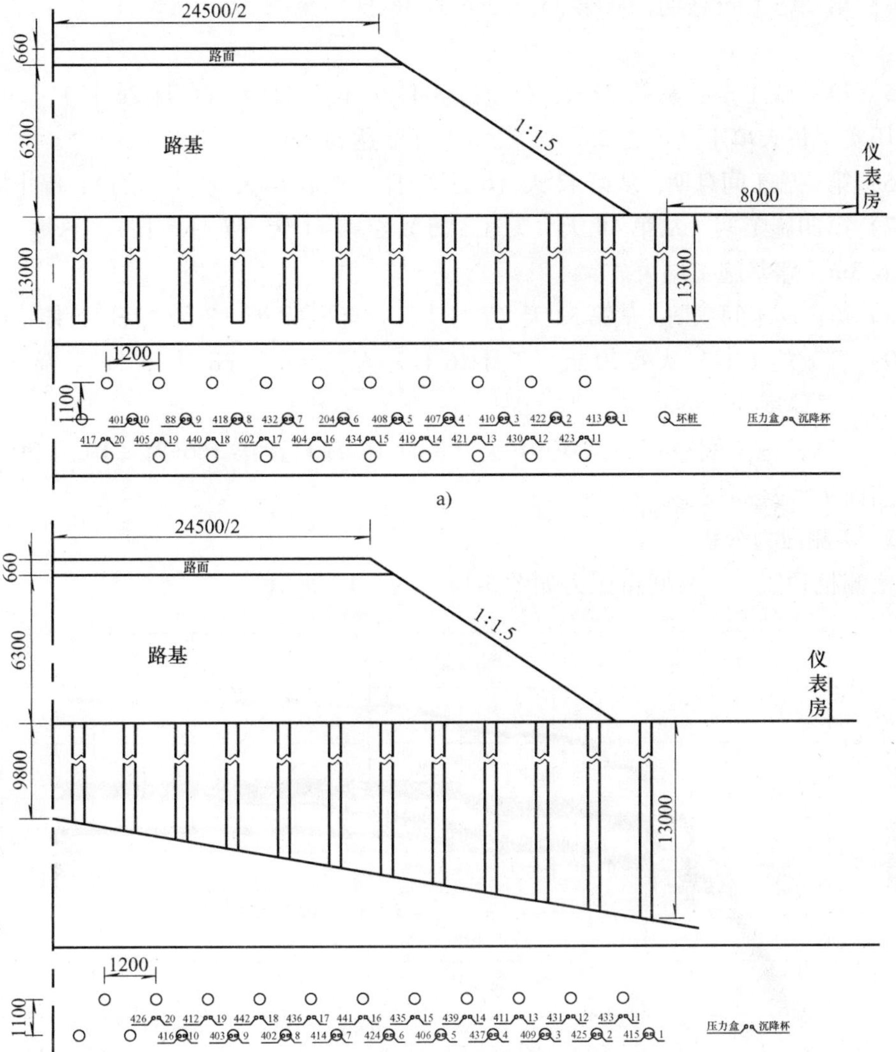

图 5-13　测试元件布置图（单位：mm）

a）K25 +665 断面　b）K25 +706 断面

2）第一施工间息期，从第 22 天（6 月 7 日）至第 28 天（6 月 13 日），由于 6 月 7 日填土厚度过大（压实后填土高度达到 4m），压实度不能满足要求，故在此期间未继续填土而只进行压实。

3）第二施工期，从第 29 天（6 月 14 日）至第 32 天（6 月 17 日），均匀填土、压实，每天填土高度为 25cm，总填土高度达到 5m。

4）第二施工间息期，从第33天（6月18日）至第37天（6月22日），停止加荷。

5）第三施工期，从第38天（6月23日）至第41天（6月26日），均匀填土、压实，每天填土高度为25cm，总填土高度达到6m。

6）第三施工间息期，从第42天（6月27日）至第47天（7月2日），停止加荷。

7）第四施工期，从第48天（7月3日）至第51天（7月6日），总填土高度达到6.3m，路基施工结束。

8）第四施工间息期，从第52天（7月7日）至第69天（7月25日），停止加荷。

9）第五施工期，从第70天（7月26日）至第90天（8月15日），施工路面结构层，总厚度为66cm。

10）第五施工间息期，从第91天（8月16日）至第166天（10月30日），路基路面工程全部竣工。

2. 实测压力分析

实测桩顶压力、桩间土压力如图5-14～图5-17所示。

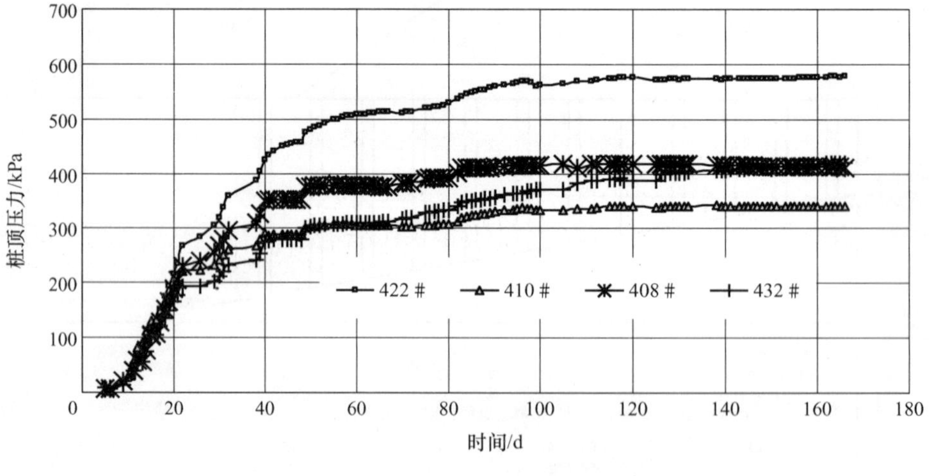

图5-14　K25＋665断面桩顶压力-时间关系曲线

从图5-14和图5-15看出，在K25＋665处，第一施工期内，桩顶土压力 p_p 和桩间土压力 p_s 快速连续上升，而在停止填土后的第一施工间息期内，实测的桩间土压力 p_s 随时间缓慢下降，但同期内桩顶土压力 p_p 则随时间缓慢上升。同样，在第二、三、四填土施工期和施工间息期内重复了这一现象。根据分析，施工间息期桩顶压力增加而桩间土压力减小的主要原因是随着土体固结的发生，土体和桩体因为刚度不同，土的下沉量大于桩的下沉量，则土会将加荷初期共同分担的上部荷载通过变形协调逐步给桩转移一部分。

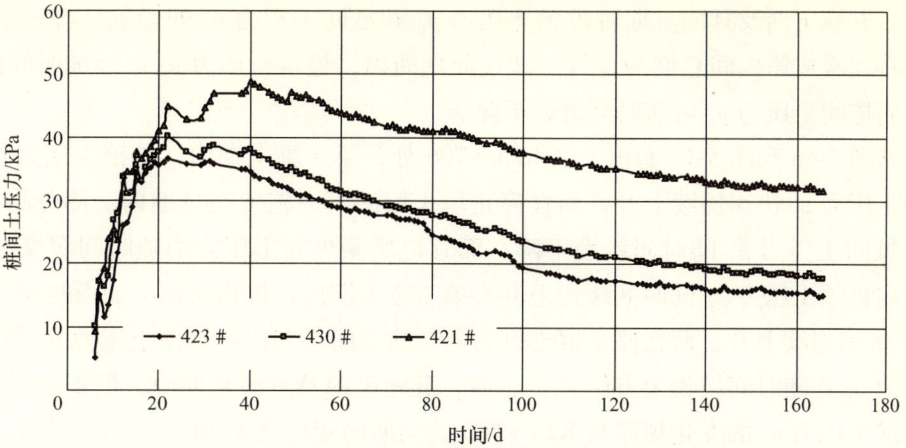

图 5-15　K25 +665 断面桩间土压力-时间关系曲线

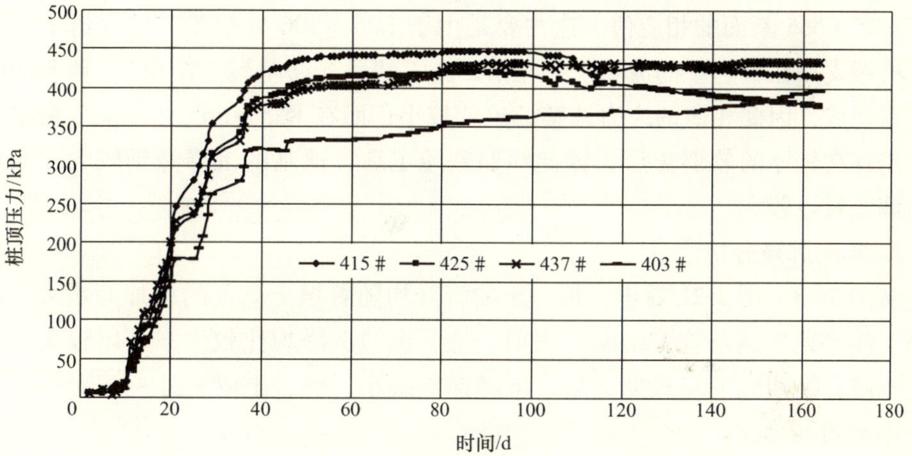

图 5-16　K25 +706 断面桩顶压力-时间曲线

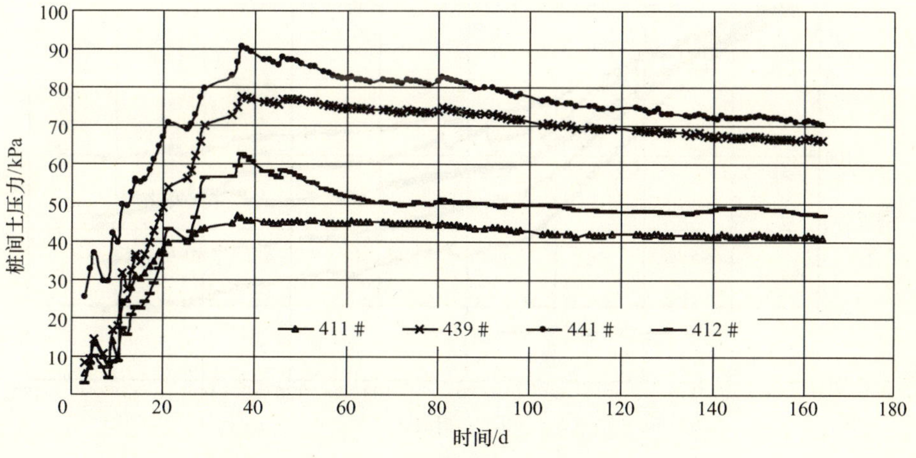

图 5-17　K25 +706 断面桩间土压力-时间曲线

第五施工期及其间息期对桩顶土压力 p_p 和桩间土压力 p_s 的影响已经很微弱，可以将其看成第四间息期的延续，即在此期间内，桩顶土压力 p_p 继续随时间缓慢上升而桩间土压力 p_s 则随时间缓慢下降。

从图 5-16 和图 5-17 看出，在 K25 + 706 处，第一施工期内，桩顶土压力 p_p 和桩间土压力 p_s 快速连续上升，而在停止填土后的第一施工间息期内，部分测点的实测桩间土压力 p_s 随时间缓慢下降，而其他所测桩间土压力均随时间缓慢上升，同期内桩顶土压力 p_p 随时间缓慢上升。第二施工期内，桩顶土压力 p_p 和桩间土压力 p_s 快速连续上升，而在停止填土后的第二施工间息期内，桩顶土压力 p_p 和桩间土压力 p_s 均随时间缓慢上升。第三、四、五施工期及其间息期内，桩顶土压力 p_p 和桩间土压力 p_s 的变化规律与 K25 + 665 处同期的变化规律相同。不同之处是，第四施工期以后，K25 + 706 断面桩顶土压力 p_p 的增长量和桩间土压力 p_s 的减少量均小于 K25 + 665 断面的相应值。这主要是由于 K25 + 706 处的粉喷桩穿透了软弱土层，桩端支撑在较坚硬的泥岩上，在第四施工期后（路基施工结束），地基的沉降已基本完成，因此相应的应力调整量也就较小；而在 K25 + 665 处，由于粉喷桩桩端下仍存在较厚的软弱土层，因此在路基竣工后，地基的沉降量仍较大，相应的应力调整量也较大。

3. 实测沉降分析

从图 5-18 ~ 图 5-21 看出：桩、土的沉降均随着填土高度的增加而增大。在第四施工间息期（路基施工结束）之前，桩、土的沉降均比较大，且以较大的速率均匀沉降；第四施工间息期之后，沉降速率减小，桩、土以另外一相对较小的沉降速率继续下沉。

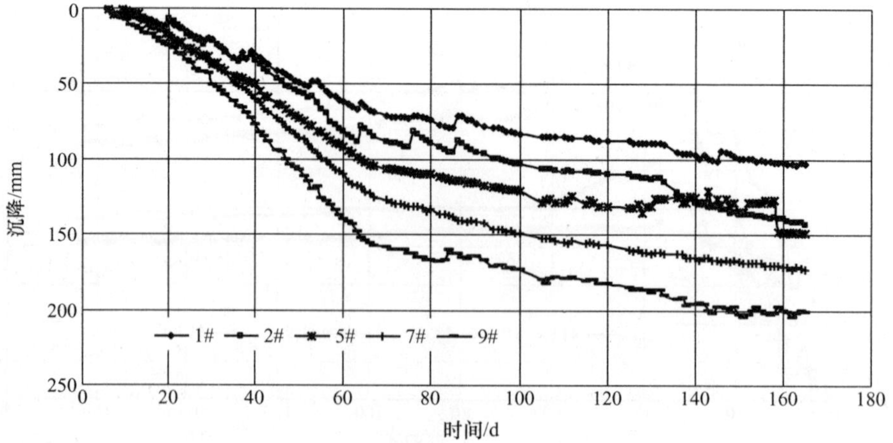

图 5-18　K25 + 665 断面桩间土沉降-时间关系曲线

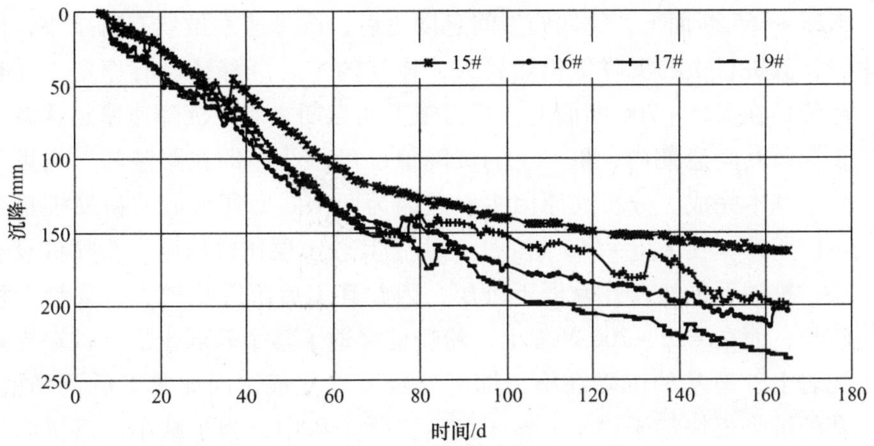

图 5-19　K25 + 706 断面桩顶沉降-时间关系曲线

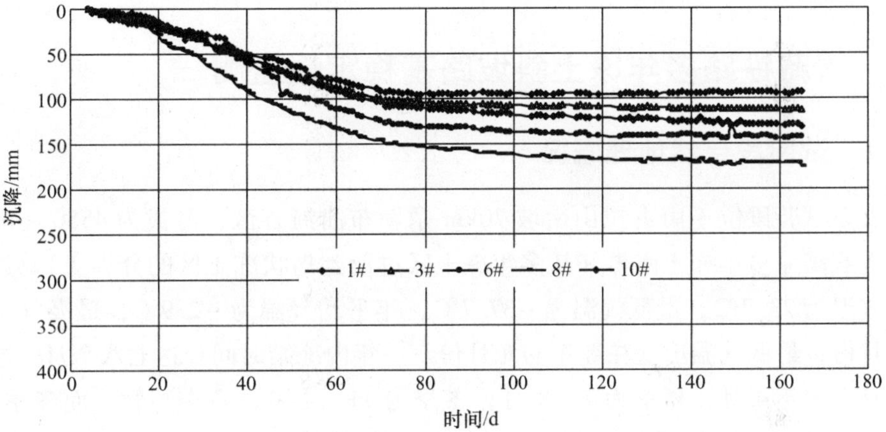

图 5-20　K25 + 706 断面桩顶沉降-时间关系曲线

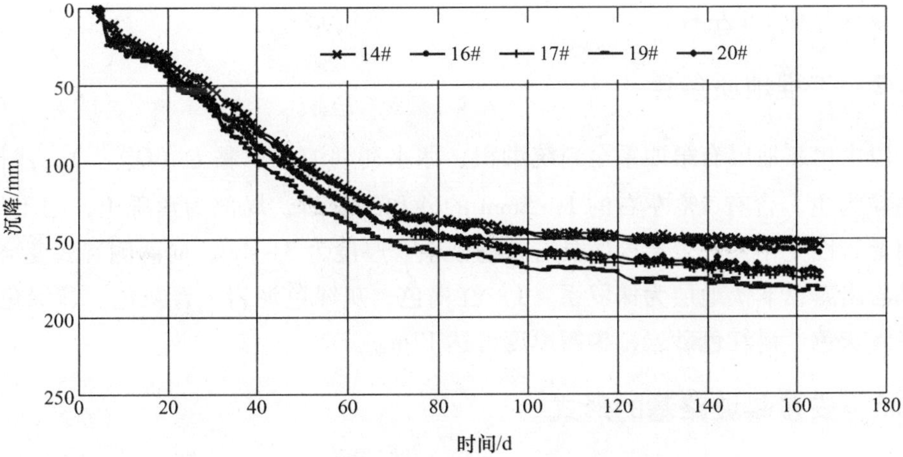

图 5-21　K25 + 706 断面桩间土沉降-时间关系曲线

在 K25 +665 断面上，第四施工间息期之后，沉降速率虽然有所减小，但到观测结束时，其桩、土的沉降值仍然较大，地基的工后沉降还没有稳定，且有继续发展的趋势；在 K25 +706 断面上，第四施工间息期之后，沉降速率迅速减小，在第五施工期及其间息期内，桩、土的沉降值已经很小，即在路基施工结束时，地基的沉降已基本完成。分析其原因主要是因为两个断面所形成的粉喷桩复合地基的形式不同所致。在 K25 +665 断面上，由于其软土层比较深厚，粉喷桩没有穿透软弱土层，桩端下仍然存在软弱下卧层，因此其工后沉降比较大，且趋于稳定所需时间较长；而在 K25 +706 断面上，粉喷桩穿透了整个软弱土层，桩端支撑在较坚硬的泥岩上，地基的沉降在施工期间已经基本完成，因此其工后沉降就很小，而且地基的沉降很快趋于稳定。鉴于此，实际工程中，为了减小工后沉降，应尽可能使粉喷桩穿透整个软弱土层，形成支承式粉喷桩复合地基。

5.3 青藏铁路多年冻土斜坡路基稳定性监测

5.3.1 试验段自然地理概况

安多试验段位于唐古拉山南坡 70km 尕勒布曲河谷区，海拔为 4850 ~ 4900m，接近青藏高原多年冻土南界（从多年冻土区过渡到岛状冻土区的分界线）。该地区最高气温为 23.2℃，最低气温为 -37.7℃，年平均气温为 -2.9℃，最高气温出现在 7 月份，最低气温出现在翌年的元月份。一年内冻结时间长达七八个月，冻结期为 9 月至翌年 4 月，夏季为 7 ~ 8 月，冬季为 11 ~ 4 月，夏季短暂，而冬季漫长，春秋为过渡季节，不十分明显。年平均降雨量 1290.9mm，年平均蒸发量 1016.9mm，降水量大于蒸发量，属青藏高原湿润气候区。地表植被覆盖率 70% 以上，草皮厚 0.2m 左右。

5.3.2 工程地质条件

段内出露地层有第四系全新统洪积、冰水和湖泊沉积黏土（Q_4^{pl-fgl}），浅褐色，以黏粒为主，含有 5% 左右的 1 ~ 5mm 的砂和细砾石，局部为角砾土，很不均匀，横向上岩性变化大，表层松散具有植物根系，厚度为 3 ~ 4m，向两侧谷底变薄，局部基岩出露；下伏地层为侏罗系（J）红褐色、灰绿色泥岩，青灰色、黄绿色泥灰岩夹青灰色、褐红色砂岩，揭露厚度可达 17m。

5.3.3 安多斜坡路基的形式

安多试验段的路基面按 Ⅰ 级铁路次重型轨道类型标准设计，基床厚度 2.5m，其中表层0.6m，底层1.9m。试验段的路基结构呈现几何不对称，路基宽度为8.3m，路基结构形式见图5-22和图5-23所示。

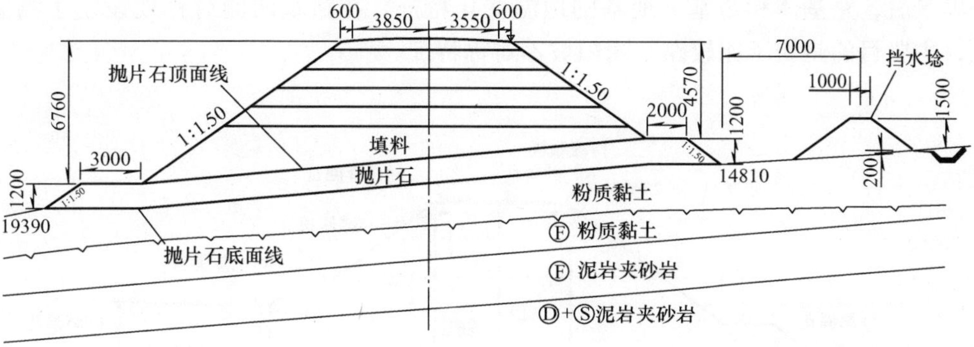

图5-22 DK1503+480断面路基结构图（滑塌区）（单位：mm）

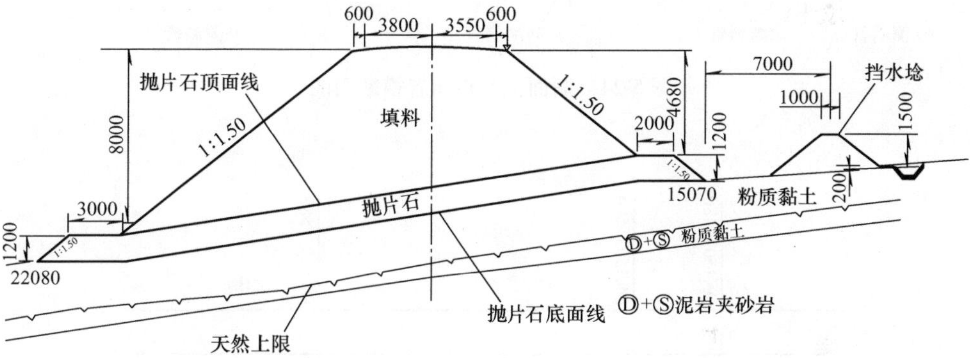

图5-23 DK1503+580断面路基结构图（滑塌外）（单位：mm）

考虑到冻土斜坡路基的特殊性，试验断面采取的主要工程措施有：

1）在斜坡路基上游侧，设置挡水埝用来隔离地表水。

2）挖除热融滑塌的地表土，在路基下部，铺设抛片石来主动冷却路基，并利用抛片石排泄路基内的自由水。

3）在热融滑塌段内的路基设置土工格栅，抑制路基的纵向裂缝的发生和发展。

为了验证冻土斜坡片石路基在热融滑塌段的稳定性，设置本试验段进行稳定性研究，试验段内各测试项目及测试位置见图5-24和图5-25。

在一个断面内设置6个测温孔。其中6#测温孔为天然测温孔，其测试深度为20m，目的是为了测定在测试时间段内天然地温场的变化特征；1#和5#测温孔为路基坡脚孔，测试深度8m，目的为了测定路基填筑后，路基坡脚处地温的变化特征；

2#和4#测温孔为路基路肩孔，测试深度为18m，为了测定路基填筑后，路基体和路基下地基的地温变化特征；3#测温孔为路基中心孔，测试深度为25m，为了测定路基填筑后，路基体和路基下地基的地温变化特征。在路基两侧对称地设定了测温孔，主要目的是为了比较路基阴阳坡不对称特征。

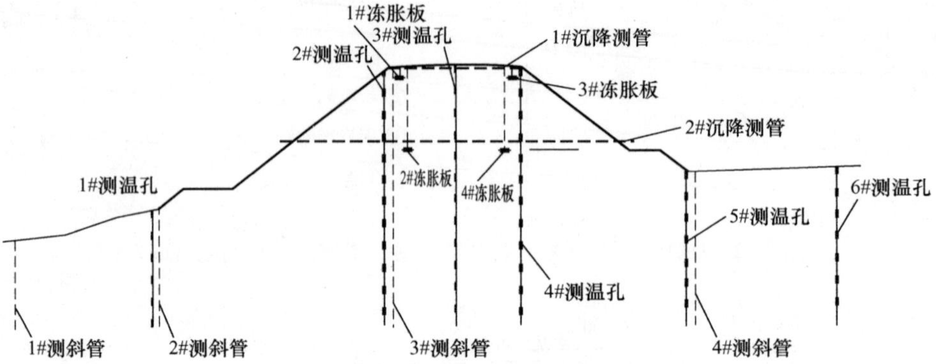

图5-24　断面试验点布置横断面图

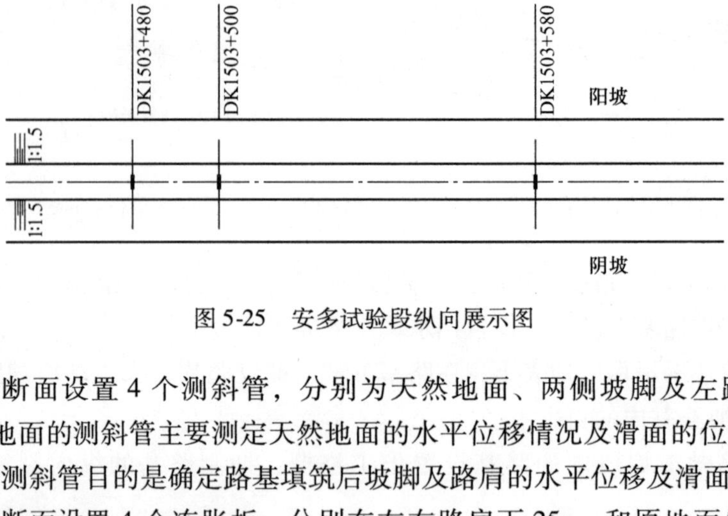

图5-25　安多试验段纵向展示图

在一个断面设置4个测斜管，分别为天然地面、两侧坡脚及左路肩（阳坡侧）。天然地面的测斜管主要测定天然地面的水平位移情况及滑面的位置；两侧坡脚及路肩的测斜管目的是确定路基填筑后坡脚及路肩的水平位移及滑面的位置。

在一个断面设置4个冻胀板，分别在左右路肩下25cm和原地面处（路基基底），埋置在表层的冻胀板沉降变化反映了路基沉降（或冻胀）随时间的变化；原地面处的冻胀板沉降变化反映了路基基底下地基土的沉降随时间的变化。

一个断面设置两层水平沉降管，分别埋设在路基面下30cm和路基中部，主要是测定在路基内的总沉降变化特征及填料的变形特征。断面里程及监测内容见表5-4。

表 5-4　断面里程及监测内容

序　　号	断 面 里 程	与热融滑塌区的位置关系	测 试 内 容
1	DK1503 + 480	区内	1. 地温测试 2. 冻胀板测试 3. 沿水平方向上的竖直变形监测 4. 沿竖直方向上的水平位移监测
2	DK1503 + 500		
3	DK1503 + 580	区外，作参考	

（1）测试项目的测试手段

1）地温。用热敏电阻来测定路基及路基土体的地温，是基于温度变化导致测温元件电阻率改变，通过标定系数获得地温变化特征。

2）水平位移。利用竖直测斜仪测定路堤土体的水平位移。

3）冻胀板。冻胀板测定定点变形与沉降，水准仪量测测点高程改变量。

4）垂直沉降。利用水平测斜仪、水准测量测定路堤土体的垂直位移。

（2）试验的监测频率

1）变形测试。每年 5 ~ 10 月份为 3 次/月；其他月份为 2 次/月。

2）地温测试。每年 5 ~ 8 月份为 5 次/月；9、10 月为 1 次/2 天；11 月 ~ 次年 4 月为 3 次/月。

（3）试验段的施工工况　2003 年 8 ~ 10 月，填筑试验段路基；2004 年 8 月，辅轨通过本试验段。

5.3.4　地温变化特征分析

1. 天然孔的地温变化特征分析

从天然孔地温线图（见图 5-26、图 5-27）可以看出，天然上限以上，地温变化较剧烈。从观测期（3 年）来看，DK1503 + 480 断面上的天然孔地温没有年度变化，每年的 10 月中上旬，达到最大融深；而每年的 1 月下旬至 2 月中旬，活动层的温度最低，最低达到 -11.5℃，其天然上限为 2.89m；而其余两个断面的天然上限几乎相同，其天然上限分别为 2.92m 和 2.80m。天然上限以上，冻土地温随气温变化而变化；而在天然上限以下，地温逐渐趋于一定值，地温值约为 -0.3℃，属于多年冻土高温极不稳定区。

在地面下约 16m 左右，为多年冻土下限，说明本试验区的多年冻土厚度约为 13m 左右，因此多年冻土极容易受到气候变暖与人为等因素影响而消亡。

2. 路基中心地温变化特征

路基中心测温孔在基底面及原天然上限处暖季地温的变化见表 5-5，DK1503 + 480 和 DK1503 + 580 两个断面的中心孔的地温曲线见图 5-28 和图 5-29。

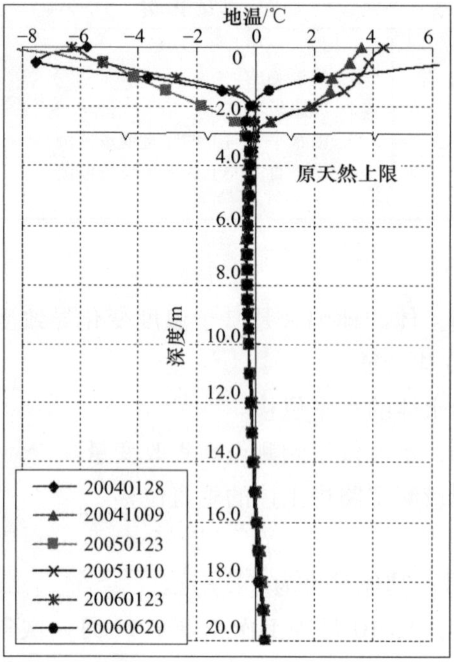

图 5-26 断面 DK1503 + 480 天然孔地温线图

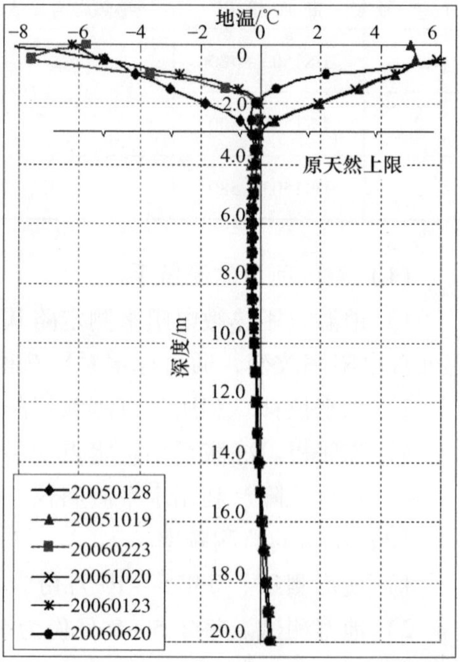

图 5-27 断面 DK1503 + 580 天然孔地温线图

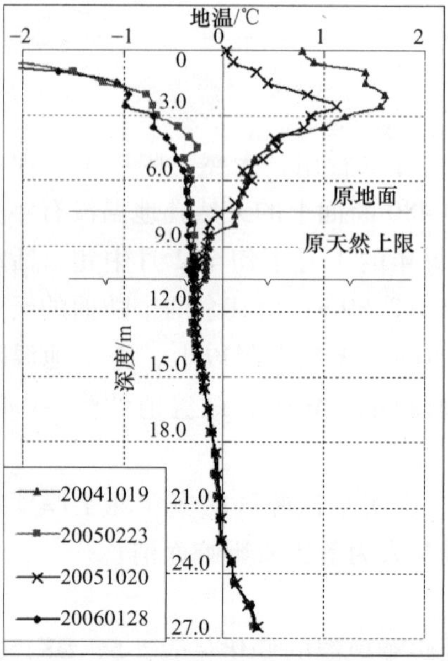

图 5-28 断面 DK1503 + 480 中心孔地温线图

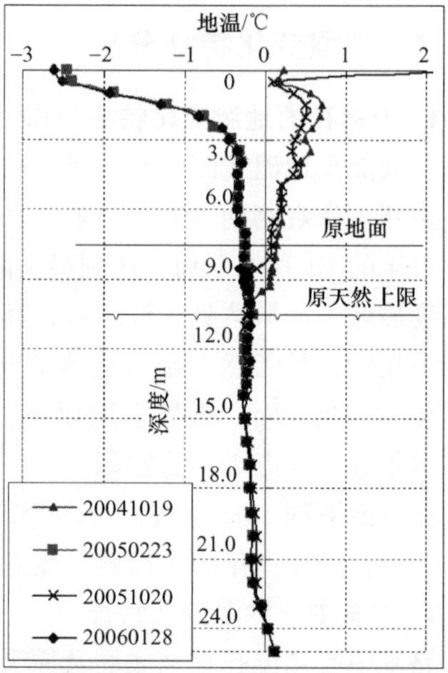

图 5-29 断面 DK1503 + 580 中心孔地温线图

表 5-5 中心测温孔暖季地温比较 （单位：℃）

	1503 +480（滑塌区内）		1503 +500（滑塌区内）		1503 +580（滑塌区外）	
	基 底 处	原上限处	基 底 处	原上限处	基 底 处	原上限处
2004	0.16	-0.27	0.19	0.05	0.14	0.01
2005	0.08	-0.29	0.13	-0.21	0.10	-0.13

3. 人为上限的变化特征（见表 5-6）

人为上限的变化图如图 5-30 ~ 图 5-32 所示。路基填筑后，DK1503 +480 中心孔的天然上限在 2004 年有了较大幅度提升，抬升了 1.5m；而在 2005 年，人为上限也有一定抬升，基本达到片石面的底部，抬升近 2.4m。从寒季的温度曲线来看，在片石的顶底面，地温略有降低，说明片石路基在冬季起到降低地温的作用；而在夏季，其作用效果不明显。从两个对比断面来看，中心孔地温的变化几乎相同。人为上限以下，冻土的地温基本在 -0.3℃，而路基面下 23m 左右，为多年冻土下限，其多年冻土厚度在 16m 左右。从多年冻土温度曲线类型看，为散热型地温曲线，路基中心孔处的多年冻土在逐渐发展。

表 5-6 斜坡路基各测试断面的人为上限变化值 （单位：m）

断 面	年 度	1 号孔	2 号孔	3 号孔	4 号孔	5 号孔
DK1503 +480	2004	4.35（-0.26）	8.5（+1.5）	8.3（+1.5）	7.8（+1.6）	2.8（+1.3）
	2005	4.1（-0.01）	7.6（+2.4）	7.4（+2.4）	6.9（+2.5）	2.5（+1.6）
DK1503 +500	2004	4.4（-0.28）	9.6（+1.3）	8.8（+1.5）	8.35（+1.45）	2.9（+1.1）
	2005	4.2（-0.08）	8.9（+2.0）	8.2（+2.1）	7.5（+2.3）	1.9（+2.1）
DK1503 +580	2004	4.6（-0.60）	10.1（+0.9）	9.4（+1.2）	8.7（+1.2）	3.2（+0.80）
	2005	3.8（+0.20）	9.1（+1.9）	8.4（+2.2）	7.6（+2.3）	2.7（+1.30）

注：( ) 内为上限变化深度，其中“+”表示上限抬升，“-”表示上限下降。

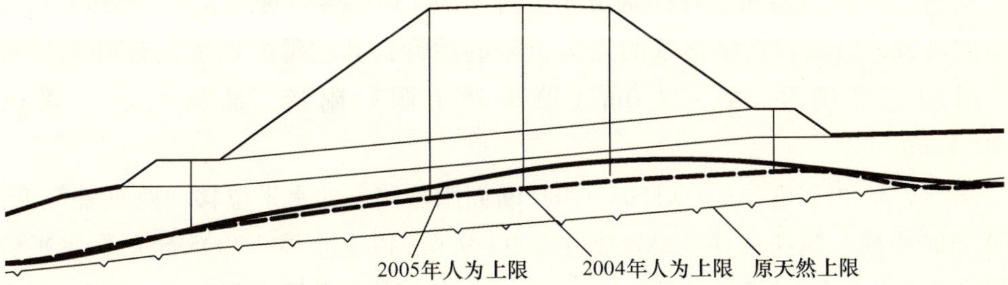

图 5-30 断面 DK1503 +480 人为上限变化图

从地温的监测数据来看，热融滑塌区内、外的地温变化特征基本相同，其人为上限的变化也基本相同，说明滑塌区内、外的地温差异不明显。

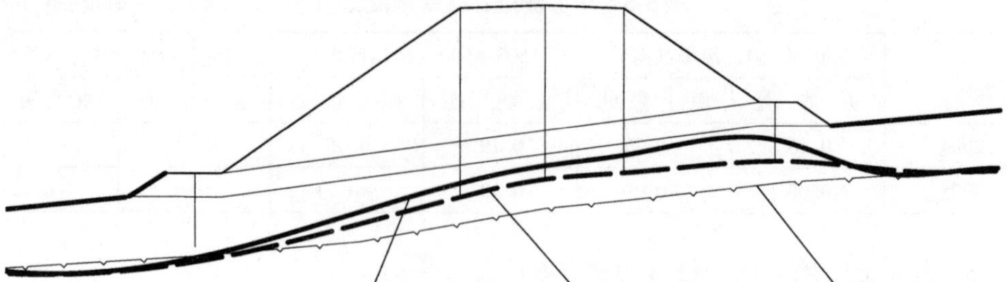

图 5-31　断面 DK1503 + 500 人为上限变化图

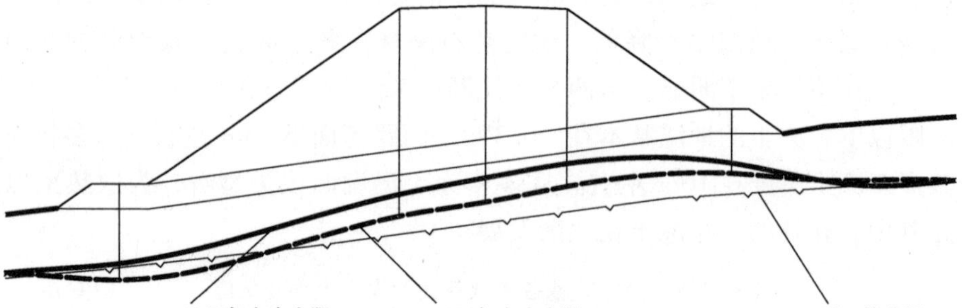

图 5-32　断面 DK1503 + 580 人为上限变化图

5.3.5　斜坡路基水平位移变化特征

路基的水平位移是通过埋设垂直测斜管测得，利用水平位移数据判断不同位置路基的侧向变形特征。热融滑塌试验区内不同部位的水平位移见图 5-33 和图 5-34 所示。

从图 5-33 可以看出，在热融滑塌段内（DK1503 + 480 断面），天然地基有向下蠕滑的迹象，但随着铁路路基的人为上限的抬升，其蠕滑的速度是逐渐趋于缓和的，滑动的深度在 2.5 ~ 4.0m（原天然上限）附近，蠕滑的最大累积量为 29.1mm。

从图 5-34 可以看出，DK1503 + 480 断面阳坡路肩的水平位移向路基外侧变形。2004 年暖季前，侧向位移主要发生在 8.0 ~ 9.0m 以上土体，2005 年后，水平位移主要出现在片石层底部，与两年度测得地温的人为上限深度相对应。2004 年 7 月 10 日与 2004 年 10 月 21 日间的水平位移差较大，达到 8.4mm，其平均水平位移速率为 0.082mm/d，说明列车荷载对阳坡路肩顶部的水平位移影响较大。而从侧向位移的变形特点看，暖季的侧向位移量较大，而寒季的侧向位移量小，说明侧向位移还与路基中的地温有关。

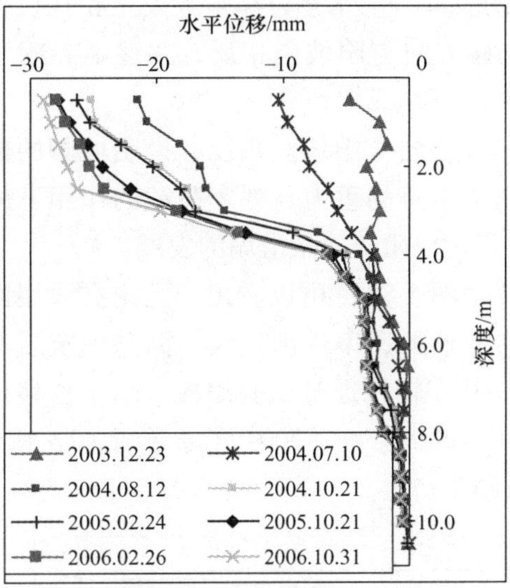

图5-33　断面DK1503+480天然地面水平位移

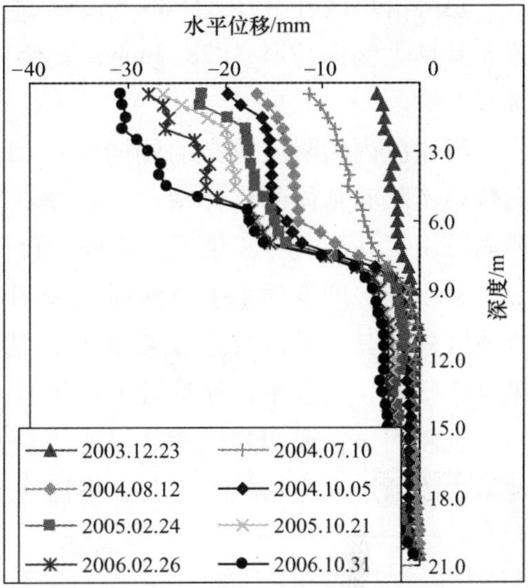

图5-34　DK1503+480阳坡侧路肩水平位移

而对于热融滑塌区外（DK1503+580断面），由于天然地基与路肩孔均遭到人为破坏。从图5-35与图5-36可以看出，坡脚处的侧向位移均指向路基外侧，但其变形量较小，只是热融滑塌区内的29.7%和93.7%（见表5-7）。

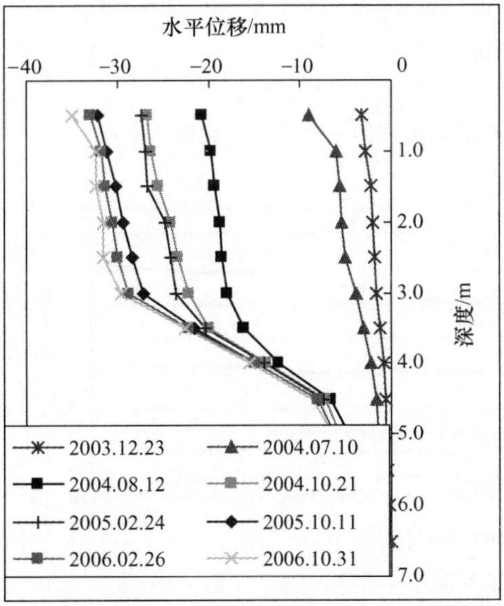

图5-35　DK1503+580阳坡侧坡脚水平位移

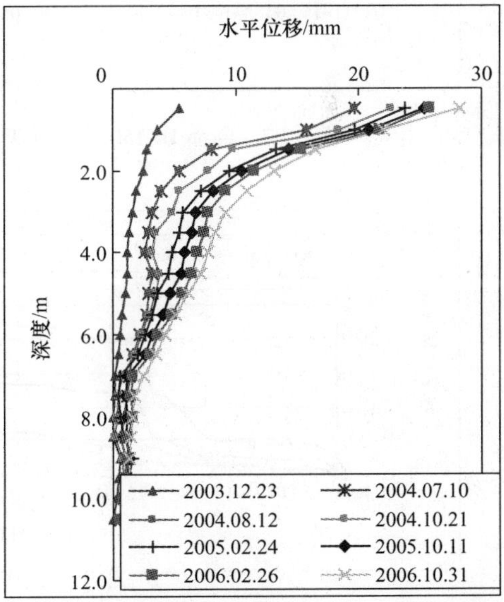

图5-36　DK1503+580阴坡侧坡脚水平位移

热融滑塌区外（DK1503+580断面），阳坡坡脚的水平位移最大发生在孔口位置，其最大侧向位移为 34. 9mm，而侧向位移是逐渐趋附于缓和的。

热融滑塌区外（DK1503 + 580 断面），阴坡坡脚的水平位移最大发生在孔口位置，其最大侧向位移为 28. 2mm，其侧向位移方向与阳坡侧相反，并逐渐趋附于缓和。

滑塌区内的阴坡坡脚的侧向位移相当，且方向与阳坡侧相反，说明坡脚的侧向位移不是路基体的整体滑动，而是在路基体本身的重力与列车荷载的作用下的侧向挤出，从而进一步说明，当前的设计方案可以阻止热融滑塌的发展。

从不同深度下的水平位移图（见图 5-37 ~ 图 5-38）可以看出，无论在滑塌区内或区外，其水平位移是逐渐增大，但侧向变形的速率逐渐减缓。路基填筑后的第一个暖季，其水平位移量较大；2004 年 8 月，辅轨通过试验路段，水平位移量增加也较明显，说明列车荷载对水平位移也有较大影响；2004 年寒季后，路基与地基土逐渐进入冻结状态，其水平位移逐渐趋于稳定。

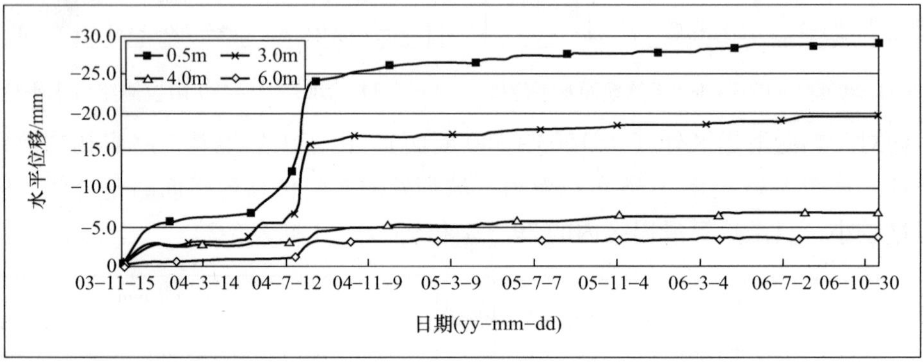

图 5-37　断面 DK1503 + 480 天然地面不同深度的水平位移变化图

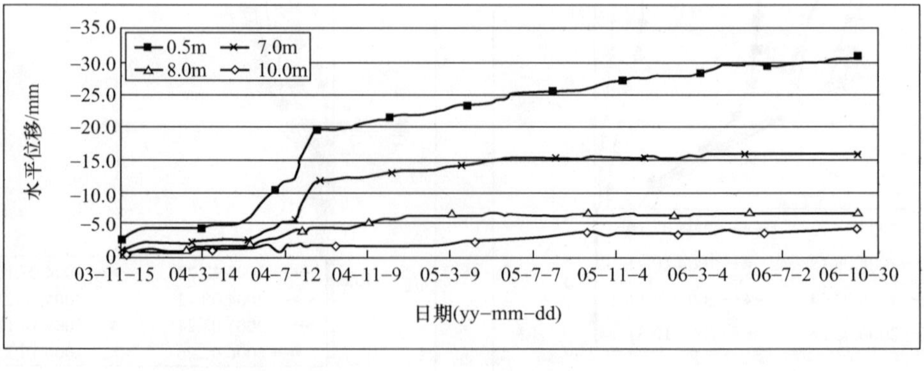

图 5-38　断面 DK1503 + 480 阳坡路肩不同深度的水平位移变化图

从天然地面的水平位移图（见图 5-37）可以看出，发生较大水平位移的深度在3.0～4.0m以上土体。从2004年10月后，其水平位移逐渐趋于稳定，说明路基达到热稳定后，减小了下游侧天然地面的水平位移。

从阳坡路肩的水平位移（见图5-38）来看，发生较大水平位移的深度在7.0～8.0m（多年冻土的人为上限）以上土体，说明斜坡路基的水平位移主要发生在人为上限以上土体；阳坡路肩的水平位移是逐渐趋于稳定的。到2004年10月，其水平位移达到19.8mm，占监测时间段内总水平位移的64.5%，说明路基水平位移主要发生在路基填筑后的第一个暖季。

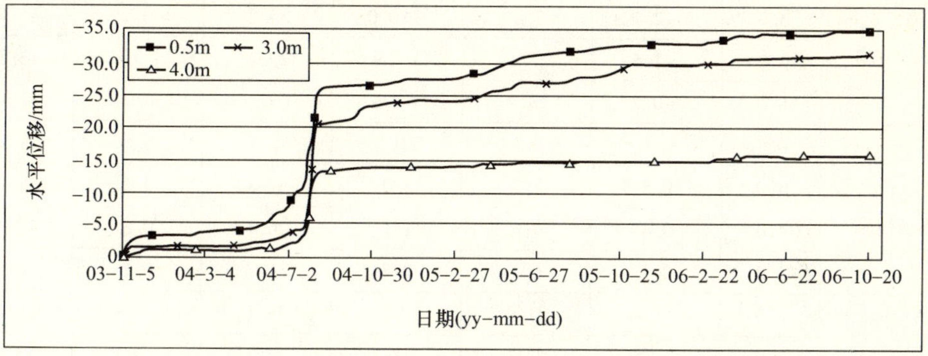

图5-39　断面DK1503+580阳坡坡脚的水平位移变化图

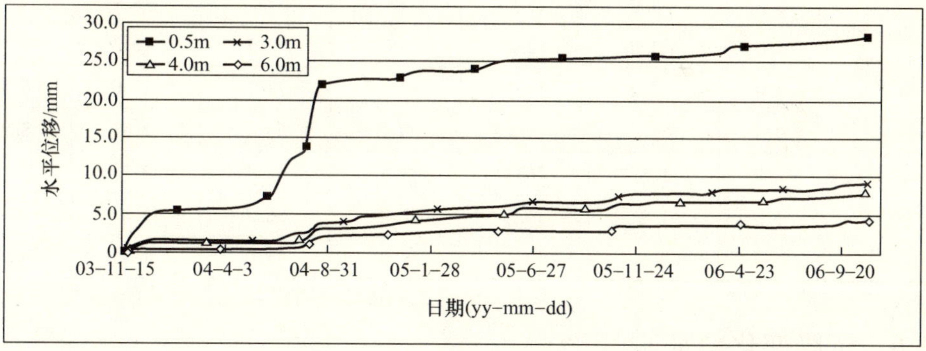

图5-40　断面DK1503+580阴坡坡脚的水平位移变化图

从图5-39和图5-40可以看出，其水平位移主要发生在路基填筑后的第一个暖季，侧向变形逐渐趋于稳定的，说明现有的工程措施能在一定程度上抑制路基的水平位移。

表5-7为各断面年度水平位移统计表，从表中可以看出，路基的水平位移主要发生在路基填筑后的第一个暖季，并且各年度的变形量是逐渐趋于缓和的，说明路基的侧向位移是逐步趋于稳定的。

表 5-7　各年度的侧向位移量及所占比例

位　　置	深度/m	2003 年度		2004 年度		2005 年度	
		侧向位移/mm	比例（%）	侧向位移/mm	比例（%）	侧向位移/mm	比例（%）
DK1503+480 天然地面	0.5	-4.7	16.2	-21.3	73.4	-1.9	6.6
	3.0	-2.3	11.6	-14.6	73.9	-1.4	7.1
	4.0	-2.6	37.7	-2.5	36.2	-1.4	20.3
	6.0	-0.4	11.4	-2.7	77.1	-0.2	5.7
DK1503+480 阳坡坡脚	0.5	-7.8	6.6	-81.4	69.2	-19.9	16.9
	3.0	-2.1	7.5	-10.0	35.8	-12.7	45.5
	4.0	-1.5	23.1	-1.9	29.2	-0.9	13.8
	6.0	-0.7	29.9	-1.6	68.4	0.0	0.0
DK1503+480 阴坡坡脚	0.5	0.1	0.3	21.7	72.1	6.6	21.9
	3.0	0.5	3.2	8.9	57.8	4.3	27.9
	4.0	0.4	9.6	1.1	26.4	0.6	14.4
	6.0	0.1	6.2	0.8	51.7	0.1	4.2
DK1503+480 阳坡路肩	0.5	-9.8	31.9	-12.0	39.1	-5.9	19.2
	7.0	-4.5	28.3	-8.7	54.7	-2.2	13.8
	8.0	-0.5	7.6	-5.4	81.8	-0.5	7.6
	10.0	-0.7	16.9	-1.1	26.5	-1.8	44.2
DK1503+580 阳坡坡脚	0.5	-8.9	25.6	-18.1	51.7	-5.9	16.9
	3.0	-3.8	12.2	-19.8	62.7	-6.3	20.0
	4.0	-2.2	14.1	-11.7	74.7	-1.0	6.5
DK1503+580 阴坡坡脚	0.5	5.4	19.1	17.8	63.1	2.5	8.9
	3.0	1.5	16.7	3.5	37.4	2.7	29.2
	4.0	1.2	15.5	2.8	36.7	2.8	36.1
	6.0	0.6	13.1	1.9	45.0	1.1	26.2

5.3.6　沉降变化特征

路基以沉降变形为主，暖季的沉降量较大；寒季没发现明显的冻胀现象，说明路基的排水效果较好。各断面斜坡路肩沉降累积曲线如图 5-41、图 5-42 所示。

从图 5-41 看出，在 2004 年 8 月，由于辅轨通过本试验段，出现了较大程度的沉降，阳坡侧沉降量达到了 5cm 左右；由于路基底部进行换托，并在基底辅设了片石路基，地基土的总体沉降量较小，小于 0.5cm。

而从图 5-42 看出，路基的沉降量较大，在 2004 年 8 月，路基沉降量较大，此阶段的沉降量达到 8cm。

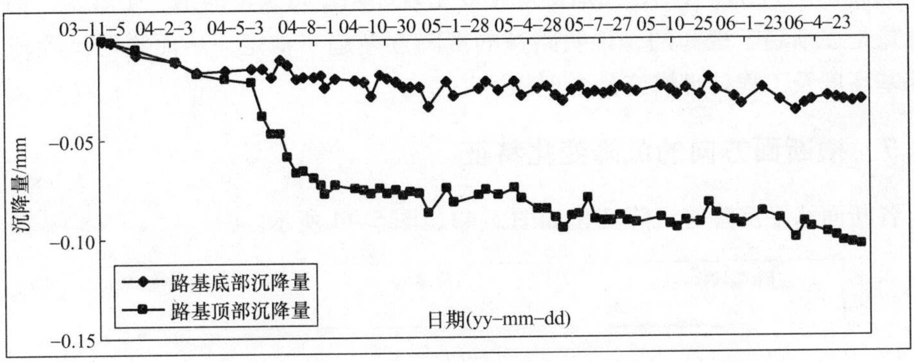

图 5-41　断面 DK1503 + 500 阳坡侧路肩沉降累积曲线

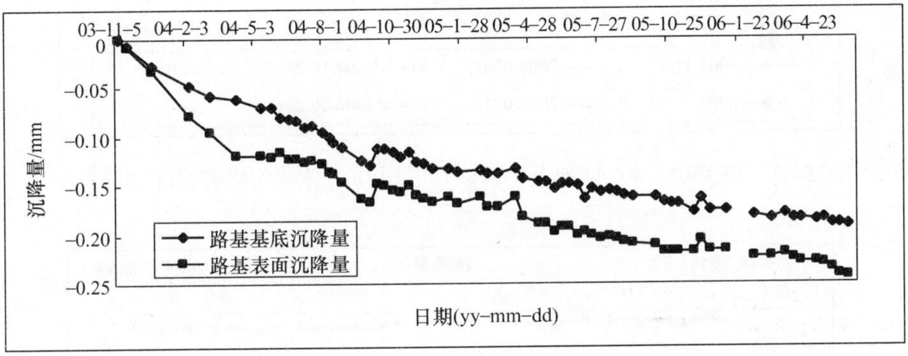

图 5-42　断面 DK1503 + 580 阳坡侧路肩沉降累积曲线

斜坡路基测试断面各路肩的年度沉降量统计表见表 5-8。

表 5-8　斜坡路肩各断面年度沉降量　　（单位：m）

断面及位置		2003 年度	2004 年度	2005 年度	累积沉降量
DK1025 + 500（热融滑塌区内）	左路肩	−0.0070	−0.0270	0.0080	−0.0315
	右路肩	−0.0045	−0.0833	−0.0010	−0.1043
	左路肩下地基面	−0.0040	−0.0080	−0.0020	−0.0165
	右路肩下地基面	−0.0075	−0.0255	−0.0030	−0.0395
DK1025 + 580（热融滑塌区外）	左路肩	−0.0275	−0.1045	−0.0425	−0.1905
	右路肩	−0.0315	−0.1355	−0.0485	−0.2435
	左路肩下地基面	−0.0195	−0.0555	−0.0155	−0.0975
	右路肩下地基面	−0.0240	−0.1040	−0.0325	−0.1745

从表5-8中可以看出，路肩沉降主要出现在路基填筑后的第一个暖季，而年度沉降量是逐渐趋于缓和的，说明路基的沉降逐渐趋于稳定，从而说明试验段设计的路基高度及工程处理措施是合理的。

5.3.7 横断面方向的沉降变化特征

各断面水平沉降管沉降变化如图5-43、图5-44所示。

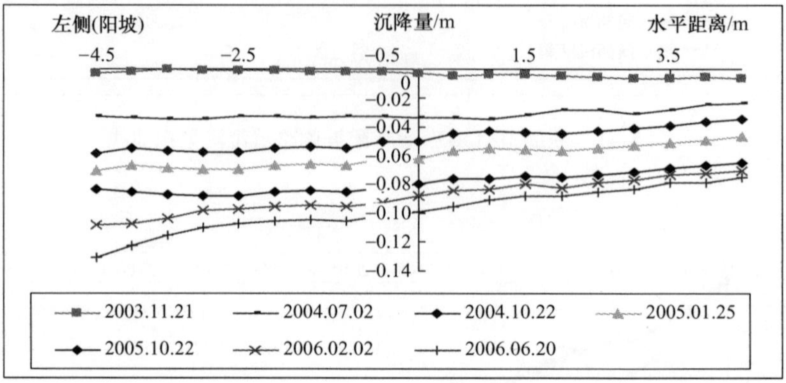

图5-43 DK1503+500断面上层（路基下0.3m）水平沉降管沉降变形曲线

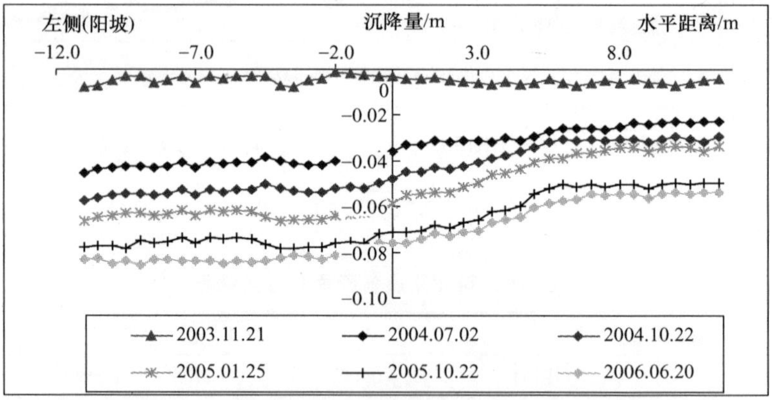

图5-44 DK1503+500断面下层（路基中部）水平沉降管沉降变形曲线

从图5-43、5-44来看，路基断面上表现为沉降为主，阳坡侧的沉降量大于阴坡侧的沉降量；同样的，阳坡侧的路基本体沉降大于阴坡侧。说明路基高度和路基的坡向对路基体的沉降有较大影响。在相类似工程中，线路走向应尽量避免路基高度和阳坡作用的双重不对称影响。

路基填筑后的第一个暖季，其沉降量较大，这个阶段的上层沉降管的沉降量占全部沉降的 40%，而下层的沉降量几乎占到 50%；路基通车后，其沉降量增加较大，上层沉降管沉降接近 2cm，而下层沉降管沉降接近 1cm。

从图 5-45 可以看出，路基基体的沉降量也是逐渐增大，路基填筑后的第一个暖季结束时，其沉降量占沉降量的 50%，而后期的沉降量在逐年减小，说明路基基体的沉降在逐渐趋于缓和。

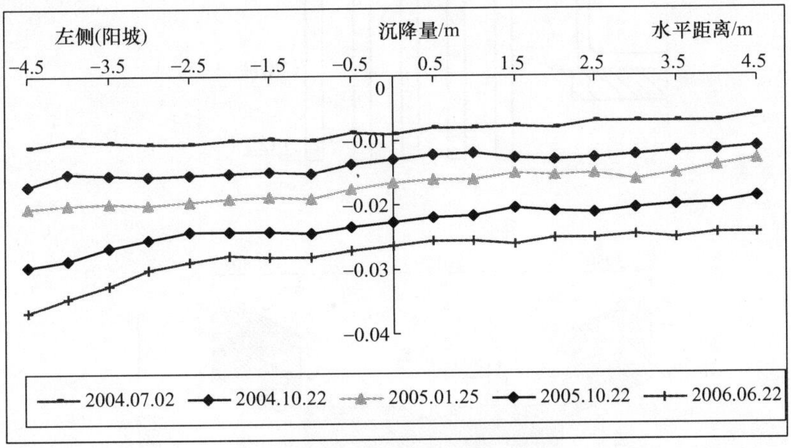

图 5-45　DK1503 + 500 断面路基本体的沉降曲线

5.4　高速铁路路涵过渡段监测

5.4.1　工程条件

京沪高速铁路廊坊段 DIK61 + 069. 24 涵洞为混凝土箱涵，涵洞中心与线路走向正交，跨径为 5m，填土高度 1. 0m；DIK58 + 700 涵洞也为混凝土箱涵，涵洞中心与线路走向正交，跨径为 3m，填土高度 1. 2m。涵洞基础均采用 CFG 桩筏结构，CFG 桩为正方形布置，桩径为 500mm，桩长 25. 0m，桩间距为 1. 5m。

而路涵过渡段均采用倒梯形进行过渡，处理长度为 20m。过渡段基床底层填料为级配碎石加 3% 水泥，基床表层填料则为级配碎石加 5% 水泥；地基采用 CFG 桩桩板结构进行处理。其中 DIK61 + 069. 24 过渡段如图 5-46 所示。

本段线路以低填浅挖通过，位于廊坊站内，既有京山线右侧，其地质由地表向下分层大致如下：

1）表层，厚 0 ~ 3. 3m，第一层上部为黏土（1-1、1-2 层），中部为粉质黏土（1-3、1-4 层），底部为粉土层（1-5、1-5-1 层）。

2）第二层，上部为黏土（2-1，2-2 层），中部为粉质黏土（2-3、2-4 层）。

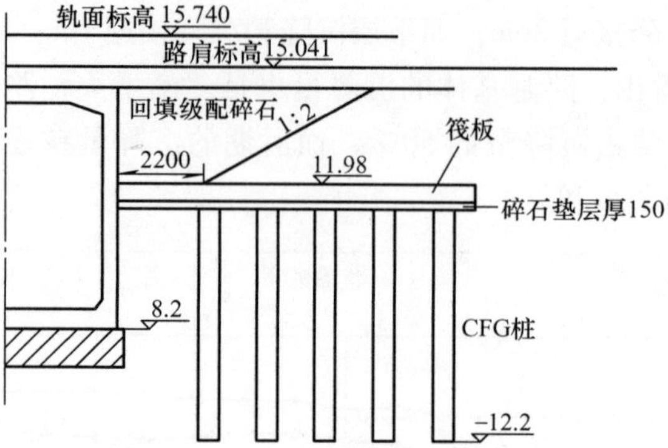

a)

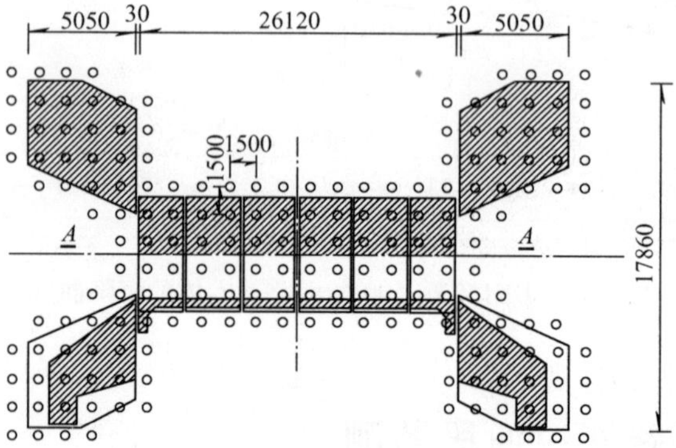

b)

图 5-46 DIK61 +069.24 涵洞及路涵过渡段结构示意图

3）第三层，上部为黏土（3-1 层），中部为粉质黏土（3-2 层），下部为粉土（3-3 层）。

总之，其划分原则是由粗（粉土）到细（黏土）的半旋回层。各层物理特性指标见表 5-9。

现场联调联试采用“检测列车”（见图 5-47）和“试验动车 CRH2”（见图 5-48）两种试验列车。检测列车的编组顺序为：DF11G + RW553811（机车直供电） + WX999289 + SY998941 + DF11，最高运行速度为 160km/h；试验动车 CRH2 由 6 节动车与 2 节拖车组成，CRH2 型动车组参数为：转向架固定轴距长 2.5m，头尾车长 25.7m，中间 6 节车长皆为 25m，前后轮距约 4.2m，整动车组长 204.9m。轴重不大于 14t。试验列车分别在上、行线上往返逐次提速运行，上行线上最高运行速度分别为：200km/h、220km/h、240km/h、260km/h、280km/h、300km/h、310km/h、320km/h、330km/h。

表5-9 区内地基岩土物理力学指标统计表

地层编号	岩性描述	层厚/m	天然含水率 w（%）	天然重度 γ /(kN/m^3)	天然孔隙比 e_0	液限 w_L（%）	塑限 w_P（%）	塑性指数 I_P	液性指数 I_L	压缩系数 $a_{0.1-0.2}$（MPa^{-1}）	压缩模量 $Es_{0.1-0.2}$（MPa）	天然快剪	
												内摩擦角 φ_q（°）	黏聚力 C_q（°）
1	杂填土	3.3	27.3	18.6	0.926	32.0	23.4	8.6	0.81	0.290	19.82	34.0	14.0
1-1	黏土	0.9	35.3	19.0	0.955	41.2	22.4	18.8	0.69	0.470	4.00	8.3	24.0
1-2	黏土	2.6	43.8	18.0	1.205	49.0	26.0	22.9	0.68	0.575	3.81	6.9	27.2
1-3	粉质黏土	2.9	23.6	20.6	0.633	27.9	16.7	11.3	0.59	0.270	6.18	9.5	17.0
1-4	粉质黏土	4.2	30.2	19.4	0.828	29.1	16.8	12.0	0.83	0.417	4.46	8.5	18.6
1-5	粉土	1.7	25.0	19.9	0.704	26.7	18.6	7.7	0.69	0.182	10.21	26.2	16.0
1-5-1	粉土	2.4	23.6	19.6	0.693	26.3	19.6	6.9	0.61	0.123	13.52	23.5	16.7
2-1	黏土	1.5	33.9	19.0	0.940	41.4	21.9	19.4	0.56	0.409	4.61	7.6	27.8
2-2	黏土	2.1	35.1	19.1	0.949	40.5	21.7	18.7	0.57	0.464	4.23	8.1	35.8
2-3	粉质黏土	1.6	28.1	19.7	0.775	28.0	16.1	11.7	0.83	0.382	4.05	8.4	22.1
2-4	粉质黏土	4.1	26.3	20.0	0.719	29.3	16.7	12.4	0.65	0.336	4.94	8.8	20.1
2-5	粉土	4.0	23.3	20.2	0.646	24.5	16.1	7.8	0.66	0.227	7.92	20.1	15.1
3-1	黏土	5.2	32.5	19.2	0.903	42.5	22.3	19.8	0.45	0.325	5.88	10.7	43.1
3-2	粉质黏土	3.0	25.8	20.1	0.710	30.3	17.6	12.6	0.57	0.306	5.42	12.2	25.6
3-3	粉土	6.0	23.4	20.0	0.661	24.6	16.3	8.0	0.64	0.209	8.17	22.9	23.7

图 5-47　检测列车

图 5-48　试验动车 CRH2

5.4.2　研究目标

选取代表性地段，重点研究内容如下：

1）研究施工期间路涵过渡段的应力、沉降的变化特征。

2）研究试运营期间路涵过渡段的动态响应特征。

3）通过变换设计参数，包括改变涵洞尺寸（跨径为 2m、4m、6m）、过渡段长度（15m、20m、25m）、基床填料、CFG 桩桩长（20m、23m、25m）、桩间距（1.0m、1.6m、2.0m）、涵洞填土高度（1m、2m、3m）等设计变量，优化路涵过渡段的设计参数。

4）建立路涵过渡段的动态模型，研究在高速运营过程的动态响应，并改变运行速度、运行方向和过渡段的基本尺寸，优化路涵过渡段的设计参数。

5.4.3　测试内容

现场试验共测试以下内容，传感器均埋设于上行线中心线下：

1）桩顶高程上，涵洞中心、右侧墙身处、距涵洞中心分别为 5m、10m、15m、20m 的桩头和四桩桩间土的压应力值，土压力计布设如图 5-49 所示。

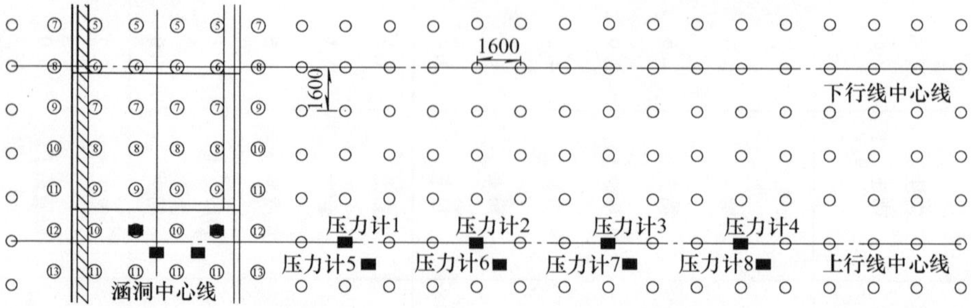

图 5-49　桩顶高程上桩顶及桩间土压力计平面布置图（单位：mm）

2）涵洞顶标高上，涵洞中心、涵洞侧壁距涵洞中心分别为1m、2m、3m、5m处土压应力值，土压力计布设如图5-50所示。

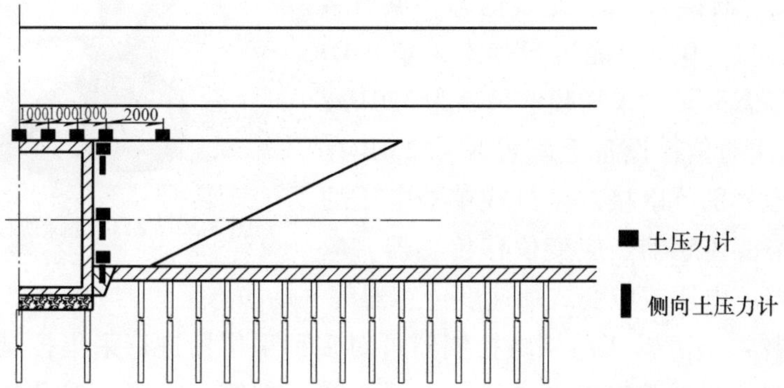

图5-50　涵洞侧壁及涵洞顶板处土压力计的布置图（单位：mm）

3）涵洞壁外0.2m，涵洞顶位置、涵洞顶中心及涵洞底侧竖向和侧向土压应力值，土压力计布设如图5-51所示。

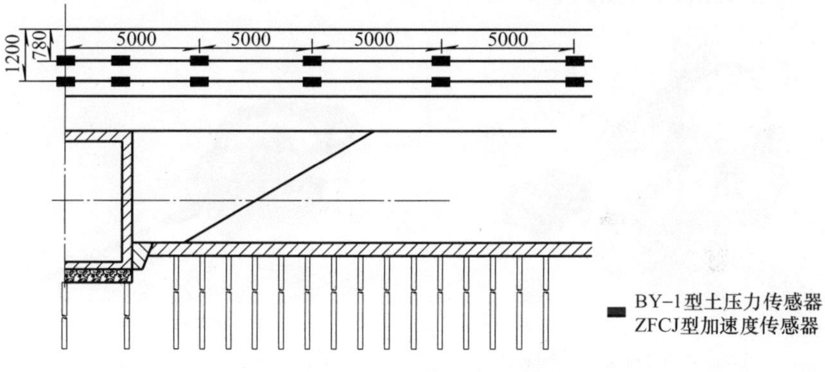

图5-51　轨面下78cm和128cm两个深度处土压力传感器、加速度传感器布置图

4）轨面下78cm（基床底层表面）和128cm两个深度处，涵洞中心、右侧翼墙处、距涵洞中心分别为5m、10m、15m、20m动土压应力值和加速度值，传感器布设如图5-51所示。

（1）加速度计　测试加速度，试验采用的是ZFCJ固态加速度传感器（见图5-52），它的工作原理是利用硅微细加工工艺，在小于3mm×3mm硅片上单片集成加速度敏元件和信号调节电路，敏感元件的中心板在外界加速度的作用下，与固定板发生相对运动，正比外界加速度的静电平衡力使中心板始终保持在为0*g*状态，对应这个静电平衡力的电流正比于外界加速度值，信号调解电路将转换成电压输出。

（2）动态测试仪器设备

1）采集器。SJ-SC-4J（B）/4D 四通道静态/动静态采集器接入一个无线信号，共计 4 通道采集器，4J（B）只能进行静态采集，4D 可以进行动静态采集，采样频率最高为 320Hz；300m 距离无线通信；设备上配置 8～32MB 存储器，四通道分别可以接入差分或单端电压的工具式表面应变传感器、应变位移传感器、应变压力传感器、电压或应变式加速度传感器等。动静态采集器如图 5-53 所示。

图 5-52 ZFCJ 固态加速度传感器

2）控制器。SJ-NC 无线网络控制器可对多种采集器进行采集控制，能方便地应用于户外测试和试验室测试，该控制器小巧、方便、实用。该设备直接与笔记本式计算机或台式 PC 通过 USB 接口连接，配套的 PC 软件具有多种采集模式和设置功能，可配合多种传感器进行应变、振动、压力、位移、沉降、倾角以及温度等项目测试。可完成静态采集和动态采集功能；测量精度高达 0.1% με；无线通信距离达 300m。无线网络控制器如图 5-54 所示。

图 5-53 动静态采集器

图 5-54 无线网络控制器

（3）现场测试及数据采集

1）静态数据采集。在振弦式土压力计埋设完后，待稳定后，通过振弦采集仪（见图 5-55）及时对其进行初值的采集。随后根据不同土层填筑过程，对其进行施工前后的数据采集工作，采集频率见表 5-10。

表 5-10 施工期间数据采集频率

测 试 阶 段	采 集 频 率
埋设后连续 3 天	2 次/天
第 3～7 天	1 次/天
填筑土期间	1 次/填筑前后
堆载预压期间	2 次/星期
卸载后施工期间	1 次/天

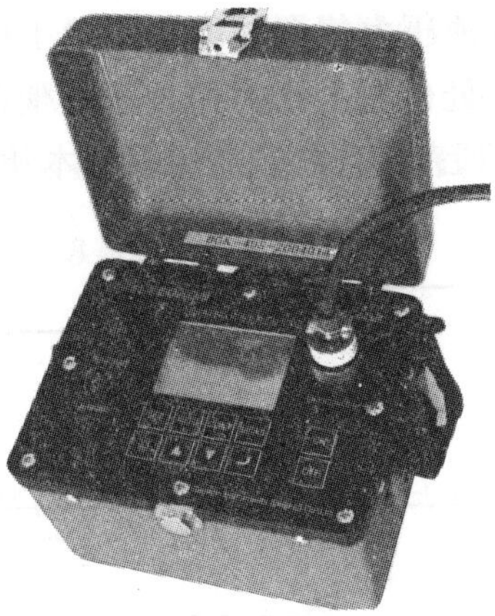

图5-55　振弦采集仪

2）动态数据采集。现场进行动态测试时将土压力盒或加速度传感器通过动静态采集器连接到计算机上，列车通过时，计算机可以同时记录下测试过程中所有测试元件的电信号，并将其转换成各个测点的动土压力或加速度测试值（或波形图），该动态测试系统采用人机交互界面，实用性较强，并且可以长时间连续采集数据。动态数据采集现场如图5-56所示。

图5-56　动态数据采集现场

5.4.4　动静态测试数据分析

（1）过渡段土压力沿纵向分布特征分析　图5-57和图5-58分别是桩顶位置处桩顶和四桩桩间土压力随荷载变化曲线。从图5-57可以看出，桩顶土压力都随施工荷载变化而变化，堆载预压过程中距涵洞中心不同位置的桩顶压力均有大幅度增加，最大压力值达307.26kPa（距涵洞中心20m处），随着预压时间增加，桩顶

位置），堆载稳定后，其桩土应力比较稳定，其值约为7.7～9.5；在施工无砟轨道期间，应力比略有波动。从图5-60可以看出，在填筑和预压初期，桩荷载分担比较大，最大值达0.8，随着堆载稳定，其桩荷载分担比也逐渐趋于稳定，约在0.27～0.29之间，说明在CFG复合地基中，CFG桩和桩间土共同承担上部荷载。

（2）过渡段的动态响应测试结果分析　联调联试期间，试验车型号为CRH2-061C组动车，编组为8节；列车在运行线逐次提速运行，运行速度分别为：200km/h、220km/h、240km/h、260km/h、280km/h、300km/h、310km/h、320km/h、330km/h。图5-61为CRH2试验列车在330km/h行车速度条件下（涵洞侧壁上部，离涵洞中心3m）基床动应力时程曲线，纵坐标各极值点即是一个列车轮对经过该测点时，产生一个加、卸载过程所引起的动应力幅值；波形清晰地反映了全列编组8辆试验列车各轮轴对基床所产生的动应力峰值，动应力时程曲线具有明显的周期性，试验列车的各轮对动应力幅值相差不大。

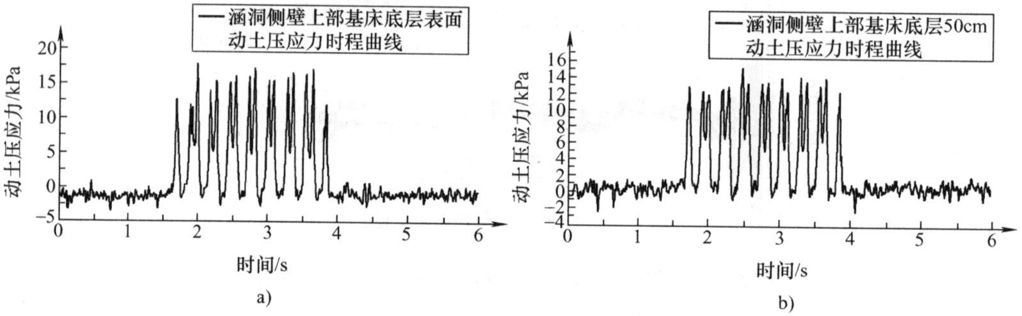

图5-61　涵洞侧壁上部动土压应力时程曲线（时速330km/h）

a）基床底层表面　b）基床底层50cm

1）基床底层表面动应力纵向响应规律。以距涵洞中心的距离为横坐标，动应力为纵坐标，速度介于200～330km/h时基床底层表面动应力最大值、均值曲线如图5-62所示。

影响路基动应力的因素很多，包括机车类型、行车速度、轨道刚度、基础、路基结构和周围环境等，而联调联试期间，试验列车的轴重、线路与路基状态等方面影响因素保持不变，主要变化的因素是行车速度。从图5-62a、b可见，在不同列车速度下，基床底层表面的动土压力的最大值、均值沿线路方向上的响应规律基本一致，呈“W”型，即在距涵洞中心3m和15m处出现极小值，而在距涵洞中心10m处达到最大值。

2）基床底层表面动应力随速度的响应规律。列车速度为横坐标，动应力为纵坐标，分别绘出基床底层表面各断面测点随列车速度（200～330km/h）基床底层表面动应力最大值、均值曲线，如图5-63所示。

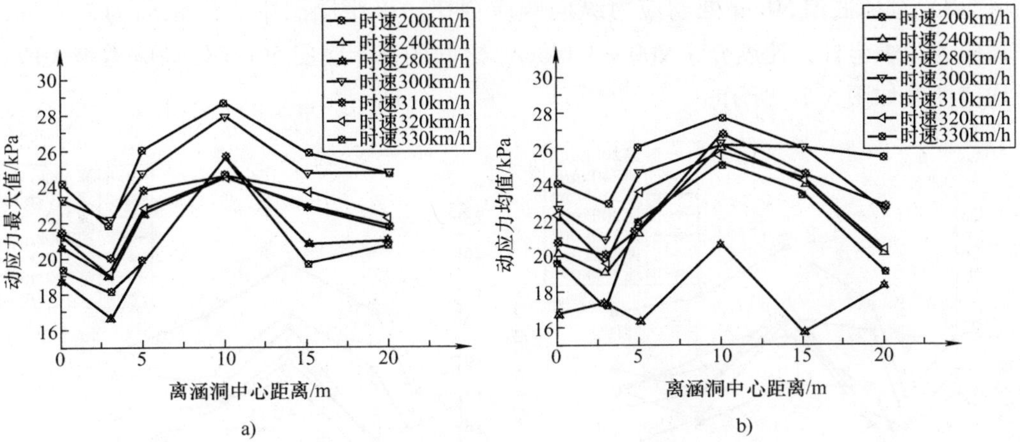

图 5-62　过渡段线路纵向基床底层表面动应力变化曲线

a）最大值　b）均值

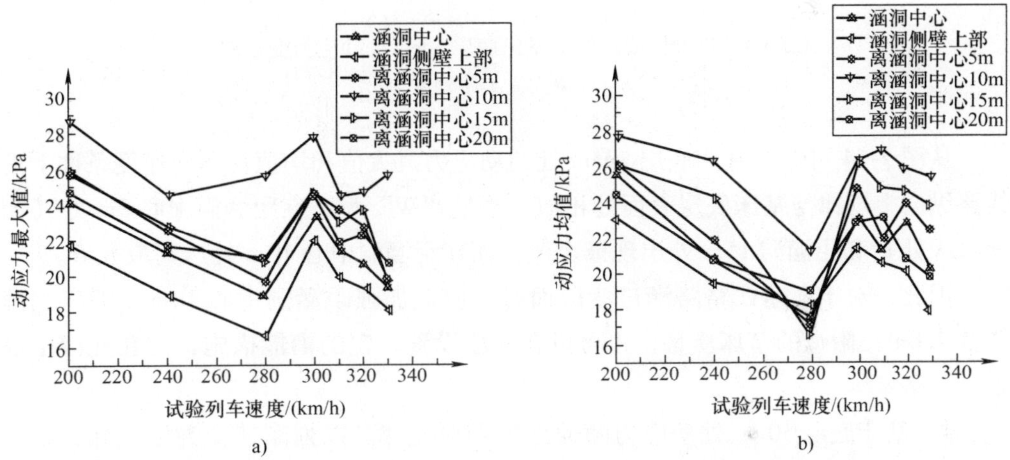

图 5-63　过渡段基床底层表面动应力随速度变化曲线

a）最大值　b）均值

从图中可以看出：①当速度为 200km/h 时，过渡段基床底层表面动应力最大，在 6 个测点的最大值分别为 24.218kPa、21.736kPa、25.972kPa、28.732kPa、25.783kPa、24.723kPa，最大动应力开始随列车速度提高反而减小，在 240 ~ 280km/h 时，动应力相对比较稳定；②随着速度的增加，动应力出现增大趋势，在 300km/h 处达到极值；③随着速度继续增加，动应力又稍有减小。说明当列车速度超过 300km/h 后，通过 20m 长度过渡段仅需 0.2s，相当于列车直接跃过过渡段，而 6 个测点测到的数据相对较小。

3）基床底层 50cm 处动应力纵向响应规律。以距涵洞中心的距离为横坐标，动应力为纵坐标，速度介于 200～330km/h 之间的基床底层 50cm 处动应力最大值、均值曲线如图 5-64 所示。

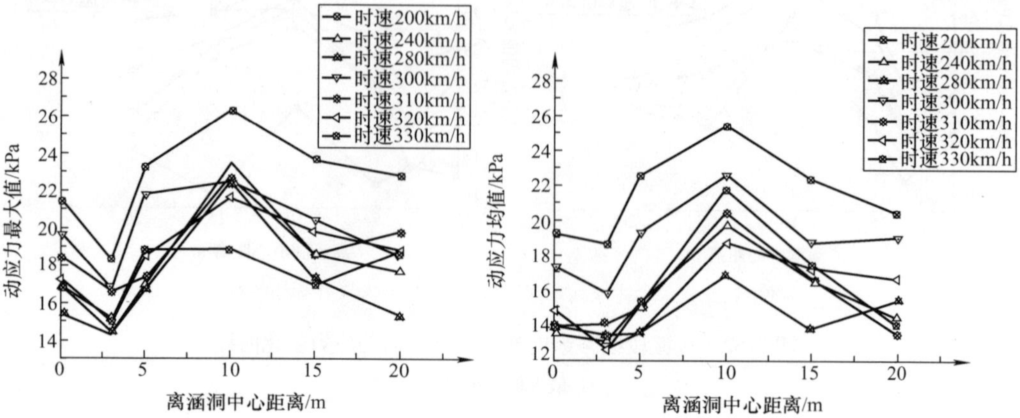

a)　　　　　　　　b)

图 5-64　过渡段线路纵向基床底层 50cm 处动应力变化曲线

a）最大值　b）均值

从图 5-64 可见，基床底层 50cm 处的动应力最大值和均值在不同速度条件下沿线路纵向上规律与基床底层表面处相似，也呈“W”型，在距涵洞中心 3m 处（涵洞边缘处）和距涵洞 15m 处出现极小值，而在距涵洞中心 10m 处达到最大值。

因此，对于高速铁路路涵过渡段而言，应该加强距涵洞中心 10m（即离涵洞侧壁 7.0m）附近的基床质量，也可以在此段设置一定的消能措施，如在此段中设置土工格室等。

4）基床底层 50cm 处动应力随速度的响应规律。以列车速度为横坐标，动应力为纵坐标，分别绘出基床底层表面各断面测点随列车速度（200～330km/h）基床底层下 50cm 处动应力最大值、均值曲线，如图 5-65 所示。

过渡段基床底层 50cm 处动应力随不同速度的响应规律和基床底层表面相近，动应力起始随列车速度提高大反而减小，在 240～280km/h 时，动应力值基本相等；随着速度的增加，动应力出现增大的趋势，在 300km/h 处达到极值；随着速度继续增加，动应力稍有减小；究其原因，认为列车和轨道结构在 300km/h 速度运行时存在共振点，需要调节轨道的刚度（如扣件类型）避开此共振点。

（3）动应力沿深度的衰减特征　表 5-11 为基床动应力随深度衰减表，由于基床的阻尼效应，列车荷载以动力波形式向深处传播必将消耗能量，因此动应力随深度增加而减小。从表 5-11 计算结果可以得出：

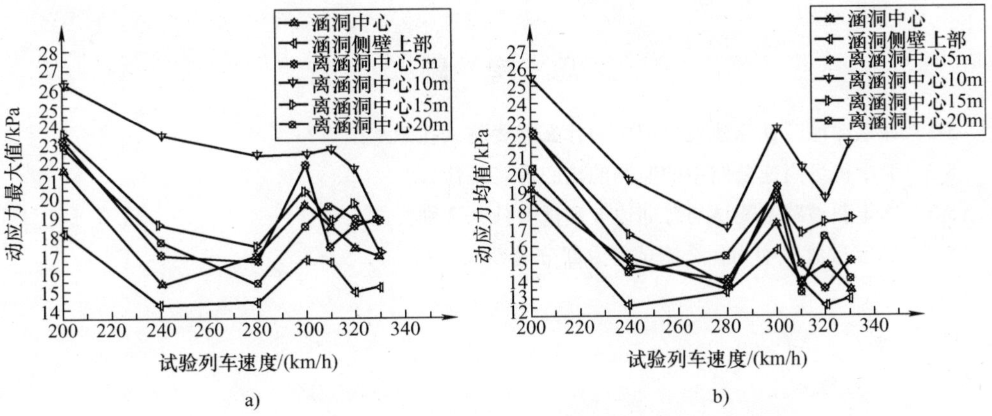

图 5-65　过渡段基床底层 50cm 处动应力随速度变化曲线

a）最大值　b）均值

1）在任何位置处，基床底层表面的动压应力比基床底层 50cm 处大，随着深度的增加动应力都有衰减趋势，衰减幅度集中在 15% ~30%，说明基床底层 50cm 衰减量比较可观。

2）速度对基床动应力的影响随深度增大而减小，当深度较大（大于 1. 2m），动应力随速度变化很小。因此，对于 CRTSII 板式无砟轨道而言，做好基床表层和基床底层上部质量可有效减小下部路堤的动应力。

表 5-11　不同速度下基床动应力深度衰减表

速度/(km/h)	断面编号	距涵洞距离/m	基床底层表面动应力/kPa	基床底层 50cm 处动应力/kPa	衰减率(%)
200	1	0	24. 218	21. 539	11. 06
	2	3	21. 736	18. 248	16. 05
	3	5	25. 972	23. 294	10. 31
	4	10	28. 732	26. 345	8. 31
	5	15	25. 783	23. 642	8. 30
	6	20	24. 723	22. 853	7. 56
280	1	0	18. 842	16. 841	10. 62
	2	3	16. 624	14. 384	13. 47
	3	5	19. 731	16. 631	15. 71
	4	10	25. 631	22. 384	12. 67
	5	15	20. 75	17. 374	16. 27
	6	20	20. 963	15. 365	26. 70
330	1	0	19. 355	16. 976	12. 29
	2	3	18. 064	15. 168	16. 03
	3	5	19. 861	18. 926	04. 71
	4	10	25. 594	18. 832	26. 42
	5	15	19. 652	16. 932	13. 84
	6	20	20. 702	18. 758	09. 39

思 考 题

5-1 在京津城际铁路建设过程中为什么需要测试孔隙水压力?

5-2 尹中机场高速公路中的监测的核心内容是什么?

5-3 冻土斜坡路基测试与普通边坡测试有什么区别?

5-4 路涵过渡段中为什么测试静力部分内容?

附　录

附表 1　国内主要位移计产品参数表

名称		差动电阻式位移计（南京某厂）	钢弦式位移计 1（南京某厂）	钢弦式位移计 2（南京某厂）	多点钢弦式位移计（昆明某厂）	水平位移计（南京某厂）		滑线电阻土位移计（南京某厂）	磁致伸缩式（南京某厂）	拉绳式（上海某厂）	振弦式位移计（智能）（南京某厂）	振弦式大量程位移计（智能）（南京某厂）	振弦式大量程位移计（智能）（南京某厂）	电阻式位移计（智能）（南京某厂）
型号		WY-A	GXV	ZWY	SDW	ZP	NYW-1	0 ~ 200	TH	WM	VWD-系列	VWD-系列	VWD-系列	RD-50
规格/mm		0 ~ 100	0 ~ 200	0 ~ 250	0 ~ 100	0 ~ 500	0 ~ 500	1.5	50 ~ 10000	90 ~ 200000	20 ~ 100	150 ~ 250	150 ~ 250	50
性能参数	线性/(%FS)	±0.5	0.6	2	<1	测读精度 ±3mm	±3 ~ ±5mm	1.0	0.02	0.02	≤1	≤1	≤1	≤1
	重复性/(%FS)	0.01	0.5	0.5	<1	0.2	0.2	0.3	0.01	0.01	≤0.5	≤0.5	≤0.5	≤0.5
	最小读数（分辨率）	0.2mm/0.01%	1mm	0.2	0.1	0.05	0.05	0.1	0.01	0.01	≤0.025	≤0.025	≤0.025	≤0.025
	迟滞/(%FS)	<0.01	0.5	1.0	<1	<0.2	<0.2	<1	0.001	0.001	≤0.5	≤0.5	≤0.5	≤0.5
	温度特性	可兼测温度	1Hz/10℃	0.4%FS/1℃	<1Hz/10℃	温度变化 10℃，400mm	温度附加误差 ≤0.05%FS/℃		<1.5 ppm/℃	<1.5 ppm/℃	±0.5℃	±0.5℃	±0.5℃	—
	温度范围/℃	-25 ~ 60	-25 ~ 60	-25 ~ 60	-25 ~ 60	-20 ~ 60	-20 ~ 60	10 ~ 25	-40 ~ 85	-30 ~ 85	-40 ~ 150	-40 ~ 150	-40 ~ 150	-40 ~ 150
	耐水性/MPa	0.5	0.5	0.5	0.5	0.5	0.5	0.5	0.5	0.5	≥1	≥1	≥1	防泼溅
	绝缘性能/MΩ	50	50	50	20	20	50	50	50	50	50	50	50	50
环境条件/℃		-30 ~ 70	-30 ~ 70	-10 ~ 40	-10 ~ 40	-30 ~ 70	-30 ~ 70	-30 ~ 70	-30 ~ 70	-30 ~ 70	-25 ~ 60	-25 ~ 60	-25 ~ 60	-25 ~ 60

附表2　国内外测斜仪参数表

名　称	数显滑动式测斜仪	数字式测斜仪	测斜仪	测斜仪	测斜仪	测斜仪	固定式测斜仪	测斜仪	测斜仪	测斜仪	测斜仪	测斜仪	测斜仪	测斜仪	测斜仪
型号	GC-1	50302510	JTM-U6000F	MK3	—	CX-03E	6302	—	—	GN-1	GN-1B（2）	C11	RT-20M	MD900-T	—
轮距/mm	500						—	500	—	500	500	500	500	—	500
传感器	力平衡石英挠性伺服加速度计	两只力平衡伺服加速度计	数字加速度计	水平两向伺服加速度计	单轴或双轴伺服加速度计	伺服加速度计	钢弦式	电解质式	电感式	—	双向固定	水平倾斜测斜仪	力平衡，伺服加速度计	—	数字式水平测试仪
量程（°）	0 ~ ±60	±53	0 ~ ±30		±30 ~90	±53	±10	±15	—	±30	±30	±30	±75	±10	±53
重复性/(%FS)	±0.025	±0.01	±0.004	—	±0.01	±0.004	—	±0.5	—	—	—	±0.01	±0.03	0.01	±0.01
线性误差/(%FS)	0.025	±0.02	0.06	—	—	0.06	—	≤1	—	≤0.5	≤0.5	—	±0.25	0.1	—
灵敏度	—	1 ±0.001	—	—	0.01mm	—	—	—	—	≤0.01% FS	≤0.01% FS	0.01mm	—	—	0.02mm
系统精度	每25m，±6mm	±0.0045	±6mm/30m	±0.02	±5mm/25m	±4mm/15m	—	±6mm/30m	0.03″	±0.1% FS	±0.1% FS	—	—	—	±0.01% FS
温度范围/℃	—	-20 ~50	-10 ~50	-5 ~70	-10 ~50	-10 ~50	-20 ~80	-30 ~70	-5 ~60	-25 ~60	-25 ~60	-20 ~55	-25 ~65	-40 ~85	-20 ~50
尺寸/mm	ϕ32 ×680	ϕ25.4 ×660	ϕ30 ×700	ϕ28.5 ×750	ϕ31 ×710	ϕ30 ×700	ϕ32 ×178	25/38mm	—	ϕ25 ×700	ϕ25 ×700	—	ϕ25.4 ×730	120 ×80 ×60	ϕ38 ×650
质量/kg	—	1.8	2	2.0	2.6	2	—	6	2.2	2.2	2	4.5	1.8	0.55	4.6

附表 3　不同孔隙压力计表

名　　称	钢弦式孔隙压力计（渗压计）	光纤光栅式孔隙水压力计	振弦式孔隙水压力计		差动电阻式渗压计		电阻应变片式渗压计			气压式压力计	振弦式渗压计	倾斜温度测压计	振弦式渗压计
型号	GKD	BGK-FBG-4500	SDS	VWP	SZ-2；SZ-4	P25；P50；P100；P200	BP	TK	XHZ-7	51411-A	VWP	ELT-15RP	KYJ-36
量程/MPa	0.25～2.5	0.01～60	0.2～3.0	0.2～7.0	0.2，0.4	0.8；1.6；10.0	0.2～2.0	0.5～2.0	0.03～1.0	0.2～3.5	0.25～3.0	0～0.25	0.1～6
分辨率/（%FS）	0.01	0.1	0.025	0.025	—	—	1	0.5	0.05	0.01	—	0.025	0.08
精度/（%FS）	0.1	0.5	0.5	±0.5	≤2		—	≤1.5	—	0.1	0.1	0.1	—
工作温度/℃	-20～65	-30～80	-20～70	-30～70	0～40		0～80	-5～55	—	-30～50	-40～150	-40～150	-25～60
外形尺寸/（mm×mm）	ϕ60×390	ϕ40×310	ϕ24×190	ϕ60×160	ϕ58×140	ϕ31×140	ϕ37×70	ϕ180×20	ϕ26×45	—	ϕ24×120	ϕ32×240	—

参考文献

[1] 二滩水电开发有限责任公司．岩土工程安全监测手册［M］．北京：中国水利水电出版社，1999.

[2] 孙汝建，关秉洪，何宁．国外岩土工程监测仪器［M］．南京：东南大学出版社，2006.

[3] 伊晓东，李保平．变形监测技术及应用［M］．郑州：黄河水利出版社，2007.

[4] 侯兆霞，刘中欣，武春龙，等．特殊土地基［M］．北京：中国建材工业出版社，2007.

[5] 中交第二公路勘察设计研究院有限公司．JTG D30—2015 公路路基设计规范［S］．北京：人民交通出版社，2015.

[6] 中铁二局集团有限公司．TB 10414—2003 铁路路基工程施工质量验收标准［S］．北京：中国铁道出版社，2004.

[7] 杨世基．黏性土路基的压实和稳定性［J］．中国公路学报，1989，2（3）：1-10.

[8] 习应祥．保证公路路基强度和稳定性的措施［J］．湖南交通科技，1991（4）：73-79.

[9] 潘晓久．高等级公路路基（非软土地段）稳定性探讨［J］．道路桥梁施工技术，2005（5）：90-91.

[10] 中铁六局，中铁十七局，铁道部第三勘察设计院．客运专线路基沉降控制措施及变形观测技术研究［R］．北京：中铁六局，2008.

[11] 沈宇鹏．青藏铁路安多段多年冻土斜坡路基稳定性研究［D］．北京：北京交通大学，2007.

[12] 沈宇鹏，等．多年冻土斜坡路基稳定性评价方法的探讨［J］．铁道标准设计，2011（3）：34-37.

[13] 吕业锋．软土路基的监测设计与分析［J］．交通科技，2006，215（2）：62-65.

[14] 张正禄．工程测量学［M］．武汉：武汉大学出版社，2005.

[15] 沈宇鹏，杜嘉俊，汪梨园，等．松软土地区高速铁路路涵过渡段动静态试验研究［J］．土木工程学报，2012，45（8）：158-165.

[16] 沈宇鹏，李小和，冯瑞玲，等．客运专线桩板结构复合地基的沉降特性［J］．交通运输工程学报，2009，9（6）：32-35.